米中対立と
国際秩序の行方

交叉する世界と地域

五十嵐隆幸・大澤傑 編著

東信堂

はじめに　米中対立時代を迎える国際社会

　世界を二分した東西冷戦の終結から 35 年が経過した。1988 年 3 月、ソ連のミハイル・ゴルバチョフ (Mikhail Gorbachev) 書記長がユーゴスラビアを訪問し、東欧の社会主義国への内政干渉を否定する新たな外交方針 (新ベオグラード宣言) を発表すると、東欧諸国で民主化運動が広がり、共産党による一党独裁体制が次々と崩れていった。そして 1989 年 12 月に米ソ首脳が冷戦の終結を宣言すると、1991 年 12 月までにソ連邦を構成する各共和国が独立し、1917 年のロシア革命で成立したソ連邦は崩壊した。ソ連が崩壊すると、同国が推し進めてきた社会主義への信頼が揺らぎ、欧米が掲げる民主主義が最も優れた政治体制であるとの信念が広まり、さらに、その理念が世界に平和と繁栄をもたらすとの期待が高まり、多くの国が民主主義体制に移行した。

　しかし、東アジアの中国では、1989 年 4 月から 6 月にかけて胡耀邦中国共産党元総書記の死去を機に起きた民主化運動 (天安門事件) を抑え込み、東欧で起こった民主化の波と逆行するように一党支配を強化していった。ソ連・東欧諸国に先立ち、1978 年に市場メカニズムを導入して経済の自由化を進めた中国は、天安門事件によって国際社会から経済制裁を受けたものの、日本が世界に先駆けてそれを解除し、その後、2011 年頃まで年平均 10％前後といった持続的な経済成長を遂げ、日本を抜いて世界第二位の経済大国へと躍進した。

　この経済力を背景に中国が軍事力を増強させ続けるなか、米太平洋軍司令官ティモシー・キーティング (Timothy Keating) が 2007 年 5 月に訪中した際、人民解放軍海軍高官から「太平洋の米中分割管理」が提起されていたことが明かされると、米中のパワー・バランスがアジア太平洋地域における秩序の帰趨を決めかねないと懸念する声が広がった。冷戦終結後、唯一の超大国となった米国の主導の下、ポスト冷戦時代の国際秩序が構築されてきたと言っても間違いではないであろう。だが、1980 年代後半から持続的な経済成長

を遂げる中国と、第二次世界大戦後のアジア太平洋地域に「覇権」を築いてきた米国との関係は、国際政治における最も大きな関心事になっている。

2021年3月9日には、米インド太平洋軍司令官のフィリップ・デービッドソン（Philip Davidson）が上院軍事委員会において「今後6年以内に中国が台湾を侵攻する可能性がある」と証言し、差し迫る危機に警鐘を鳴らした。その発言に多くの識者やマスコミが飛びつき、にわかに「中国が2027年までに台湾を武力侵攻する」という想定で議論やシミュレーション演習が繰り広げられた。こうした「台湾有事2027年説」を支持する識者は、2027年が5年に1度の中国共産党全国代表大会（以下、党大会）の年であることから、習近平が4期目続投を認めさせるための偉業として「台湾統一」を強行すると理由を説く。だが、「2期10年」と定められていた国家主席の任期は、2018年3月の全国人民代表大会で憲法が改正され、既に撤廃されている。また、党大会時に68歳以上なら引退、67歳以下なら留任という「七上八下」と呼ばれる暗規定（暗黙の了解）は、あくまで江沢民が総書記を退いた2002年の党大会以来の慣例であり、その歴史は長くはない。むしろ、少子高齢化に伴う労働力減少への対策として、法定退職年齢（男性60歳、女性は非管理職が50歳、管理職が55歳）の引き上げを検討しており、「老後はのんびり過ごすもの」と考え定年延長への反対が根強い中国社会の実情に鑑みれば、共産党自身が見本を示して定年延長を牽引していくであろう。最高指導者の「任期」や「年齢」で中国の台湾侵攻のリミットを推し量ることはできない。

デービッドソンの発言は「台湾有事2027年説」という形で世論を賑わせたが、この直前に重要な見通しを示していることは見逃されがちだ。デービッドソンは、「彼ら（中国）は、ルールに則った国際秩序における我が国（米国）のリーダーとしての役割に取って代わろうという野心を強めていると私は憂慮している…2050年までにだ」と発言している。新型コロナウイルスの感染拡大が続く2020年末には、中国が2028年にもGDPで米国を超えるとの予測が出された。その予測は下方修正されたが、中国が現状の国際秩序に不満を抱き、その打破を試みているという評価は変わらない。

このように、米中関係の行方をパワーで推し量ることは少なくない。一方

で、まるでイデオロギーの対立から始まった冷戦のように、イデオロギー的
な対立軸で見る向きもある。2022年1月に米国大統領に就任したジョー・バ
イデン（Joe Biden）は、就任後の記者会見で「習近平には民主主義のかけらも
ない」と評すると同時に、現状を「21世紀における民主主義と専制主義との
戦いだ」として、「民主主義が機能することを証明しなければならない」と強
調した。こうしたバイデンの発言の背景には、中国をはじめとする権威主義
的な政治体制を採る国の台頭がある。V-Dem研究所の報告書によると、2021
年末の時点で、自由で民主的とされているのは60の国や地域、非民主的だ
とされているのは119の国と地域とされ、民主主義の後退が指摘されてい
る。特に注目されているのは、1993年の発足以降、民主主義の旗振り役と
なってきたEUである。2022年2月にロシアがウクライナに侵攻を始めると、
EUのウルズラ・フォン・デア・ライエン（Ursula Gertrud von der Leyen）委員長は、
ロシアを欧州の安定と国際的な平和秩序を脅かすものと批判し、「民主主義
陣営の結束」を訴えた。だが、EU各国がロシアと距離を取るなか、ハンガ
リーはロシアに対する独自の路線を取り、ロシアから天然ガスの安定供給を
取り付けた。さらにハンガリーは、EUが打ち出した対ロシア制裁案に加盟
国の中で唯一反対し、「民主主義陣営の結束」を大きく乱した。そのハンガリー
では、政権に批判的なメディアへの締め付けを強めるなど権威主義的な傾向
が強まり、経済成長の主軸として中国との関係強化を推し進めている。

　2022年9月には、バラク・オバマ（Barack Obama）元大統領でさえも、「（民
主主義の訴えは）貧困に陥っている何億もの人々の心には響かない。民主主義
の欠点に向き合う時代が訪れている」と呼び掛けている。果たしてこのまま
民主主義は後退し、米国の求心力も低下を辿り、一方で権威主義の広がりに
従うように中国への支持が高まっていくのであろうか。そして中国は、権威
主義的な傾向を強める国や地域の支持を受け、現状の国際秩序に取って代わ
る新たな秩序を築いていくのであろうか。

　国際社会で激しさを増す米中の対立について、かつて世界を二分した米ソ
両大国間の対立になぞらえて「新冷戦」と呼ぶ向きがある。だが、経済交流
が限定された米ソの冷戦とは異なり、米中両国は経済的に深く結び付いてい

る。果たして米中両国が、経済的な相互依存関係を断ってまで世界を二分するような陣営を築き、直接戦火を交えない「冷たい戦争」の時代が再び到来するのであろうか。米中関係は、経済関係が緊密であるがゆえに問題化する領域は全面化することなく、米国の政権交代など時間軸の中で変容する要素もあり、米中対立に関わる国や地域などの主体によっても見え方や重要度が変わってくる。世界各国は、米中対立をどのように理解し、自らを適応もしくは変容させているのか。そして、どのような秩序観に基づき、対米・対中政策を展開しているのであろうか。

　全三部で構成する本書は、民主主義の後退と権威主義の拡大が指摘されるなか、世界の主要国や地域の情勢認識や、米中対立に対するスタンスの違いを明らかにする。昨今、米中関係を主軸にした論考や書籍が毎日のように世に送り出されているが、その主たるアクターをめぐる様々な地域の視点に着目した書籍は多くない。その意味で本書は、米中対立と国際秩序の行方を洞察するうえで、重要な論点や視座を提供することができるであろう。

　本書の第1部では、かつて東西冷戦の時代にどちらの陣営にも属さなかったが、米ソの代理戦争が繰り広げられ、今日、「グローバル・サウス」と称されることが多い国・地域を扱う。第1部での議論を通じ、国や地域によって米中対立に対する見方が異なることを明らかにしたうえで、第2部では、日本の安全保障に直接影響を及ぼす東アジアの国や地域、そして第3部では、将来の世界秩序を構成するアクターとして本書が注目する米国と中国に加え、欧州諸国と日本の「米中対立」の見方を分析し、終章では、今日の国際社会における米中対立の構図について新たな視座と複合的理解を提供するとともに、国際秩序の行方を洞察していく。

五十嵐　隆幸

米中対立と国際秩序の行方

──交叉する世界と地域──

序　章

米中対立は体制間競争か？
──「民主主義対権威主義」と国際秩序──

大澤　傑

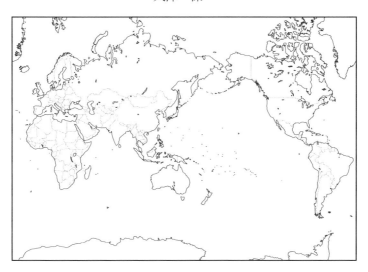

ポイント

・「民主主義対権威主義」は、秩序を巡る米中対立の中で言説として「構成された」対立軸であり、現代国際政治を説明するうえでは様々な課題がある。

・米中対立は体制間競争の様相を呈しておらず、「民主主義対権威主義」は冷戦期とは異なり、強力なスローガンにはならないことが予測される。

はじめに

衰退する米国と台頭する中国の対立は、国際秩序を転換させる可能性を示唆している。秩序の転換が懸念される理由は、覇権交代に伴う大国間衝突の発生のみならず、仮に衝突を経ずに穏健な権力移行がなされたとしても、西側諸国が重視する民主主義とは異なる価値観を持つ中国を頂点に据える国際秩序では、自由や平等が軽んじられ、世界が閉鎖的かつ抑圧的に変わることが予測されるからである。後述のように、中国は「人類運命共同体」や「平和的発展」を掲げ、各国の利益を尊重するとして、このようなシナリオを否定しているが、同国の国内外における野心的で強硬な行動は、彼らの主張の信憑性に対する疑念を抱かせる。

流動化しつつある秩序と重なり合うように、現代では民主主義の後退と権威主義の拡大が生じており、世界中で政治体制の揺らぎが見られる[1]。中国は権威主義の輸出を行っているといわれることもあり、世界で進む民主主義の後退と権威主義の拡大は、中国を中心とした国際秩序の到来を予期させるものである。そして権威主義の増加は、当該国家の透明性が低いという点から民主的平和論が想定する世界とは異なり、武力衝突の頻発につながる可能性が危惧される。実際、権威主義の大国であるロシアがルールを無視して強硬な対外政策をとった 2022 年のウクライナ侵攻は、米国を中心として維持されてきたリベラルな国際秩序の「緩み」を思わせるものでもある。

このような状況下で近年語られるのが「民主主義対権威主義」である。2021年に米大統領に就任したジョー・バイデン (Joe Biden) は就任直後から、明らかに中国を意識して「民主主義対権威主義（専制）」を強調してきた。この言説は、「民主主義のためのサミット」の開催や、ロシアのウクライナ侵攻に際しても繰り返され、中国やロシアといった権威主義国家と対峙するために民主主義国家の団結の必要性を訴える際に用いられている。デジタル技術革新に伴い、メディアが発達した現在の大国間競争は米中が 21 世紀の国際秩序巡る言説を軸として競い合っており[2]、その中で「民主主義対権威主義」は、現代国際政治があたかも冷戦期のように大国間とそれを支える陣営が互いの

体制の正しさを巡って展開されていると想起させる、簡潔でありながらわかりやすい構図であるように思われる。

　しかし、実のところ世界の国々の米中対立に対する態度は、民主主義か権威主義かといった政治体制に基づいた陣営に分けられるわけではない。さらにいえば、民主主義と権威主義という概念にさえ国家間で共通理解があるとは言い難い。にもかかわらず、近年、「民主主義対権威主義」が強調されているのはなぜか。そこに民主主義の後退や権威主義の拡大はどのように関係しているのか。そもそも現代国際政治で語られる民主主義と権威主義とは一体何を指すのか。本稿では、これらに対して、国際関係の展開や政治体制論における概念の原点に立ち返りながら、米中対立において「民主主義対権威主義」が語られる背景を検討し、当該対立軸が米中対立によって生み出されたことを明らかにする。その上で、この「構成された」対立軸は、冷戦期の「自由主義対社会主義」の対立とはあらゆる面で異なる側面を持っていることを指摘する。

　では、このことが今後の国際秩序にとってどのような影響力を持つのか。序章に位置付けられる本章では、米中対立の狭間で揺れる各地域の動向をつかむ一助となるよう、（政治体制という限定された側面からではあるが）米中対立と国際秩序の今後を検討する視座を試論してみたい。

　本章の構成は以下の通りである。第Ⅰ節では、民主主義の後退と権威主義の台頭と呼ばれる近年の体制変動の様相を概観する。続く第Ⅱ節では、民主主義と権威主義の概念の定義と用法について確認する。第Ⅲ節では、リベラルな国際秩序の揺らぎと、その秩序に対して中国やロシアがどのように行動し、その中で「民主主義対権威主義」がどのように構成されたのかを捉える。そして、第Ⅳ節では、現代国際政治の実態に照らし、「民主主義対権威主義」の対立軸の設定がもたらすメリットとデメリットを検討する。

I 政治体制の動態

民主主義の後退と権威主義の台頭

「民主主義対権威主義」の様相を読み解く前に、まずは現在の政治体制の様相を確認しておこう。よく知られるように、現代世界では民主主義の後退と権威主義の拡大傾向が見られる。

民主化の第三の波が訪れた 1970 年代以降、世界に民主主義が広がった。冷戦後は、「歴史の終わり」と呼ばれたように、階級対立の消滅によって世界のイデオロギー対立が収束し、自由民主主義が唯一の価値規範となると考えられた[3]。しかし、世界金融危機を経た 2010 年代に差し掛かるころには、民主主義は急速に縮小していった。民主主義の多様性研究所 (V-dem Institute) の調査によると自由民主主義指標は 2010 年頃を境に後退している。2023 年における民主主義のレベルは平均（人口）で冷戦期の 1985 年頃と同等であり、現在では世界の 71% の人が権威主義国家で暮らしているとされている[4]。

とすると、やはり現代は権威主義国家の台頭が著しく、そこには米中間の力関係の変化が影響しているようにも思われる。しかし、この民主主義のスコアの変化を理解するには注意が必要である。なぜなら、民主主義の後退が即座に権威主義の台頭に結びついているわけではないからである。

現代世界では、民主主義の後退と権威主義の台頭に関して、大きく分けて二つの力学が働いている。一つ目は、民主主義の「自壊」である。これは、欧米諸国などで見られたように、ポピュリズムの台頭と関連する。大まかに言えば、民主主義の骨格である選挙を利用して「大衆対エリート」を煽るポピュリストが権力を得て、民主主義的な制度を軽視し、民主主義を後退させるという現象である。米国のドナルド・トランプ (Donald Trump)、フィリピンのロドリゴ・ドゥテルテ (Rodrigo Duterte) などがその代表として知られる。このようなポピュリズムの波に対し、世界で民主主義を維持するための不文律が破られ、民主主義が死にゆくことに警鐘を鳴らす声もある[5]。さらに、政権を獲得できていなくても欧州やラテンアメリカなどでポピュリズム政党

やポピュリスティックな政治家の躍進が見られる。これらの波に伴う民主主義の後退が権威主義化につながったケースも多々見られるが、必ずしもすべてが権威主義体制へと変貌を遂げたわけではない。

　二つ目の力学は、権威主義の「強化」である。元々は脆弱な権威主義体制だった国家が権威主義的統治を強化させた事例である[6]。冷戦後、国際的に民主主義の価値規範が広がった結果、声高に非民主主義を掲げる国家は減少していった。そのような状況下において、権威主義的統治を志向するリーダーは競争的な選挙を実施するなどして、民主主義的な制度を導入した。民主主義と権威主義のハイブリッドともいえるこれらの体制は、競争的権威主義、選挙権威主義、非自由民主主義などと呼ばれ[7]、主に比較政治学の分野において学術的関心を集めている。ハイブリッド体制を採る国が増加したことは、多くの国で民主主義の理念が受け入れられているわけではない一方で、民主主義という国際規範が定着していることの証左でもあった。各国は実利に基づいて民主主義「制度」を導入したのであって、必ずしも民主主義的「理念」を受け入れたわけではなかった[8]。昨今では、これらの国の多くで、権威主義の強化が見られる。権威主義の下位類型であり、権威主義が強化された形態ともいえる個人支配が近年最も多い権威主義の形態となっていることはその表れといえよう[9]。

　民主主義の後退が権威主義につながったにしても、権威主義の強化が行われたにしても、権威主義が拡大していることは事実であり、状況だけを見れば、現代は権威主義の時代であるともいえる。しかし、それでも主要な国際規範は民主主義であり、そのことは現代において権威主義的統治を志向するリーダーが冷戦期に一般的であったクーデタによる権力奪取ではなく、選挙で勝利したうえで、徐々に民主主義を破壊していることからも垣間見える[10]。

体制変動の要因

　では、なぜこのような体制変動が各国で生じているのだろうか。様々な要因が考えられるが、端的に言えば、直面する諸課題に対して民主主義が適切な解決策を提示できていないことにある。

　冷戦後、民主主義が広がった一方で、同時に新自由主義的な経済システム
が導入された。民主的な制度の適用によって声を上げられるようになった国
民は、新自由主義によって生じた格差や経済停滞、それに対応するべき政府
の機能不全などへの不満を表明するようになった。それでも、政治に対する
一定の満足感が維持されてきたのは、人々が経済成長の果実を享受し続けた
からであった[11]。

　しかし、世界金融危機や先進諸国の多くが直面する少子高齢化などは、各
国で政治経済に対する閉塞感をもたらした。度重なる課題との対峙は、人々
に民主主義の枠組み内での公的秩序の維持が困難であることを突きつけ、民
主主義の正統性は減退した。そして、社会の中で非民主主義への支持が広がっ
ていったのである[12]。

　もちろん、これらの傾向は一様ではない。しかし、高度な民主主義を維持
してきた欧米先進諸国でさえ、民主化の進展がかえって民主主義を停滞させ
ているという矛盾が見られる。例えば、民主化の進展によって、これまで政
治的に除外されてきたマイノリティが権利を得て、社会の多様化が進んだ。
それ自体は肯定すべきことであっても、民主主義の進展に伴う「政治的正し
さ (political correctness)」の広がりは、それまで権利に浴してきた者たちの不満
を高めた。高等教育を受ける人の増大に伴う市民の批判意識の高まりや、社
会の流動化、都市化、個人的意識の発達、インターネット社会の発展は、人々
の結びつきを縮小させ、社会関係資本が減退し、民主主義への信頼度は下がっ
ていった。また、インターネットや SNS（ソーシャルネットワーキングサービス）
は人々に広く言論空間を拡大したが、チェックを経ないまま流布される主張
が社会の分断を促進するともに、フェイクニュースなどの拡散につながっ
た[13]。さらに現代は、様々な意見をインターネット上で知ることができるよ
うになった結果として、事実よりも信じたいことを信じる人々が増加し、い
わゆるポストトゥルースの時代とも呼ばれるようになっている。

　これらの変化はポピュリストが権力を掌握する梃子となった。本来、民主
主義の後退の歯止めとなるはずのメディアや政党、その他の中間団体なども
デジタル化などに伴い、その役割を縮小させた。他方、国際紛争の可能性が

減退した一方で生じたテロなどの非伝統的安全保障に対する関心の高まりは、人々が自らの自由を制限してでも「セキュリティ」を国家に求めるという状況を生み出した[14]。新型コロナウイルスという未知の感染症との遭遇もこの状況に拍車をかけた[15]。このような変化が民主主義の持つ自由や平等といった価値よりも、目先の課題解決を実現してくれそうな強権的なリーダーの登場を惹起した。結果として、各国で権威主義的統治が容認されていったのである。

　一方、もともと権威主義を採ってきた国でも多くが政治経済的な課題に直面したが、彼らの多くは民主主義とは異なる対処法を見せた。独裁者たちは不安定化する体制を安定化させるために、自身に権力を集中させた。従来であれば、権威主義国家でも業績の悪化は体制変動(すなわち民主化)への圧力へとつながる。体制変動は、現行の政治体制の正統性が低いときに生じるからである。しかし、多くの独裁者はその状況を巧みに利用し、むしろ権力を強化している。現代の独裁者は「賢くなっている」とさえいわれる[16]。独裁者が権力を強化することを可能とした要因はいくつか考えられるが、近年特に注目されるのが、デジタル技術革新の影響であり、デジタル技術を利活用して権力を維持する体制を指す「デジタル権威主義」なる用語も誕生した。独裁者はデジタル技術を駆使して、反対派の居場所を捕捉し、拘束するとともに、監視やオンライン決済などによって安心・安全・便利な社会を構築する一方で、フェイクニュースやディスインフォメーションを流布し、外部からの都合が悪い情報をシャットアウトして体制の正統性を高めているのである[17]。元々は民主主義を深化させると期待されたデジタル技術は、現状では権威主義に利するものとなっている。

II　曖昧なそれぞれの「民主主義」

曖昧な概念

　前節において、現代における民主主義の後退と権威主義の拡大の様相について確認したが、そもそも民主主義と権威主義とはいったい何なのだろうか。

ここで一旦、両概念について確認してみたい。この手続きは、概念と用法の関係を明らかにするとともに、次節以降で概観する現代のイズム論争がどのように展開されているのかを明らかにするために不可欠だからである。

ここまでの議論において留意しなければならないことは、そもそも民主主義と権威主義の概念自体が論者によって解釈が異なるとともに、それらに多様な類型が存在することである。さらに、昨今では、ハイブリッド体制のように両政治体制の境目も曖昧になりつつある。これらは実際の政治の変化を踏まえるとやむを得ないことであるようにも思われる。厳格すぎる分類では、多くの逸脱事例が生じてしまう可能性があるからである。しかし、適切な分類なしに現代における「民主主義対権威主義」が意味するところを捉えることは不可能であろう。

アリストテレス (Aristotle) をはじめ、政治学、とりわけ異なる事例から共通点や相違点を発見し、その理論化を目指す比較政治学においては古くから分類学がつきものであった。比較政治学の目的に鑑みれば、実在する政治体制の分類が困難になっているとはいえ、民主主義や権威主義の概念が大雑把に使われるという現状は検討を要する問題である。例えば、現代において純粋な民主主義が多くないことを加味しても、分析対象を安易にハイブリッド体制に分類することを認めてしまうと、国家間比較が困難となってしまうからである。

概念の曖昧さを認め続けることは、実際の政治にも課題を突き付ける。民主主義に関して言えば、ある一定の（西側諸国が定義する）民主主義の基準から外れたら、それは権威主義的なハイブリッド体制というレッテル張りが可能となってしまうからである。後述するように、米国をはじめとする西側諸国などは中国とロシアを権威主義と名指しする一方、中国やロシアは自国を民主主義に位置づけて西側諸国による民主主義基準を批判しており、これこそが現代国際社会で生じている現象であるともいえる。

民主化論において、何をもって当該国家を民主主義体制と呼べるかに関する論争は収束していない。二値的な民主化論においては、最小限の基準として複数政党制での競争的な選挙の導入が提起されてきたが、それらが存在し

たとしても、上述のように、実際にはおよそ民主主義が達成されたとは呼べない国も少なくない[18]。

　このように考えた時、フアン・リンス (Juan Linz) とアルフレッド・ステパン (Alfred Stepan) が提起した「民主主義が街で唯一のゲーム」となった状況を民主主義の「定着」として考える視座は、民主主義の理念系を捉える上で有用である。彼らは、民主主義の定着を、各アクターが民主主義的な方法以外で目的達成を目指さず、非民主主義体制への支持が極めて小さく、各勢力が民主主義過程で規定された法や制度の枠内で紛争解決を受け入れ、それが習慣化している状況であると説明した。民主主義とはなにかを明解に表現しているように思える定義であるが、ここで重要なのは、民主主義が定着するためには制度のみならず、態度や行動が求められることである[19]。ここに民主主義を護持することの難しさがある。

　元来、民主主義それ自体には選挙によって選ばれたリーダーに憲法を遵守させる制度的メカニズムは備わっていない。それゆえ、民主主義を維持するためには、リーダーや民主主義を支える人々による自律が求められたのであった。しかし、自律が求められる体制は、その自律性を失ったとき転換し得る。また、民主主義を機能させるための制度も、権力の分立が政治勢力の分断につながるように、いくつかの脆弱性をはらんでいる。

　さらに、民主主義の解釈そのものにも困難な点が包含されている。例えば、在外国民への選挙権拡大や、投票所での本人確認、選挙区割りの変更が民主主義的か反民主主義的かは判然としない。これらは権利の拡大、不正の防止、票の重みの平等化へとつながる可能性があるが[20]、政権による民主主義を装った権力維持の方策である可能性もあるからである。また、民主主義「制度」を重視することが、かえってポピュリズムなどを惹起し、政治を衰退させるという指摘もある[21]。したがって、民主主義という概念そのものが規範的であるがゆえに、それをどのように維持するかという明白かつ共通した答えを見出すことは難しいのである。

　さらに、民主主義は「理念」としてイデオロギー的な側面から使われる場合と、実態として政治体制の分析概念として使われる場合がある。民主主

義に分類される国家であっても、政府や政党などに対して「民主主義を守れ」ないし「民主主義的ではない」という指摘がなされるのはこのためである。大まかに言えば、前者は政治的に、後者は政治学的に当該国家の政治体制を捉えたときの視点であり、これらの概念と用法の混在が、共通理解のもとで人々が民主主義を語ることを困難にさせていると言えよう。

　他方、権威主義はもともと民主主義と全体主義の間に位置する概念として誕生した。民主主義と全体主義の二分法は、第三世界の国家の独立に伴い、雑種の国家が増大した結果、分類としての効果をほとんど失うこととなった[22]。その中で、スペインのフランシスコ・フランコ (Francisco Franco) 政権を分析するうえで登場した権威主義は、全体主義とは異なり、限定的多元主義、メンタリティ、部分的に制限されたリーダーシップ、弱い動員から成る[23]。この体制は全体主義と民主主義の中間に位置するからと言っていずれかの移行期であるということではなく、むしろ安定した体制として維持され、重要な分析対象となった。

　その結果、権威主義の強靭性も相まって、全体主義体制がほとんど見られなくなった現在、民主主義ではない体制、すなわち非民主主義の総称として権威主義が使用されるようになっている。ゆえに、権威主義体制とは民主主義ではない体制と定義されることが多い。

国家によって異なる「民主主義」

　上述の通り、民主主義に解釈および用法の幅がある以上、それに付随して非民主主義、すなわち権威主義にも定義の幅が生じている。その結果として、用語の多方面への適用に伴って概念が正確性を失う、いわゆる「概念の拡大」が起きている。現在の民主主義と権威主義は、いずれも様々な場で「利用」されることによって概念が本来持つ意味から乖離している状況にある。

　実際、米国を中心としたリベラルな国際秩序を支えてきた国家の多くは、中国やロシアを権威主義と断定する一方で、政治学の視点からみれば権威主義である中国も、自らの統治手法として「中国式民主」を提唱している。ロシアも自国を西側諸国とは異なる民主主義と位置づけている。そのうえで、

両国は西側が定義する民主主義の押しつけに対して不満を呈しているのである。関連するものとして、以下の 2022 年に公開された習近平国家主席とウラジーミル・プーチン（Vladimir Putin）大統領による中ロ共同声明における政治体制に関する箇所を確認してみよう。

　　両国は、民主主義は限られた数の国家の特権ではなく人類普遍の価値であり、その推進と護持は世界社会全体の共通の責任であるという理解を共有している。

　　両国は、民主主義は国民のウェルビーイングを改善し、政府の原則を実行するという目的で、国民が自国の政府に参加する手段であると信じている。民主主義は、国家規模のプロセスの一環として公共生活のあらゆる分野で行使され、すべての国民の利益と国民の意志を反映し、国民の権利を保障し、国民のニーズを満たし、国民の利益を保護する。各国が民主主義を確立する際に役立つテンプレートはない。国家は、社会制度、政治制度、歴史的背景、伝統、文化的特徴に基づいて、その国家に最も適した民主主義の実施形態や方法を選択することができる。自分たちの国家が民主主義かどうかを決めるのはその国の人々だけである。

　　両国は、豊かな文化的・歴史的遺産を持つ世界大国であるロシアと中国には、数千年にわたる発展の経験、広範な国民の支持、国民のニーズと利益への配慮に依存した長年にわたる民主主義の伝統があることを指摘する。ロシアと中国は、国民が法律に従い、さまざまな手段や形態を通じて国家行政や国民生活に参加する権利を保障している。両国の国民は、他国の民主主義制度と伝統を自分たちで選択し、尊重していると確信している。

　　両国は、民主主義の原則が国家運営だけでなく世界レベルでも実施されていることを指摘する。特定の国が他国に独自の「民主主義の基準」

を押し付けたり、民主主義レベルを評価する権利を独占したり、排他的
ブロックや便宜的な同盟を形成するなど、イデオロギーに基づいて境界
線を引こうとしたりする試みは、民主主義を軽蔑しており、民主主義の
精神と真の価値観に反している。このような覇権主義的な試みは、世界
および地域の平和と安定に重大な脅威をもたらし、世界秩序の安定を損
なうものである。

　両国は、民主主義と人権の擁護を他国に圧力をかけるために利用して
はならないと信じている。民主主義と人権の保護を口実にした民主主義
的価値観の乱用や主権国家の内政干渉、そして世界の分断と対立を煽る
あらゆる試みに反対する。両国は国際社会に対し、文化的・文明的多様
性と各国人民の自決権を尊重するよう求めている。真の民主主義を促進
するために、関心のあるすべてのパートナーと協力する用意ができてい
る[24]。

　以上の声明からもわかるとおり、中国とロシアはいずれも民主主義を否定
しておらず、むしろ自国が信ずる「民主主義」を主張することによって、西
側諸国が主張する民主主義基準の押しつけに対する批判を展開している[25]。
ここからは民主主義という概念が国際規範となっている側面と、国家によっ
て民主主義の解釈が異なる点が垣間見られる。
　さらに、2023年の中ロ共同声明では「『民主主義対権威主義』という偽善的
な物語、そして民主主義の利用に反対する」と述べられており[26]、自国が権
威主義に位置付けられることに対する批判を通じて、西側諸国が提示してき
たリベラルな国際秩序に対する反発を示している。繰り返しになるが、ここ
でも民主主義に対する否定は一切なく、むしろ中国やロシアからも「民主主
義」に対する擁護と独自の「民主主義」の主張によって、国際世論を喚起しよ
うとする意図が推察されるのである。にもかかわらず、昨今では「民主主義
対権威主義」という対立軸に焦点が当たっている。それはなぜか。
　以上を踏まえ、次節では国際社会において「民主主義対権威主義」がどの

ように形成されてきたかについて検討してみたい。

Ⅲ　再燃するイズム論争？

リベラルな国際秩序の危機

　民主主義の後退とともに懸念されはじめたのがリベラルな国際秩序の動揺である。リベラルな国際秩序は、自由民主主義が持つ自由・平等・法の支配といった原理に基づき、多国間主義を重視する。しかし、この概念に広く共通理解があるとは言い難く、同概念を、米国を頂点とする自由主義国家同士が個人の自由を守り、民主主義に基づく秩序作りを推進するための一種の「運動」ないし、「言説」であったとする指摘もある[27]。リベラルな国際秩序は理念的な連携構築というよりも、時には対独包囲網であり、時には冷戦期における西側諸国を団結させるための枠組みとなってきたのである[28]。

　冷戦後の「歴史の終わり」に際してグローバル化したこの「運動」は、米国の外交指針とも一体化してきたが、それが世界中で受け入れられたとは言い難かった。中小国の多くは「規範化」されたリベラルな国際秩序に適応するように民主主義的「制度」を導入して実利を得ていったが、多くの国で民主主義的「理念」は浸透せず、民主主義は定着しなかった。この点は、第Ⅰ節において確認した通りである。しかし、このことは逆に言えば、概念が曖昧であるからこそ、各国の独自解釈が可能となったことの帰結であり、だからこそリベラルな国際秩序は米国が公共財の提供者であり続ける限り、一定の磁場を持ったともいえよう。中国でさえ、経済成長過程においてリベラルな国際秩序で構築されたシステムを利活用してきた。冷戦後のリベラルな国際秩序とは、国家が外交政策と国内政策の重要な側面においてリベラルな原則に従うことを要求するものだったのである[29]。いずれにせよ、多様な国家が異なる意図をもって秩序に参入した結果、自由民主主義の世界は一貫性の低い政治共同体となった[30]。このことは、リベラルな国際秩序内部に権威主義的な価値や排外的なナショナリズムが入り込む余地が存在したともいえた。

　米国が圧倒的なパワーを保持していた時代はリベラルな国際秩序に対す

る挑戦は顕在化しなかったが、現行の秩序を支えてきた西側先進諸国内で
も民主主義の自壊が見られることに加え、それらの国家からも英国の EU 脱
退（Brexit）や、トランプ米大統領が推進した米国の気候変動に関するパリ協
定、UNESCO（国連教育科学文化機関）、UNHRC（国連人権理事会）からの脱退
（いずれもバイデン政権で復帰）など、国際協調に反する姿勢が見られた。そし
て、覇権の交代が懸念される現在、権威主義国家である中国は秩序に対する
挑戦を志向し始めている。さらに、「グローバル・サウス」と呼ばれる国々
の秩序に対する自律的な行動にも注目が集まっている。こうした事態に至っ
て、リベラルな国際秩序の持続について楽観的な意見もある一方で、そもそ
も国際秩序がリベラルであったことはなかったとの厳しい意見もあるが、少
なくとも米国を頂点とする「秩序」が存在したとすれば、それは内外両面か
ら危機に直面しているといえる[31]。

秩序を巡る攻防と構成される対立軸

　中国の台頭と関与政策の失敗を受け、バラク・オバマ（Barak Obama）政権後
期頃から米国は「戦略的競争」に基づいて対中関係を管理しようとしてきた。
しかし、中国は米国の戦略的ナラティブを受け入れることによって、有利な
競争を展開できなくなることを恐れている。つまり、米中両国は互いに自国
の利益や価値が脅かされていると認識しあっているのである。トランプ政権
からは関与政策の方針転換がなされ、米国の対中警戒感が表面化した[32]。

　中国の主張は、既存の国際秩序と制度は西側の価値体系に基づいていると
いうことである。確かに、リベラルな国際秩序は覇権主義的な性格を帯びて
おり、しばしば西側諸国が必要に応じて自らルールを破ってきたことも事実
である。ゆえに、中国の主張が極度に独善的であるとは言い切れない側面も
あった。

　中国による覇権への志向が顕在化したのは、2012 年に誕生した習近平政
権であった。同政権に入り、前政権まで維持されてきた、才能を隠して内
に力を蓄える「韜光養晦」を捨てさり、奮起してことをなす「奮発有為」に対
外政策が変化したとされる[33]。中国は国際法を遵守する姿勢を示しながらも、

米国が掲げる「いわゆる」ルールに基づいた秩序、あるいは「いわゆる」民主主義は、米国をはじめ西側先進諸国の利益を保護するためにのみ機能していると主張し、「中国の特色のある大国外交」を展開して、自らの手でルール設定を行おうとしている[34]。そして、米国の衰退と、自国の成長を踏まえて「中国の夢」を掲げ、米国が主導する国際秩序に対してそれを再定義するような言説を提示しはじめた[35]。中国では、胡錦涛政権から話語権（ディスコース・パワー）がソフトパワー外交の一環として重視されてきたが、習近平政権に入ってからは「制度性話語権（制度化されたディスコース・パワー）」が打ち出され、国際制度の課題設定や政策決定の過程における自国の影響力を強化する方針が示されている。加茂具樹はこれを、中国が覇権国としての地位を手にしようとしていることの表れであると指摘する[36]。

　中国による覇権への挑戦、すなわち秩序作りを推進するうえでの主要政策には「一帯一路」構想が挙げられる。中国は、同プロジェクトやそれに付随するアジアインフラ投資銀行、上海協力機構などを通じて各国に公共財を提供し、国際社会から支持を得ようとしている。また、同国は「平和的発展」を掲げ、世界中で見られる対中脅威論に対しても自国の台頭の平和性を主張しているが[37]、南シナ海における野心的な行動に加え、台湾併合に期限をにおわせるなど、これまでの秩序を変更させるような姿勢も見せている。

　また、2020年頃から広がった新型コロナウイルスの世界的流行は、米中対立をより深化させた。感染症の拡大は、世界的ベストセラーを著した歴史家ユヴァル・ノア・ハラリ（Yuval Noah Harari）が全体主義的な監視と市民的権限の選択に直面していると述べたように[38]、民主主義と権威主義のいずれの統治が望ましいかが問い直されるきっかけにもなった。

　中国の主張がどのようなものであるにせよ、これらの経緯から同国による一連の取り組みを米連邦政府は権威主義国家による秩序変更の試みであると指摘しはじめた[39]。同様に、米国をはじめとする西側諸国は最近になって他国がルールを破ることに対して「ルールに基づく」秩序の重要性を主張するようになった[40]。現在のバイデン政権に入ってからも米国は前政権からの強硬な対中政策を踏襲している。同政権からは中国とロシアを排除し、台湾を

メンバーに加えた「民主主義のためのサミット」が開催されるなど、米中対立には明らかに「民主主義対権威主義」の強調が見られる。

　高まる米中対立に対して、上述のとおり、2022 年には中ロが共同声明を発表し、そのなかで各国の文化と文明の多様性を尊重した世界秩序に言及した。このことは中国とロシアが連携して現行秩序に対する不満を表明していることを示すものである。

　また、同年 2 月に始まったロシアによるウクライナ侵攻以後、中ロ間の協力は一層強化されている。ロシアのルールを無視した対外政策に対抗するため、西側諸国はウクライナ支援を続けている。これに対し、中国はロシアの行動を米国の「覇権主義」に求める一方、米国は、中国とロシアがともに権威主義国家であることから、ここにも「民主主義対権威主義」を持ち込んでいる[41]。

　ただ、中国もロシアも欧米主導の国際秩序に対する疑義を提示していたとしても、前節で確認した通り、民主主義自体に対しては否定的な態度を取っていない。繰り返しになるが、中国自身も自らを民主主義に位置付け、中国式民主(主義)という概念を提起し、さらに「民主主義対権威主義」という対立軸に対して批判を加えているのである。

　以上の背景から、権威主義的統治やそのための道具を拡散する中国を抑え込むために、米国を中心とした西側諸国が民主主義の価値の重要性を強調し、「民主主義対権威主義」という対立軸を構成している一方で、中国やロシアも独自の民主主義論を展開している構図が浮かび上がる。

　山本吉宣は、米中間の言説の対抗は、米国が優位だった時代のリベラル言説の一方的投射から、両者の力の均等化に伴い、中国からの逆投射が強まったことを受けて、現在、米国がカウンター逆社会化をしかけている状況であると主張する。秩序が不安定であるがゆえに、各国が戦略的ナラティブを投射し[42]、自国に有利な国際環境を構築しようとするのである。無論、米国がしかけるカウンターが、権威主義的な統治を実践する中国に対するリベラルな言説であることは言うまでもない。すなわち、現代における「民主主義対権威主義」は、米国が提示する対中カウンターとしての言説の一環であると

考えられるのである。しかし、中国も民主主義を掲げている以上、そこには争点のズレが生じているともいえる。

IV　「民主主義対権威主義」は現代国際政治を説明できるか

　以上を踏まえると、現代注目される「民主主義対権威主義」は、台頭する中国を抑制するために米国を中心とする一部の西側諸国によって「構成された」対立軸であるといえる。リベラルな国際秩序の護持を求める国家が民主主義国家間の連帯を強調するのは今に始まったことではないし、米国にとっては一貫して民主主義の促進による平和の実現が外交指針でもあったことも事実である。さらに米国は第一次世界大戦期から、国際世論構築に積極的に取り組んできた国でもある[43]。しかし、トランプ政権以降、米国内でアメリカ・ファーストが広がり、国際秩序への関与に対する関心が減退しつつある一方で、そもそもリベラルな国際秩序それ自体に権威主義国家が包摂されてきたことに加え、民主主義と権威主義の明白な違いが見いだせない以上は、現代における「民主主義対権威主義」の言説は実態との乖離が著しいともいえる。

　では、この対立軸は現代国際政治をどの程度説明できるのだろうか。

　政治「学」的には、実態を理解するうえでも、分類を行うことは、対象の特性を捉え、抽象化することによって理論化に寄与するものである。全ての国家の動向をつぶさに分析することの重要性は言を俟たないが、同様に分類によって各国の動向を比較の観点から読み解くことも重要な手続きであろう。ゆえに、現代国際秩序を捉えるうえでは、「民主主義対権威主義」という対立軸を利用して国際政治に関する議論を展開することは一定の意義を持つように思われる。しかし、一方で単純化しすぎた視座による分析は、その確度が下がることを踏まえる必要がある。

　また、山崎望が述べるように、現在の民主主義と権威主義の間には、寡頭制支配への移行や、国民からの体制への不満の噴出、グローバルなリスクに対するセキュリティの側面からの正統性確保といった点で共通点がある[44]。ハイブリッド体制が増加している点を踏まえると、現代国際政治を「民主主

義対権威主義」によってどの程度説明できるかは怪しい。

　ただ、実際の政治において、この言説に権威主義である中国の台頭に危機感を抱いた一部の西側諸国が共鳴していることも事実である。中ロに脅威感を持つ日本や台湾はその好例であるし、ウクライナもそうであろう。権威主義的傾向が強いとされてきたウクライナがロシアによる侵攻を受けて民主主義の最前線へと変わったことは、「民主主義対権威主義」が対中ロ言説として利用され、一定の効果をもたらしていることの証左である。皮肉にも中国という「西側諸国が定義する」民主主義からかけ離れた国家の台頭が、西側諸国の団結を高めているともいえる。さらに、一貫して「使命的民主主義」などを掲げることによって国家としての共同体を維持しきてきた「理念国家」である米国が、国内民主主義の不安定化に直面して、再び民主主義を掲げていることは、ある意味では米国自身が米中対立を梃子として内政の安定化を図っているとも見ることができよう。実際、支配的なグループによる埋め込まれた言説は、それにそぐわないメンバーを周縁に追いやるとともに、自グループを組織化する効果を持つという指摘もある[45]。

　しかし、中国は「中国の特色のある社会主義民主政治」を打ち出すなど、自国のイズムを国際社会で発信している一方で、多国間主義に基づく国際関係の民主化と国連を中心としたルールに基づいた国際秩序維持を主張している。さらに、西側諸国でも民主主義の後退やナショナリズムの台頭が見られる現代において、「民主主義対権威主義」という言説の使用によって現行秩序の維持ができるかどうかは注視を要する。

　このような対立軸の設定は冷戦期の「自由主義対社会主義」で見られた体制間競争を模倣したもののように思われる。事実、米国政府高官からは中国共産党をソ連共産党、習近平をレーニン（Vladimir Lenin）、スターリン（Joseph Stalin）、さらには毛沢東の後継者かのように位置付け、マルクス・レーニン主義的なイデオロギーが拡散されることに警鐘を鳴らす声もある[46]。しかし、権威主義には非民主主義であるということ以外に、明白なイデオロギー的な推進力がない。冷戦期には社会主義陣営側にも他国に対する政治体制構築への関与や、各アクターに「価値」としてのイデオロギーを巡る対立が見られ

たが、同様の現象が現代の権威主義でも起きているかのような主張には疑問が投げかけられている[47]。中国をはじめ権威主義国家自身も自らを「民主主義」と規定している以上、「民主主義対権威主義」の対立軸の設定は、政治体制ないしイデオロギーの観点から体制間競争を推進し、国際社会を味方につけるという狙いには不適であるように思われる。中国の主張を鑑みれば、各国が自由な解釈の下で「民主主義」を唱え、米中いずれかにつくというシナリオも考えられるからである。また、この言説が米国をはじめとする西側諸国で国民を結束させるという一定の効果を発揮する可能性はあるものの、非民主主義的な価値観が増加していることを考慮すると、冷戦期と同様に「権威主義」を敵として国内を団結させることは難しいだろう。さらに、権威主義にイデオロギー的磁場がない以上は、冷戦期に見られたような社会主義陣営内でイデオロギーの解釈を巡って対立が生じるというような状況が生まれることも考えにくい。

　加えて、権威主義体制の定義が全体主義と異なり明白ではないことから、十把一絡げに非民主主義が権威主義と呼ばれている現状において、権威主義国家が一丸となって民主主義に対峙するという構図が見えないことを踏まえると、中国とロシアのような西側諸国の利益に一致しない国家を批判するうえで権威主義という用語を使用することは妥当ではないように思われる。昨今、しばしば米国を中心とする欧米諸国が民主主義陣営、中国とロシアを中心とする反欧米諸国が権威主義陣営と呼称されるが、実際のところ、米中対立下において、各国は冷戦期のように明白に陣営間に分かれているわけではない。例えば、米国自身、自国の利益を意識して、中東やアジアで非民主主義国家との関係を構築している一方、米国と関係が深くリベラルな国際秩序に親和的であると考えられている国家（例えば、ドイツやフランス）でさえ、成長する中国との関係を考慮して、米国が構成する言説に対して抑制的な態度を取っている。ドイツやフランスの政策担当者は、リベラルな国際秩序という概念が非民主主義国家を排除してしまう可能性があるため、ルールに基づいた秩序という概念の方を好むという指摘もある[48]。他方、権威主義国家として堅い連携を示しているように見える中ロは、表面的には友好的に見えて

もサイバー空間において、攻撃を仕掛け合っている[49]。ゆえに、「民主主義対権威主義」という対立軸は米中対立や各国の思惑を単純化しすぎているとともに、それによって無用な対立関係を構築してしまう可能性さえも秘めているといえよう。

以上から、「民主主義対権威主義」という構図は冷戦期の対立軸と違って強力なスローガンとはならないことが予測される。

おわりに

本章では、現代における「民主主義対権威主義」が、秩序を巡る米中対立の中で構成されてきたことを確認した。そのうえで、この構図は実態とも、概念とも乖離しており、あくまで秩序を巡る言説として利用されていることを踏まえ、国際政治の説明としてはあまり適していないことを指摘した。いわば、米中対立は冷戦期のような体制間競争の様相を呈していないのである。

世界の情報に容易にアクセスできるようになった現在、言説を巡る対立が激化している。そこでは「民主主義」という概念を駆使して米国、中国いずれもが争っている。しかし、そこでの「民主主義」は、冷戦期に見られたイデオロギーではなく、自国の正統性を主張するために外交上の言説として利用されている。ある意味で、リベラルな国際秩序によって拡散した民主主義は、当初の西側諸国の意図とは離れて世界で「乱用」されているといえるのである。

国際政治において、「民主主義対権威主義」のような言説づくりはこれまでも行われてきた。このような言説に基づく動員が一定の求心力を持つことは事実であろう。しかし、国際政治における言説は相手があるからこそ相対的に意味を持つ。そして言説に基づいた連携は時に綻びを見せ、戦争の惨禍をもたらしてきた。ゆえに、言説の対立が実際の衝突につながる可能性があることは忘れてはならない教訓であろう。

また、本章では米中対立とリベラルな国際秩序の揺らぎの関係について概観してきたが、現状では衰退する米国を台頭する中国が一気に抜き去るとい

うシナリオは見通せなくなりつつある。中国も少子高齢化や新型コロナウイルスの流行に直面し、成長が急速に停滞しているからである。しかし、このような内政の不安定化がかえって対外的に危険な行動をとる可能性を高めることも指摘されている[50]。いわば、現在の国際秩序を巡る競争は強くて弱い大国間によって展開されているのである。

　イデオロギー的求心力を持たず、米中いずれもが「陣営」と呼べるほどのネットワークを構築できているとも言い難いこの対立は、体制間競争というよりも、単に各国にとって米中どちらが自国の実利に叶うかを巡る競争といえるかもしれない。

　戦争、自然災害、感染症など次々と課題が表出する国際政治において、「民主主義対権威主義」の対立軸を構成することは世界の平和に資するのか。この「構成された」対立軸が各国の動向をどれぐらい説明できるのか。各地域における内政と外交の相互関係に関する詳細な分析が求められる。

注

1　理論的にも、民主化は世界の大国（great powers）が民主主義であった時期に広がったとされ、このことは民主主義の衰退と権威主義の台頭が生じていることの表れであるともいえる。関連する研究は、Carles Boix, "Democracy, Development, and The International System," *American Political Science Review*, Vol. 105, No. 4 (November 2011) pp. 809-828. 本章に関連して、政治体制と国際政治の関係を説明したものとしては、石川卓「政治体制―国家の形態と国際政治―」村田晃嗣・君塚直隆・石川卓・栗栖薫子・秋山信将『国際政治学をつかむ［第3版］』（有斐閣、2023年）159〜169頁。

2　Alister Miskimmon and Ben O'Loughlin, "Understanding International Order and Power Transition: A Strategic Narrative Approach," in Alister Miskimmon, Ben O'Loughlin, and Laura Roselle, eds., *Forging the World: Strategic Narratives and International Relations* (University of Michigan Press, 2017) pp. 276-310; 墓田桂、ブレンドン・キャノン「インド太平洋の誕生―『戦略の地理』が意味するもの―」ブレンドン・キャノン、墓田桂編『インド太平洋戦略―大国間競争の地政学―』（中央公論新社、2022年）34頁。

3　フランシス・フクヤマ著、渡部昇一訳『新版　歴史の終わり（上）（下）』（三笠書房、2020年）。

4　自由民主主義の指標は、選挙における公平性や自由に加え、憲法による市民

24

的自由の保護、強力な法の支配、司法の独立、効果的な権力分立、行政権の制約からなる。Michael Coppedge, et al., "V-Dem [Country–Year/Country–Date] Dataset v14," (Varieties of Democracy Project, 2024); V-Dem Institute, *Democracy Report 2024: Democracy Winning and Losing at the Ballot* (V-Dem Institute, 2024).

5 例えば、Steven Levitsky and Daniel Ziblatt, *How Democracies Die* (New York: Crown, 2018).

6 Steven Levitsky and Lucan Way, "The Myth of Democratic Recession," *Journal of Democracy*, Vol. 26, No. 1 (January 2015) pp. 45-58.

7 Steven Levitsky and Lucan Way, *Competitive Authoritarianism: Hybrid Regimes after the Cold War* (Cambridge University Press, 2010); Andreas Schedler, *Electoral Authoritarianism: The Dynamics of Unfree Competition* (Boulder: Lynne Rienner Publishers, 2006); Fareed Zakaria, "The Rise of Illiberal Democracy," *Foreign Affairs*, Vol. 76, No. 6 (November/December 1997) pp. 22-43.

8 大澤傑「民主主義の後退はリベラルな国際秩序にとっての脅威か―中小国の秩序に対する態度―」『防衛学研究』第 68 号（2023 年 3 月）133 ～ 154 頁。

9 現代では、40％が個人支配であり、最も一般的な権威主義の形態となっている。Erica Frantz, Andrea Kendall-Taylor, Joseph Wright, and Xu Xu, "Personalization of Power and Repression in Dictatorships," *The Journal of Politics*, Vol. 82, No. 1 (January 2020) pp. 372-377；大澤傑『「個人化」する権威主義体制―侵攻決断と体制変動の条件―』（明石書店、2023 年）。

10 Erica Frantz, "Contemporary Challenges to Global Democracy," *The Brown Journal of World Affairs*, Vol. 26, Issue, 2 (May 2021) pp. 1-12.

11 山口二郎『民主主義は終わるのか―瀬戸際に立つ日本―』（岩波書店、2019 年）15 頁。

12 Juan Linz, *The Breakdown of Democratic Regimes: Crisis, Breakdown, and Reequilibration: An Introduction* (New York: The Johns Hopkins University Press, 1978); 近年では、高度な民主主義を維持してきた欧米諸国においてでさえ、若者世代の民主主義の重要性に関する認識は低下し、権威主義に対する支持は増加しているとされる。さらに、権威主義に対する支持が富裕層の間でも増加している。Roberto Foa and Yascha Mounk, "The Democratic Disconnect," *Journal of Democracy*, Vol. 27, No. 3 (July 2016) pp. 5-17.

13 吉田徹『くじ引き民主主義―政治にイノヴェーションを起こす―』（光文社、2021 年）26 ～ 28 頁；アダム・プシェヴォスキ著、吉田徹・伊﨑直志訳『民主主義の危機―比較分析が示す変容―』（白水社、2023 年）；山口『民主主義は終わるのか』。インターネットにおける議論は集団極性化に見られるように人々の極端な考え方

をかえって促進したと考えられる。キャス・サンスティーン著、永井大輔・髙山裕二訳『同調圧力―デモクラシーの社会心理学―』(白水社、2023 年)。

14 山崎望「二十一世紀に自由民主主義体制は生き残れるか―正統性の移行と再配置される暴力―」『国際政治』第 194 号 (2018 年 12 月) 14 〜 28 頁。

15 Yung-Yung Chang, "The Post-Pandemic World: Between Constitutionalized and Author-itarian Orders-China's Narrative-Power Play in the Pandemic Era," *Journal of Chinese Political Science*, Vol. 26, Issue. 1 (March 2021) pp. 27-65.

16 Frantz, "Contemporary Challenges to Global Democracy," p. 1. 他にも、例えばニカラグアでは、外国からの援助も制裁もダニエル・オルテガ (Daniel Ortega) の権力強化に寄与しているという分析もある。詳細は、大澤傑「ニカラグアにおける個人化への過程―内政・国際関係／短期・長期的要因分析」『国際政治』第 207 号 (2022 年 3 月) 33 〜 48 頁。

17 大澤傑「中国のデジタル権威主義と台湾―両岸から臨む国際秩序―」『交流』第 989 号 (2023 年 8 月) 1 〜 7 頁。

18 民主主義研究においてしばしば参照されるダールの論考によれば、民主主義の重要な特性は、市民の要求に対し、政府が政治的に公平につねに責任をもって答えることである。そのうえで、彼は公的異議申し立てである「自由化」と、参政権の広さである「包括性」という二つの要素の度合いを重視している。Robert Dahl, *Polyarchy: Participation and Opposition* (New Haven: Yale University Press, 1972).

19 Juan Linz and Alfred Stepan, *Problems of Democratic Transition and Consolidation: Southern Europe, South America, and Post-Communist Europe* (Baltimore: The Johns Hopkins University Press, 1996).

20 プシェヴォスキ『民主主義の危機』185 〜 190 頁。

21 フランシス・フクヤマ著、会田弘継訳『政治の衰退―フランス革命から民主主義の未来へ― (下)』(講談社、2018 年) 339 頁。また、歴史から見た民主主義に関する研究でも、近代民主主義は強い行政権力と市民の不信感というリスクを抱えているとされる。このことは、現状の民主主義体制下では容易にポピュリズムが生じる可能性があることを示唆するものである。デイヴィッド・スタサヴェージ著、立木勝訳『民主主義の人類史―何が独裁と民主を分けるのか？―』(みすず書房、2023 年)。

22 マテイ・ドガン、ドミニク・ペラッシー著、櫻井陽二訳『比較政治社会学―いかに諸国を比較するか―』(芦書房、1983 年) 225 〜 226 頁。

23 Juan Linz, "An Authoritarian Regime: Spain," in Erik Allardt and Yrjo Littunen, eds., *Cleavages, Ideologies and Party System*s (Helsinki: Westermarck Society, 1964) pp. 291-341.

24 President of Russia, "Joint Statement of the Russian Federation and the People's Repub-

26

lic of China on the International Relations Entering a New Era and the Global Sustainable Development," (February 4, 2022).

25 なお、戦後、社会主義陣営は「人民民主主義」や「プロレタリア民主主義」を掲げてきた。しかし、冷戦期に強調されたこれらの「民主主義」は共産主義に基づくものであり、あくまで「自由主義対社会主義」に内包されたものであった。中国式民主については、江藤名保子「『中国式民主』の現在地―政治体制の競争か、共存か―」『国際問題』第 711 号（2023 年 2 月）18 〜 25 頁。

26 「中華人民共和国和俄羅斯聯邦関於深化新時代全面戦略協作伙伴関係的聯合声明」（中華人民共和国外交部、2023 年 3 月 22 日）。

27 納家政嗣「歴史の中のリベラルな国際秩序」『アステイオン』第 88 号（2018 年 5 月）16 頁；山本吉宣『言説の対抗と米中関係―歴史、理論、現状―』（PHP 総研、2021 年）。また、森聡は、このようなリベラルな国際秩序の階層性に注目し、その劣化を指摘している。森聡「リベラル覇権秩序の正統性の劣化―規範構造からみた国際秩序の変容―」森聡編『国際秩序が揺らぐとき―歴史・理論・国際法からみる変容―』（千倉書房、2023 年）175 〜 200 頁。

28 ジョン・アイケンベリー著、猪口孝監訳・岩﨑良行訳『民主主義にとって安全な世界とは何か―国際主義と秩序の危機―』（西村書店、2021 年）；納家「歴史の中のリベラルな国際秩序」21 頁。

29 Hans Kundnani, "What is the Liberal International Order?" *Insight*, German Marshall Fund, (May 3, 2017).

30 アイケンベリー『民主主義にとって安全な世界とは何か』319 頁。

31 関連する議論として、例えば、Joseph Nye, "Will the Liberal Order Survive?: The History of an Idea," *Foreign Affairs*, Vol. 96, No. 1 (January/February 2017) pp. 10-16. など。リベラルな国際秩序の存在に対する懐疑論は、Michael Barnett, "The End of a Liberal International Order that Never Existed," *The Global* (April 16, 2019).

32 増田雅之「大国間競争のダイナミズム」2 〜 3 頁；新垣拓「米国と対中競争―固定化される強硬姿勢―」増田雅之編『大国間競争の新常態』（防衛研究所、2023 年）49 頁。

33 方天賜「中国―強国としてのアイデンティティー」キャノン・墓田編『インド太平洋戦略』215 頁。

34 Richard McGregor, "The Challenge of China for the Liberal International Order," Yuichi Hosoya and Hans Kundnani, eds., *The Transformation of the Liberal International Order: Evolutions and Limitations*, (Springer, 2024) pp. 91-96.

35 青井千由紀『戦略的コミュニケーションと国際政治―新しい安全保障政策の論理―』（日本経済新聞出版、2022 年）。

36　加茂具樹「制度性話語権と新しい五カ年規劃」(霞山会、2020 年 8 月 20 日)。

37　Zheng Bijian, "China's 'Peaceful Rise' to Great-Power Status," *Foreign Affairs*, Vol. 84, No.5 (September/October 2005) pp. 18-24. さらに、中国による一連の対外政策は、大国意識が高まった国内向けのアピールである側面も強く、単に中国が自信を深めて大胆な行動をとっていると考えることには留保が求める見方もある。詳細は、Ning Liao, "The Power of Strategic Narratives: The Communicative Dynamics of Chinese Nationalism and Foreign Relations," in Miskimmon et. al, eds., *Forging the World,* pp. 110-133; 大澤『「個人化」する権威主義体制』など。

38　Yuval Noah Harari, "The World after Coronavirus," *Financial Times* (March 20, 2020).

39　The White House, *National Security Strategy (NSS 2022)* (October 2022) pp. 23-24.

40　Kundnani, "What is the Liberal International Order?"

41　The White House, "Remarks by President Biden on the United Efforts of the Free World to Support the People of Ukraine," (March 26, 2022).

42　山本『言説の対抗と米中関係』。

43　米国の広報外交については、渡辺靖『文化と外交—パブリック・ディプロマシーの時代—』(中央公論新社、2011 年)など。

44　山崎望「自由民主主義対権威主義？—『政治的なもの』あるいは民主主義の再生に向けて—」『年報政治学』第 2023-Ⅱ号 (2023 年 12 月) 153 〜 173 頁。

45　Catarina Kinnvall and Paul Nesbitt-Larking, "The Political Psychology of (De) Securitization: Place-Making Strategies in Denmark, Sweden, and Canada," *Environment and Planning D: Society and Space*, Vol. 28 (December 2010) pp. 1051-1070. 米国の「理念国家」としての側面については、中山俊宏『理念の国がきしむとき—オバマ・トランプ・バイデンとアメリカ—』(千倉書房、2023 年)を参照。

46　Robert O'Brien, "The Chinese Communist Party's Ideology and Global Ambitions," USC China Institute (June 24, 2020).

47　冷戦についてはまとめられた体系的な著書としては、青野利彦『冷戦史(上)(下)』(中央公論新社、2023 年)。例えば、社会主義陣営ではソ連でなく、キューバでさえ、革命政権支援を積極的に行っていた。Jorge Domínguez, *To Make a World Safe for Revolution: Cuba's Foreign Policy* (Cambridge: Harvard University Press, 1989). 権威主義の拡散に関しては、Christian von Soest, "Democracy Prevention: The International Collaboration of Authoritarian Regimes," *European Journal of Political Research*, Vol. 54, No. 4 (November 2015) pp. 623-638; Lucan Way, "The Limits of Autocracy Promotion: The Case of Russia in the 'Near Abroad'," *European Journal of Political Research*, Vol. 54, No. 4 (November 2015) pp. 691-706; 宇山智彦「権威主義の進化、民主主義の危機—世界秩序を揺るがす政治的価値観の変容—」村上勇介・帯谷知可編『秩序の砂塵化を超えて—

28

環太平洋パラダイムの可能性―』(京都大学学術出版会、2017 年) 35 〜 56 頁など。
また、権威主義が自国の政治体制を強化するために国際政治において他の権威主
義体制を支援するという研究もある。Oisín Tansey, *The International Politics of Authoritarian Rule* (Oxford University Press, 2016). 他方、冷戦真っただ中の 1950 年段階において、
西側でも東側でも既にイデオロギーが終焉しつつあったとの指摘もある。ダニエ
ル・ベル著、岡田直之訳『イデオロギーの終焉―1950 年代における政治思想の涸
渇について―』(東京創元社、1969 年)。以上を考慮すれば、冷戦期から既に世界
は実利を巡る対立となっていたのかもしれない。

48 Hans Kundnani, "The Future of the Liberal International Order," Hosoya and Kundonani, eds., *The Transformation of the Liberal International Order*, pp. 127-132.

49 E・V・W・デイヴィス著、川村幸城訳『陰の戦争―アメリカ・ロシア・中国の
サイバー戦略―』(中央公論新社、2022 年)。

50 ハル・ブランズ、マイケル・ベックリー著、奥山真司訳『デンジャーゾーン―
迫る中国との衝突―』(飛鳥新社、2023 年);大澤『「個人化」する権威主義体制』。

＊本研究は、科研費 23K12416、23H00791 の成果の一部である。また、執筆にあたっ
てグローバル・ガバナンス学会等で発表の機会を賜り、特に中村長史氏、大﨑祐
馬氏から貴重なコメントをいただいた。記して感謝申し上げる。

第1部 「グローバル・サウス」と米中対立

第1章

ASEAN と米中対立
——揺らぐ地域秩序——

庄司　智孝

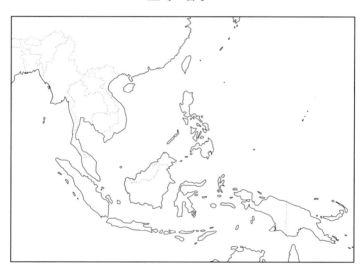

ポイント

- 米中対立は ASEAN の地域秩序の根幹である包括性と中心性を揺さぶっている。ロシアのウクライナ侵攻とミャンマーの混乱により、ASEAN 分断リスクが生じている。
- ASEAN は経済成長と地域共同体としての活動実績により国際秩序に与える影響を拡大している。

はじめに

　米中2大国間の対立の激化は、近年の国際政治における最大の関心事である。両大国の角逐は軍事、経済、先端科学技術など多岐の分野にわたり、かつグローバルな広がりを持っているが、米中は東南アジアでも熾烈な勢力圏争いを展開している。東南アジアは、双方の地域戦略にとって最も重要な地域の1つであり、台頭する「グローバル・サウス」の一角を占める。東南アジアを「押さえる」ことが戦略の成否を大きく左右すると言っても過言ではない。

　それでは、当の東南アジアは、米中対立をどのようにとらえ、これにどう対処しようとしているのであろうか。東南アジアの地域秩序は、当然のことながら米中対立による国際秩序の変動に大きな影響を受けている。東南アジア諸国連合（ASEAN）が追求する地域秩序は、多国間枠組みの活用による戦略的自律性の確保を主眼としてきた。しかしそのやり方は、米中対立によってうまく機能しなくなっている。

　本稿のテーマに関連する先行研究は、米中対立への東南アジアの対応と、東南アジアの地域秩序追求の取り組みに大別される。前者は、ASEAN や東南アジア諸国の米国・中国に対する多国間・2国間の対応を考察し、米中対立への当該地域の複雑な対応の様相を明らかにしてきた[1]。一方、後者については、アミタフ・アチャリア（Amitav Acharya）の記念碑的業績を中心に、東南アジアが ASEAN を主軸として地域秩序の構築にどのように取り組んできたか、そのプロセスを審らかにしている[2]。

　しかし、これらの先行研究は米中対立と ASEAN の地域秩序を関連付けて論じる視点を欠いてきた。前者は、米中対立が ASEAN の「地域秩序」にどのような影響を与えているかを論じていない。また後者の議論は、ASEAN の地域秩序の内在的な発展過程に集中している。発展過程の考察では米中をはじめとする対外関係の影響を考慮しているものの、その「対立」が与える影響についての議論は手薄である。

　以上を踏まえて本稿は、先行研究にある2つの潮流を架橋し、米中対立が ASEAN の地域秩序に与える影響を考察する。その際、ASEAN の多国間主義

の「包括性」と ASEAN の「中心性」という 2 つの概念を核として ASEAN の地域秩序を再構成し、米中対立による包括性と中心性の棄損が、地域秩序の動揺を招いていることを示す。

　本稿の構成としては、第 I 節において、ASEAN の地域秩序をポスト冷戦期の取り組みから考察する。第 II 節では、台頭する中国が ASEAN に対してプラスマイナス両面での影響力を拡大する様相を分析する。第 III 節は、米国の対 ASEAN 関与を、政権毎の変化に着目して考察する。そして第 IV 節では、米中対立への ASEAN の対応とその限界、地域秩序の揺らぎをとらえる。

I　ASEAN の地域秩序——ポスト冷戦期からの取り組み

　冷戦の終結は、ASEAN を取り巻く戦略環境を一変させた。最大の要因は、米国の東南アジアからの撤退である。冷戦期、ASEAN に対して安全保障を提供した米国は、ソ連との対峙が終わり、またフィリピン国内の反発もあり、1990 年代前半に同国の米軍基地を閉鎖し、駐留米軍を引き揚げた。米軍の撤退によって地域には力の空白が生じたが、その空白を埋めるべく、中国（そして日本）が伸長することを ASEAN は懸念した。特に、当時中国が南シナ海への進出を本格化させたことは、ASEAN の懸念を助長した[3]。

　戦略環境の変化、特に東西対立の解消によって生じた域外主要国間のパワーバランスの変化がもたらす不確実性に対応し、自らを利する地域秩序を構築するため、ASEAN は主体的に動いた。新たな地域秩序を生み出すために ASEAN が用いた方法は、多国間主義であった。1994 年、ASEAN 地域フォーラム（ARF）が発足した。ARF は、ASEAN 加盟国のほか日米中をはじめとする域外主要国が参加し、地域の安全保障課題に関する対話と協力を通じてアジア太平洋地域の安全保障環境の改善を目指す、この地域初の多国間安全保障協力枠組みであった。

　ARF は、欧州安全保障協力機構（OSCE）のアジア太平洋版といえる協調的安全保障の枠組みであったが、両者の性質は大きく異なった。アジア太平洋の国々は様々な戦略的利益と安全保障観を持ち、それらは時に相反したた

め、ARF は OSCE のような厳密な制度化を回避し、各国の参加を容易にした。また ARF における協力分野が非伝統的な安全保障課題中心となったのも、同様の理由からであった。同枠組みは、あくまで米国を中心とする2国間同盟システムの補完であり、大国同士のむき出しの勢力均衡争いがもたらす激烈な影響の緩和策と位置付けられた。同時に、武力の不行使、対話と紛争の平和的解決、漸進的発展といった ASEAN の規範が、東南アジアという地域を越えてアジア太平洋に拡大適用されることを意味した。実際、1994年の第1回会合で加盟各国は、東南アジア友好協力条約(TAC)を ARF の行動規範とすることで合意した[4]。

　ARF の設立と運営にあたり、ASEAN が特に重視したのは次の2点であった。第1に、この枠組みに広く域外主要国の関与を促すという包括性(inclusiveness)である。包括性を実現し、枠組みの中で域外主要国が相互に牽制し合うことにより、ASEAN は地域安全保障における戦略的自律性を確保する。また特定の域外国に過度に与することなく、バランスのとれた対外関係を構築することが可能となる。事実 ARF には、ASEAN 加盟国、未加盟の東南アジア諸国、ASEAN の対話国・地域という発足当初のメンバーに加え、モンゴルや北朝鮮のほかパキスタン、バングラデシュ、スリランカといった南アジアの国々も参加するようになり、現在の参加国・地域は 27 にまで拡大している[5]。

　第2に、ARF の運営に ASEAN がイニシアチブを発揮することであった。ARF の最高位に位置するのは参加国外相からなる閣僚会合であり、これは毎年夏の ASEAN 外相会議の後に、その年の ASEAN 議長国で開催される。また ARF の議長は ASEAN 議長国が担当し、会議の議題や議論をコントロールする。こうしたイニシアチブ発揮の方法を ASEAN は、「運転席」(driver's seat) に座る、と表現した[6]。ASEAN は、ARF という大型車に様々な域外国の乗客を乗せ、安全運転を心がける。

　その後 2000 年代になり、ASEAN 共同体構築の一環として、新たな多国間枠組みが次々と生まれた。2005 年、ASEAN と日中韓豪印・ニュージーランドの 16 か国が、地域共通の課題を首脳レベルで協議する枠組みとして東ア

ジア首脳会議（EAS）を発足させた。2011 年には米露を正式なメンバーとして
加え、現在では政治や安全保障を含む幅広い議題を話し合う。また、2010
年には EAS と同じ参加国が拡大 ASEAN 国防相会議（ADMM プラス）を組織し、
国防当局間の実際的な安全保障協力を進めている。

　こうして ASEAN を中心とする多国間協力枠組みが重層的に形成される
過程で、中心性（centrality）の概念が登場した。中心性は、2000 年代後半から
ASEAN の各種声明で言及されるようになり、その意味する内容も次第に固
まっていった。中心性とは、先の「運転席」の比喩を概念化したものであり、
ASEAN がそれぞれの協力枠組みで中心的役割を果たし、かつ ASEAN の規
範に基づき枠組みを発展させる推進力となることを意味する。より具体的
には、ARF で慣例化した通り、開催国と議長を ASEAN 議長国が務める他、
ASEAN 加盟国がそれぞれ特定の対話国について 1 対 1 の調整担当国となり、
各対話国は、ASEAN 関連会合についての連絡調整を、この調整担当国を通
じて行う[7]。

　上記の仕組みは、多国間枠組みにおける ASEAN の中心性を担保した。ま
た中心性の概念自体が、ASEAN 域内外の関係国に規範として普及した。さ
らに現在、米中対立を背景として日印露等が関わる大国間関係が一層複雑化
する中、域外主要国を包括的に ASEAN 中心の協力枠組みに引き込むことに
より、ASEAN は自らが除外されるような（彼らにとって）不安定な戦略環境が
出現することを防いでいる[8]。

　包括性と中心性に基づく多国間主義が形成する ASEAN の地域秩序は、米
国をこの地域に引き留めつつ、中国をはじめとする台頭勢力を効果的に牽制
することを狙ったものであった。その意味で、ポスト冷戦後に唯一の超大国
となった米国が地域秩序を担保する、という構造自体を変えようとするもの
ではなかった。しかし、台頭する中国の影響力拡大は、ASEAN の地域秩序
に対し、想定以上のインパクトをもたらすことになる。

II　中国の台頭——ASEANへの影響力拡大

プラス要因としての一帯一路

　中国の影響力がASEANに浸透し、拡大し始めるのは、1990年代後半である。この時期の中国は、1989年の天安門事件をきっかけとした欧米との関係悪化により、国際社会から孤立していた。そのため近隣諸国との関係強化に動き、主たる対象の1つとしてASEANとの関係を発展させようとした[9]。

　ASEAN側も、南シナ海問題の懸念はあったが、高度経済成長を続ける中国と協力し、自らの経済発展を一層進めようとした。また、ASEANが中国との関係強化に動いた別の要因として、当時の対米関係がある。米国はこのとき、北米自由貿易協定（NAFTA）の締結など経済ブロックの形成と保護主義の動きを強めており、かつ人権や民主主義の問題を経済や貿易と結び付ける圧力外交を展開していた。ブロック化による対米貿易の停滞、そして経済を利用した政治体制への介入を、ASEANは懸念していた。そのためASEANには、同じ懸念を共有する中国を、新たな貿易相手かつ対外関係のパートナーとする誘因が働いた[10]。こうしてASEANは、米国の軍事的関与を求めつつも、中国と経済協力を進めることになる。

　1997年のアジア通貨危機は、両者の距離をぐっと縮めた。危機に際し、通貨の急激かつ大幅な下落が発生し、ASEAN各国の経済状況は一気に悪化した。このとき中国は、ASEAN救済のために自国通貨の切り下げを行わないことを約束した。この切り下げ回避策により、ASEANは中国を責任ある地域大国とみなすようになり、中国に対する信頼度は大きく高まった。これに対し米国は、2国間レベルでの救済策を求めるASEANの訴えを斥け、国際通貨基金（IMF）の支援を受けるよう促した。しかし、IMFが救済にあたり課した条件はきわめて厳しいものであり、ASEANはそれを、地域の経済的特性を無視した、不適切なものであると考えた[11]。このとき、ASEANの中には米国に対する不信感が芽生えた。

　ASEANと中国の経済協力関係は、自由貿易協定（FTA）の形成で一層強固なものとなった。1999年の中国・ASEAN首脳会議の場で、中国はFTAに関

する提案を行い、その後の協議も、中国の積極姿勢をベースに進んだ。FTA をめぐって ASEAN は当初、価格競争力のある中国製品が ASEAN 各国の市場に大量に流入し、自国産業が打撃を受けることを懸念した。しかし、FTA は中国という巨大市場へ参入するまたとない機会であり、かつ中国への投資拡大をねらう外国企業が、対 ASEAN 投資を拡大することへの期待もあった。損得勘定を行った ASEAN は、最終的には FTA に同意した。2002 年、ASEAN と中国は関税引き下げなど FTA を推進するための具体的措置を含む「包括的経済協力枠組み協定」を締結した[12]。

　FTA の効果は絶大であり、ASEAN と中国の間の貿易量は飛躍的に増大した。2000 年から 2008 年にかけての両者の貿易額の伸び率は年平均 27.5% であり（1991 年から 2000 年までは年平均 17%）、その間貿易額は 6 倍に拡大した[13]。2009 年以来、中国は ASEAN の最大の貿易相手国となっている。

　こうして 1990 年代後半から 2000 年代にかけて、ASEAN と中国の経済的な結びつきは急速に深まっていった。2010 年代になり、この動きはさらに加速していく。その中心には、中国が推進する一帯一路構想があった。

　一帯一路はアジアから欧州に至る広域経済圏構想であり、中国による地域各国へのインフラ整備支援に重点が置かれている。中国の狙いは、国内の過剰生産力の解消、中国西部の開発促進、エネルギーと資源の安定供給といった経済的理由に加え、各国と協力関係を構築し、影響力を強めることで、中国にとって有利な国際環境を創出することにある[14]。ASEAN は、一帯一路の重点地域の 1 つと位置付けられた。ASEAN 側も、地域のインフラ整備資金を渇望していたため、中国からの働きかけに積極的に応じた。2019 年 11 月、ASEAN と中国は「ASEAN 連結性に関するマスタープラン（MPAC）2025 と一帯一路構想（BRI）のシナジーに関する共同声明」を発表し、一帯一路の推進に ASEAN からの「お墨付き」が与えられた[15]。

　一帯一路は基本的に、中国との 2 国間プロジェクトの集合体である。ASEAN 各国も、中国と各種のインフラ開発プロジェクトを次々と計画し、実行に移し、完成させてきた。

　ASEAN における一帯一路の特徴としてはまず、連結性の向上を重視した

メガプロジェクト、特に地域にまたがる鉄道網の建設がある。現在、大陸部からマレー半島にかけて、中国雲南省昆明とラオスの首都ビエンチャンを結ぶ高速鉄道、タイの首都バンコクと東北部の都市ナコーンラーチャシーマーを結ぶ高速鉄道、マレーシアの東海岸鉄道(ECRL)といった様々な鉄道建設プロジェクトが同時進行している。これらの路線は、現在計画段階にあるラオスとタイを結ぶ路線や、マレーシアとシンガポールを結ぶ高速鉄道と接続し、最終的には中国南部からシンガポールまで縦貫する「汎アジア鉄道」となる壮大な計画である[16]。2021年12月には、中国・ラオス鉄道のラオス国内部分(ビエンチャン〜ボーテン)が開通した。

　鉄道のほか、連結性の向上に資する港湾開発や高速道路の建設、交通輸送インフラとセットになった経済特区の開発、ホテルやカジノといったリゾート開発、スマートシティ計画など、複合的な総合開発プロジェクトも各地で進行中である[17]。こうした大規模インフラ開発・メガプロジェクトは、経済的な効果のみならず、政治的な意味も多分に有している。経済成長を促す大規模開発は、ASEAN各国の権威主義的な為政者たちにとって、自らの政治的正統性を高める効果があるとみなされている[18]。

　一方、当然のことながらASEANも、中国の金融機関の割高な貸出金利、中国人労働者の雇用義務など現地での雇用を創出しない、環境への悪影響、工事の遅れ、そして「債務の罠」といった一帯一路のリスクや批判と無縁ではなかった。実際、マレーシアは2018年の政権交代を機に各プロジェクトの採算性を再検討し、特にECRLに関しては中国と再交渉した。交渉の結果、当初の計画に比べ総コストは3分の1削減され、マレーシア政府の債務も削減された。同様に、ミャンマーもチャウピューの港湾開発について再交渉し、総コストの削減とミャンマー側の出資比率を高めることに成功した。

　こうしたエピソードは、ASEAN側のタフネゴシエーターぶりと共に、中国が一帯一路に関する各国の懸念を解消し、構想への参加をつなぎとめるため柔軟に対応する用意があることを示すものであった。また関連事業の見直しは、あくまで採算性や負債の返済可能性に基づく再検討と再交渉であり、中国との経済協力という方向性自体の見直しや縮小を意味するものではな

かった[19]。

　コロナ禍で、ASEAN と中国の経済的な結びつきは一層強まった。ASEAN はコロナの蔓延による経済的ダメージから回復するため、中国からの支援を一層必要とし、中国は欧米による「封じ込め」を打破するため、ASEAN という味方を必要とした。こうして、両者の間には一帯一路を媒介とするプラスの磁場が生じた。2009 年以来、中国は ASEAN の最大の貿易相手であるが、2020 年には、EU に代わり ASEAN も中国の最大の貿易相手となった。またコロナ禍によって一帯一路関連投資の総額が減少する中、ASEAN への投資は堅調に推移した。結果、ASEAN は 2020 年に最大の一帯一路関連投資先に躍り出た[20]。中国は長年 ASEAN にとって重要な経済協力のパートナーであったが、近年中国にとっても、ASEAN の経済的重要性が高まっている。

マイナス要因としての南シナ海

　一帯一路に代表される経済協力が、ASEAN と中国の関係強化を促進するプラス要因である一方、マイナス要因も存在した。それは南シナ海問題である。南シナ海の領有権をめぐる ASEAN 諸国と中国の間の紛争は、1970 年代から 90 年代にかけて発生し、深刻化した。その後、ASEAN と中国の間で協議が進み、2002 年には「南シナ海における関係国の行動に関する宣言」(DOC)で合意するなど、問題の平和的解決に一定の成果を得た。しかし、2010 年前後を境に、中国は南シナ海の領有権を再び強く主張するようになり、問題は再燃した。今日、米中対立を背景として南シナ海問題は拡大・複雑化している[21]。

　ASEAN の対処法は、紛争のエスカレーションを防止し、問題を適切に管理することを目的として、中国との間で行動規範(COC)をつくることであった。これは 1990 年代以来現在まで、一貫した方針である。しかし、COC の協議開始から 20 年以上が過ぎたが、両者は依然として草案の読み合わせを行っている段階である。ASEAN が中国といつ COC で合意できるのか、見通しは全く立っていない[22]。

　その間中国は、経済的なパワーを用いて 2 国間レベルでの働きかけを強

化し、ASEAN の一体性を崩し、弱体化させようとした。例えば、2012 年に
カンボジアが ASEAN 議長国を務めた際、中国は同国への経済支援を強化し、
南シナ海問題について ASEAN が対中批判で統一的な立場をとることがない
よう働きかけた。中国の戦略は功を奏し、同年 7 月の ASEAN 外相会議は南
シナ海をめぐって紛糾し、ASEAN は史上初めて共同声明を出すことに失敗
した[23]。これは、今でも ASEAN 関係者の間では語り草となっている。

　中国が 2 国間レベルでの働きかけを続け、ASEAN の分断を図ろうとする
ことで、ASEAN 側には自らの決定や立場表明が中国の不興を買わない、よっ
て ASEAN を分断することがないよう「自己検閲」する習慣が備わった。中国
はまた「先制的合意形成」、すなわち存在しない合意を仮定的に主張するこ
とによって、ASEAN の一体性を弱めようとした[24]。ASEAN 側は、中国から
繰り出される戦略への対応に苦慮しているが、それでも一体性を保ち、南シ
ナ海問題をアジェンダにし続けようとしている。

　一帯一路は、中国が ASEAN との関係を深めることで、南シナ海でとっ
ている恫喝的な行動を相殺し、自らが主張する主権や海洋権益を最適化す
るために重要となる[25]。この意味で一帯一路は南シナ海問題に直結しており、
ASEAN 各国は両者のバランスを調整する必要に迫られている。例えばベト
ナムは、ASEAN の他の国々同様、一帯一路構想に参加している。ただ、他
の国々とは異なり、大規模なインフラ開発プロジェクトに中国からの支援を
受けることには、きわめて慎重な姿勢を貫いてきた。その理由は、南シナ海
での中国との対立である。ベトナムは、南シナ海における自らの戦略的利益
を損ねることがないよう、インフラ整備面で中国への依存度が高まることを
警戒してきたのである[26]。

中国の台頭の帰結──影響力の拡大と複雑な対中認識の形成

　中国は現在、経済協力に加え、ゲーム、テレビドラマ、映画など文化やエ
ンターテインメントの輸出を促進しており、ASEAN におけるソフトパワー
の拡大を狙っている[27]。また 2021 年 11 月、ASEAN・中国関係の包括的戦略パー
トナーシップへの格上げが宣言され、両者の政治協力関係は最高レベルに達

した[28]。政治、経済、文化のあらゆる面における ASEAN・中国関係の緊密化は、南シナ海問題を周辺化するかの勢いである。

　ASEAN の対中認識も、それを裏付ける。シンガポールの東南アジア研究所が 2023 年に発表した世論調査の結果によると、「東南アジアにおいて最も経済的影響力のあるアクターは」という問いに対し、中国との回答が 60% に上り（米国は 11%）、政治的・戦略的影響力についてはやはり中国が 42% という結果となった（米国は 32%）[29]。ASEAN は現在、政治・経済・安全保障のすべての面で、自らに対し最も大きな影響力を持つのは中国であると認識している。

　一方、中国の圧倒的台頭に対する懸念も根強い。中国の経済的影響力の拡大を懸念しているとの回答は 65% に上り、政治・戦略面では 69% が懸念を表明した[30]。特に安全保障認識には、南シナ海問題が影響を与えていると思われる。より広い観点では、これらの回答は、あらゆる面における中国の圧倒的なプレゼンスが、包括性と中心性を基軸とする ASEAN の地域秩序を、ASEAN の望まぬ方向へ変質させかねないという懸念を反映している。

Ⅲ　米国の「失地回復」と米中対立の激化

　中国に対する ASEAN の懸念は、米国の関与を求める。先の世論調査には「ASEAN が米中のどちらかと連携しなければならない場合、どちらを選ぶか」という問いもあり、米国を選択するとの回答が、中国を 22% ほど上回った[31]。ASEAN は、中国の圧倒的な影響力を認識しつつも、必ずしも中国主導の新たな地域秩序を望んでいるのではなく、米国に対し、従来の「自由で開かれた」地域秩序を主導するよう求めていることを、この回答結果は示している。

　しかし、米国は「あてにならない」（unreliable）[32]。米国の対 ASEAN 政策は、政権毎に政策課題の優先順位やアプローチが大きく変化し、ASEAN はその振れ幅に翻弄されてきた。中国が経済協力をベースに一貫して ASEAN（諸国）との関係を強化し、地域への影響力を拡大してきたのとは対照的である。また各政権が人権と民主主義の価値観をどの程度重視し、そうした価値

観をどの程度実際の政策に反映させるかも、米ASEAN関係に影響を及ぼす。ASEANの多くの国々は権威主義体制国家であり、彼らは米国による価値観の「押し付け」を警戒してきた。

　ベトナム戦争後、米国の対ASEAN政策は長い間「優しい無視」(benign neglect)の時代にあった。この間米国は、ASEAN自体には関心を示さず、地域における米国の経済上・安全保障上の権益の保持のみを重視し、権益が脅かされそうになると散発的に介入した。長い無関心の時代を経て、ジョージ・W・ブッシュ(George W. Bush)政権は、特にテロ対策の観点からASEANへの関与を再開したが、それはあくまでも限定的な再関与にとどまった[33]。こうしてASEANにおける米国のプレゼンスが低下する中、中国が着々とASEANに地歩を固めたのは前述の通りである。

　米国の「失地回復」は、バラク・オバマ(Barack Obama)政権から本格化した。オバマ政権期の米国は、ASEANにとって理想的な方法でこの地域に関与した。ASEANの多国間主義を尊重し、2009年にTACに加盟したほか、2011年からはEASの正式な参加国となった。以来、オバマ大統領はほぼ毎年EASに参加した。経済協力の面では、環太平洋パートナーシップ(TPP)を主導し、ASEAN諸国を含む多国間経済協力枠組みの構築を図った。安全保障面でも「アジア太平洋リバランス」で中国に対する警戒感を隠さなかったものの、対決よりは関与を強調した。これは、ASEANにとってより望ましい米中関係のあり方であった。

　これに対し、ドナルド・トランプ(Donald Trump)政権がとった政策の多くは、ASEANの希望と相反するものであった。トランプ大統領は就任直後にTPPから脱退し、米国が主導する地域経済秩序への希望は潰えた。また米国とASEAN各国というきわめて非対称な2国間の経済関係においても、貿易収支の均衡に固執した。さらに、大統領はASEANの多国間主義に関心を示さず、一度もEASに出席することはなかった。

　そして、中国との対決姿勢を強めた。一帯一路の対抗概念として、連結性と法の支配・航行の自由を強調する「自由で開かれたインド太平洋」を提唱したほか、2017年12月の「国家安全保障戦略」では中国を「競争相手」と規

定し、オバマ政権の関与政策からの決別を宣言した。さらに、中国と関税合
戦を展開し、特に情報通信に関する先端技術の流出を防ぐ一連の措置を講じ
たほか、香港・台湾や南シナ海の問題でも鋭く対立した。

　中国との対立を先鋭化させるトランプ政権に、ASEAN は不安な眼差しを
向けた。しかし、米国の対抗策には ASEAN にとってメリットになるものも
含まれていた。例えば、南シナ海問題については各戦略文書や政府要人の発
言で中国の動きを厳しく批判し、オバマ政権時よりも頻繁に航行の自由作戦
(FONOP) を実施するなど、中国に対して毅然とした態度をとった[34]。また一
帯一路に対抗してインフラ開発支援にも乗り出し、関連法の制定や専門公社
の設立といった制度整備に加え、日本や豪州との協力を始めた。

　そして、ジョー・バイデン (Joe Biden) 現政権である。ASEAN は、オバマ
政権で副大統領だったバイデンに対し、特に ASEAN の多国間主義と多国間
経済協力の面で期待を寄せた。2022 年 2 月の『米国のインド太平洋戦略』は、
ASEAN の多国間主義と中心性を支持し、米 ASEAN 協力の強化を明言した[35]。
同年 5 月には、米 ASEAN 特別首脳会議がワシントンで開催された。ASEAN
各国首脳を招いた対面での開催は、2016 年 2 月にオバマ大統領が主催して
以来 2 回目であった。会議で発表された共同ビジョン声明には、米 ASEAN
協力に関する基本方針が明示され、コロナ対応、経済協力と連結性、海洋安
全保障、人的交流、メコン、科学技術、気候変動、信頼醸成という 8 つの協
力分野が包括的に盛り込まれた[36]。

　多国間経済協力については、米 ASEAN 特別首脳会議の直後にインド太平
洋経済枠組み (IPEF) の立ち上げに関する首脳級会合が行われ、ASEAN から
は 7 か国 (ブルネイ、インドネシア、マレーシア、フィリピン、シンガポール、タイ、
ベトナム) が参加した。IPEF は米国市場の開放を含まないため、ASEAN にとっ
て不満は残る。それでも貿易、サプライチェーン、グリーン経済、公正な経
済の 4 つの分野で協力を進めており、1 年の交渉を経て貿易以外の 3 つにつ
いては実質的な妥結に至っている[37]。

　バイデン政権はこうして、ASEAN の期待に概ね応えてきたものの、政権
が重視する人権と民主主義の価値観は、ASEAN の一体性と米 ASEAN 協力

の障害になりかねない。2021年12月、米国は民主主義サミットを開催したが、その際ASEANからはインドネシア、マレーシア、フィリピンの3か国のみが招待された。また2023年3月に第2回サミットが行われた際には、インドネシアとフィリピンのみが参加した[38]。米国の対ASEAN政策、ひいてはインド太平洋戦略において、同盟国タイ、パートナー国のシンガポールやベトナムと協力を推進することは、民主主義の旗印と矛盾を来たしうる。

IV　米中対立への対応と地域秩序の動揺

AOIPでの「選択的適応宣言」

　トランプ政権に引き続き、バイデン政権も中国には厳しい姿勢で臨んでおり、米中対立はすでに構造化した観がある。ASEANはこれにどう向き合うのか。ASEANの基本的な対応方針は、2019年6月の「インド太平洋に関するASEANアウトルック」(AOIP) に示されている。AOIPでASEANは、米国でも中国でもない「第3の道」を行くことを宣言した。

　ASEANはまず、米中対立から距離を置く姿勢を示す。AOIPでは、冒頭でインド太平洋の地域情勢を概括し、「経済的・軍事的な大国の台頭によって、不信、計算違い、ゼロ・サムゲームに基づく行動パターンの深刻化を回避する必要が生じている」と述べ、米中対立への懸念を表明する。その上で「対立ではなく対話と協力のインド太平洋地域」を標榜する[39]。

　次に、中国の一帯一路と米国の「自由で開かれたインド太平洋」の双方へ目配りする。AOIPでは、地域におけるウィン・ウィン協力の構築を強調し、主要な協力分野に連結性、特に「連結性の連結」を挙げ、地域的な包括的経済連携 (RCEP) へ期待を寄せる。一方で海洋協力においては、南シナ海問題を念頭に、国連海洋法条約を含む国際法の諸原則に従い、紛争の平和的解決、海空域における航行の自由を一層促進する[40]。

　そして、米中対立を「止揚」する。ASEANは「競合する利益の戦略環境のなかで、誠実な仲介者であり続ける」ことを宣言し、ASEANの中心性をインド太平洋地域で協力を促進するための基本原則と位置付ける。さらに協力

に際しての対話と実施のプラットフォームとして、ASEAN の多国間協力枠組み、特に EAS をあげる[41]。

　ASEAN が AOIP で示した「第 3 の道」は、換言すれば「選択的適応」であった。「選択的適応」は、米中それぞれの対 ASEAN 政策に関し、ASEAN の価値観や利益に合致するものについては協力し、そうでないものについては受け入れを回避しようとする。その意味で AOIP は、ASEAN の「選択的適応宣言」であった。

　しかし、米中のパワーや影響力と、ASEAN のそれとは大きな差があるため、ASEAN 側が米中からのアプローチを一方的に取捨選択することは困難である。ただ、選択的適応を促進する環境整備は可能である。第 1 に、米中それぞれの地域戦略において ASEAN の重要度が高い場合、対米・対中交渉で ASEAN 側にレバレッジが生じる。この意味で現在、ASEAN の選択的適応の余地は広がっている。第 2 に、ASEAN が対外関係の多角化を図り、米中の影響力を相対化することである。米中のほか、日印露豪 EU といった域外主要国との関係を深め、ASEAN の多国間主義における包括性を促進する。そして第 3 に、ASEAN が自らの一体性を維持することである。加盟各国間の利害調整が進まず、ASEAN 全体としてまとまりを欠いた状態では、集団的な外交力を発揮することは難しくなる。また一体性の維持は、中心性を保つ問題に直結する[42]。

ASEAN の地域秩序の動揺──包括性と中心性が直面する課題

　ASEAN はこうして、米中対立の仲介役を買って出ており、仲介の場所を EAS とすることを提案している。しかし現在、EAS を含む ASEAN の多国間協力枠組みは、機能不全に陥るリスクに直面している。これは、ASEAN の多国間主義を担保する包括性と中心性が、ひいては ASEAN の地域秩序が、米中対立により動揺をきたしているためである。

　ASEAN が追求してきた包括性は、米中間に不協和音が響き出した後から、常に挑戦にさらされてきた。以来 ASEAN の多国間協力枠組みは、信頼醸成と協力の場というよりは、むしろ米中の意見対立が露わになる場と化した。

今日では、ロシアのウクライナ侵攻によって日米欧と中露の間で確執が生じている。これに対し 2022 年 4 月、ASEAN 議長国カンボジア、G20 議長国インドネシア、アジア太平洋経済協力（APEC）議長国タイの 3 か国の外務省が共同プレスリリースを発表し、包括性を確保し、ロシアを含むすべての加盟国を招へいする意向を表明するなど、ASEAN は包括性の維持に躍起となっている[43]。

　一方、中心性の方は、QUAD や AUKUS といった米国を中心としたミニラテラルな連携により、相対化されつつある。米国をはじめとする域外主要国は、ASEAN の中心性を尊重する姿勢を示しつつも、彼らの戦略目標を達成する手段として、ミニラテラルにより力を入れるようになった[44]。こうした動きは、ASEAN の多国間主義を空洞化させ、その中心性を実質的に損なうことになる。南シナ海問題をはじめとする地域の重要課題に ASEAN や ASEAN を中心とする多国間主義が有効に対処できないことが、ミニラテラルな連携を活発化させているともいえる[45]。マルコス政権のフィリピンは、南シナ海における中国との対立激化を背景として、同盟国米国や同じく米国の同盟国である日豪との 2 か国・3 か国・4 か国の協力を強化しており、ASEAN の中からも、ミニラテラルな連携の動きが出てきている。

　中心性の前提は、一体性である。特に南シナ海問題への対応に際し、中国の分断工作により、ASEAN の一体性はたびたび崩されてきたことは前述の通りである。

　現在、ASEAN の一体性にとってより深刻な課題は、ミャンマーである。2021 年 2 月に発生したクーデターに端を発する一連のミャンマー危機への対応として、ASEAN は戦闘の停止や人道支援、ASEAN 議長国特使による仲介を骨子とする「5 つのコンセンサス」を打ち出した。しかし、軍事政権は合意内容をなかなか履行しようとせず、業を煮やした ASEAN は、首脳会議、外相会議、ADMM（プラス）へ軍政代表が参加することを拒否した。これにより、ASEAN の一体性は担保されなくなった。

　一方、以前からミャンマーに大きな影響力を持っていた中国は、クーデター直後は様子見だったものの、その後軍政を支持する方向へと舵を切った。

2022 年 4 月、軍政のワナマウンルイン (Wunna Maung Lwin) 外相を中国に招き、ミャンマーを代表する正統政府としての軍政を実質的に承認した[46]。また、ミャンマー国軍に対する装備供給国であるロシアも、2022 年 6 月と 9 月の 2 回にわたって軍政の最高指導者であるミンアウンフライン (Min Aung Hlaing) 国軍司令官をロシアに招くなど、軍政との関係を維持している[47]。軍政側も「返礼」として、ロシアのウクライナ侵攻に対する支持を表明し、ロシア産の石油を輸入する意向を示した[48]。

　このように中露は、軍政を支持する姿勢を明確にしており、ASEAN、そして日米の方針との食い違いを見せている。米中対立はこうして、ASEAN 内部にまで浸透し、一体性の維持とは真逆の方向に作用している。ASEAN の一体性が担保されない場合、その中心性も棄損され、ひいては多国間主義が機能不全に陥るだろう。ASEAN の多国間主義、そしてそれに支えられた地域秩序は揺らいでいる。

おわりに

　ASEAN は、包括性と中心性に基づく多国間主義を活用し、戦略的自律性を確保する地域秩序を追求してきた。ASEAN の地域秩序は、インド太平洋の地域秩序を担う米国の「ハブアンドスポーク」体制と補完関係にあり、大国間の勢力均衡をめぐる争いの緩和措置と位置付けられた。

　しかし、中国の台頭と影響力の拡大により、ASEAN の包括性と中心性は動揺を来たした。一帯一路は中国の「経済版ハブアンドスポーク」体制であり、中国を中心とする地域秩序を ASEAN に浸透させる一方で、南シナ海問題によって ASEAN の一体性は崩されている[49]。ASEAN に対する中国の影響力拡大は、ASEAN が中心となって地域の課題に対処することを困難にしている。中国に対するカウンターバランスとしての米国については、ASEAN における米国の「失地回復」政策は一貫性を欠き、ASEAN は米国を全面的に頼ることにためらいを感じている。

　ASEAN は、米中対立への対応として「第 3 の道」「選択的適応」を宣言した

が、ASEAN の包括性と中心性、多国間主義、そして地域秩序は、米中対立の激化により不透明さを増している。今日では、混迷の度合いを深めるミャンマー情勢と域外大国間の対立の先鋭化が、ASEAN を内外から揺さぶっている。

　ASEAN は、自らが望む地域秩序を維持することができるだろうか。ASEAN のとりうる選択肢は必ずしも多くはないが、その1つとして ASEAN 自体をより強靱なものとするための機構改革があげられる。意思決定プロセスの迅速化と合理化、加盟国の義務と義務違反に対する措置などを明確化することにより、ASEAN の凝集性と透明性が高まり、集合的アクターとしての強靱性を高めることができるだろう。

　しかし、これは ASEAN 積年の課題であり、その試みは何度も頓挫してきた。ASEAN のもつ「あいまいさ」が加盟国の脱退を防ぎ、機構の一体性と機能的な発展を促してきた側面もある。ただ、加盟各国と地域全体の経済成長や地域協力機構としての長年の活動実績により、国際社会における ASEAN の注目度や地位が向上している現状は、改革へのまたとない好機でもある。ASEAN の決意と実行力が試されている。

　　＊本章は、庄司智孝「ASEAN の地域秩序と米中対立―揺らぐ包括性と中心性―」（『防衛学研究』第 68 号、2023 年 3 月、93-111 頁）を大幅に加筆・修正したものである。なお、本稿の見解は筆者個人のものであり、筆者の所属組織の公式見解ではない。

注

1　例えば、Evelyn Goh, ed., *Betwixt and Between: Southeast Asian Strategic Relations with the U.S. and China* (Singapore: Institute of Defence and Strategic Studies, 2005); Evelyn Goh and Sheldon Simon, eds., *China, the United States, and Southeast Asia: Contending Perspectives on Politics, Security, and Economics* (London and New York: Routledge, 2008); David B. H. Denoon, ed., *China, the United States, and the Future of Southeast Asia* (New York: New York University Press, 2017); David Shambaugh, *Where Great Powers Meet: America and China in Southeast Asia* (Oxford: Oxford University Press, 2021); 黒柳米司編著『「米中対峙」時代の ASEAN　共同体への深化と対外関与の拡大』(明石書店、2014 年) など。

2　Amitav Acharya, *Constructing a Security Community in Southeast Asia: ASEAN and the Prob-*

lem of Regional Order (Third Edition, London and New York: Routledge, 2014). そのほか、Alice D. Ba, *[Re]Negotiating East and Southeast Asia: Region, Regionalism, and the Association of Southeast Asian Nations* (Stanford: Stanford University Press, 2009); Shaun Narine, *The New ASEAN in Asia Pacific and Beyond* (Boulder, Colorado: Lynne Rienner Publishers, 2018) など。

3　Jürgen Haacke, *ASEAN's Diplomatic and Security Culture: Origins, Development and Prospects* (London and New York: Routledge, 2003), pp. 71-72.

4　Acharya, *Constructing a Security Community in Southeast Asia*, pp. 166-167, 171.

5　Ibid., p. 171.

6　Ibid.

7　庄司智孝「ASEAN の中心性　域内・域外関係の視点から」『防衛研究所紀要』第 17 巻第 1 号（2014 年 10 月）108 〜 110 頁。

8　Ralf Emmers, "Unpacking ASEAN Neutrality: The Quest for Autonomy and Impartiality in Southeast Asia," *Contemporary Southeast Asia*, Vol. 40, No. 3 (2018), p. 363.

9　Alice D. Ba, "China and ASEAN: Renavigating Relations for a 21st-century Asia," *Asian Survey*, Vol. 43, No. 4 (July/August 2003), pp. 630-632.

10　Ibid., pp. 628, 631-632.

11　Ibid., pp. 635-637.

12　Ibid., pp. 638-639.

13　Shen Hongfang and Chen Linglan, "China-Southeast Asian Economic Relations in the 21st Century: Evolving Features and Future Challenges," *International Journal of China Studies*, Vol. 1, No. 1 (January 2010), p. 27.

14　防衛研究所編『中国安全保障レポート 2019　アジアの秩序をめぐる戦略とその波紋』7 〜 8 頁。

15　ASEAN, "ASEAN-China Joint Statement on Synergising the Master Plan on ASEAN Connectivity (MPAC) 2025 and the Belt and Road Initiative (BRI)," November 3, 2019.

16　Suthiphand Chirathivat, "China's Belt and Road Initiative and ASEAN Connectivity in Development: Can Both Bring Synergy and Opportunities Together?" in Suthiphand Chirathivat, Buddhagarn Rutchatorn, and Anupama Devendrakumar, eds, *China's Belt and Road Initiative in ASEAN: Growing Presence, Recent Progress and Future Challenges* (Singapore: World Scientific Publishing Co. Pte. Ltd., 2022), pp. 161-165.

17　庄司智孝「『一帯一路』と『自由で開かれたインド太平洋』の間で　地域秩序をめぐる競争と ASEAN の対応」『防衛研究所紀要』第 22 巻第 2 号（2020 年 1 月）29 頁。

18　Cheng-Chwee Kuik, "Irresistible Inducement? Assessing China's Belt and Road Initiative in Southeast Asia," *Asia Unbound* (Council on Foreign Relations), June 15, 2021.

19　庄司「『一帯一路』と『自由で開かれたインド太平洋』の間で」34 〜 35 頁。

20 Kaho Yu, "The Belt and Road Initiative in Southeast Asia after COVID-19: China's Energy and Infrastructure Investments in Myanmar," *Perspective* (ISEAS Yusof Ishak Institute), April 6, 2021, pp. 3-5.

21 問題の発生から現在に至るまでの経緯については、庄司智孝『南シナ海問題の構図　中越紛争から多国間対立へ』(名古屋大学出版会、2022年) 第1〜3章を参照。

22 *CNN Philippines,* July 28, 2022.

23 庄司『南シナ海問題の構図』173頁。

24 Donald K. Emmerson, "The Deer and the Dragon: Asymmetry Versus Autonomy," in Donald K. Emmerson, ed., *The Deer and the Dragon: Southeast Asia and China in the 21st Century* (Stanford: Stanford University Press, 2020), p. 15.

25 Kuik, "Irresistible Inducement?"

26 Le Hong Hiep, "The Belt and Road Initiative in Vietnam: Challenges and Prospects," *Perspective* (ISEAS Yusof Ishak Institute), March 29, 2018, pp. 3-4.

27 『レコードチャイナ』2022年9月20日。

28 ASEAN, "Joint Statement of the ASEAN-China Special Summit to Commemorate the 30th Anniversary of ASEAN-China Dialogue Relations: Comprehensive Strategic Partnership for Peace, Security, Prosperity and Sustainable Development," November 22, 2021.

29 ISEAS Yusof Ishak Institute, *State of Southeast Asia 2023: Survey Report,* February 16, 2022, pp. 24-27.

30 Ibid.

31 Ibid., p. 37.

32 Amitav Acharya, *ASEAN and Regional Order: Revisiting Security Community in Southeast Asia* (London and New York: Routledge, 2021), p. 80.

33 Diane K. Mauzy and Brian L. Job, "U.S. Policy in Southeast Asia: Limited Re-engagement after Years of Benign Neglect," *Asian Survey,* Vol. 47, No. 4 (August 2007), pp. 622-641.

34 庄司『南シナ海問題の構図』222〜225頁。

35 The White House, *Indo-Pacific Strategy of the United States,* February 2022, p. 9.

36 The White House, "ASEAN-U.S. Special Summit 2022, Joint Vision Statement," May 13, 2022.

37 外務省「インド太平洋経済枠組み (IPEF)」2023年11月16日。

38 U.S. Department of State, "Summit for Democracy 2023."

39 ASEAN, "ASEAN Outlook on the Indo-Pacific," pp. 1-2.

40 Ibid., pp. 3-5.

41 Ibid., p. 1.

42 庄司『南シナ海問題の構図』228頁。

43　Ministry of Foreign Affairs and International Cooperation, Kingdom of Cambodia, "Joint Press Release of the Foreign Ministries of the Kingdom of Cambodia, the Republic of Indonesia and the Kingdom of Thailand," May 4, 2022.

44　Hoang Thi Ha, "Understanding the Institutional Challenge of Indo-Pacific Minilaterals to ASEAN," *Contemporary Southeast Asia,* Vol. 44, No. 1 (2022), pp. 1-30.

45　William Choong, "The Quad and the Indo-Pacific: Going Slow to Go Further," *Perspective* (ISEAS Yusof Ishak Institute), September 23, 2021, p. 6.

46　Ministry of Foreign Affairs of the People's Republic of China, "Wang Yi Holds Talks with Myanmar's Foreign Minister U Wunna Maung Lwin," April 1, 2022.

47　*Reuters,* September 5, 2022.

48　*Straits Times,* February 26, 2022, *Bloomberg,* August 17, 2022.

49　David M. Lampton, Selina Ho and Cheng-Chwee Kuik, *Rivers of Iron: Railroads and Chinese Power in Southeast Asia* (Oakland, California: University of California Press, 2020), p. xi.

コラム①

米中対立とエネルギー問題

小林　周

　我々がエネルギーを利用するには、壮大かつ国際的な供給網（グローバル・サプライチェーン）が機能している必要がある。石油・天然ガス・石炭などの資源は偏在しており、生産国での開発から輸送、貯蔵、精製・濃縮、発送電といった複雑なプロセスを経ることで、エネルギーはようやく利用可能になる。これは原子力や再生可能エネルギー（再エネ）についても同様であり、国際情勢はエネルギーのサプライチェーンに多大な影響を与えている。これらを踏まえれば、米中対立がエネルギーの生産、輸送、消費、確保（安全保障）に様々な側面で影響を与えることは明白である。

　2022年のウクライナ戦争や2023年10月以降の中東地域の不安定化は、エネルギーの供給源・供給経路・消費が、安全保障・地政学的動向に大きな影響を受けること、そして各国の地政学的競争における重要な要素であることを改めて浮き彫りにした。「地政学的競争に従属するエネルギー」という問題は決して新しい現象ではないが、大国間競争やグローバル・サウスの台頭にともない、さらに複雑化している。

　米国は第一次石油危機（1973年）の翌年、国際エネルギー機関（IEA）の設立を主導した。しかし現在、シェールオイル・ガス生産の増大などによって、同国は2050年まで石油・天然ガスの純輸出国であり続けると予測されている。このため、自国のエネルギー安全保障が確立された状況下、国際的なエネルギー供給体制の安定への貢献の意欲を低下させている。さらに、米国政府は国内政治に直結するエネルギー価格には強い関心を寄せるものの、リスクやコストを負担しながら石油・天然ガスの

大産地である中東の安定化に貢献することへの懐疑論も強まっている。

　他方で、特に人口増加と経済成長の続くアジア諸国にとって、中東は極めて重要なエネルギー供給地であり続ける。日本でも、原油輸入における中東依存度は 2022 年 2 月のウクライナ戦争勃発以降、95％を超えた。日本エネルギー経済研究所によると、アジア地域における石油需要は 2017 年から 2050 年にかけてほぼ倍増すると推計され、この莫大な需要に応えることができるのは中東に限定される。米国の関与低減により中東の政治・安全保障環境が流動化する中で、誰が地域の安定化を主導し得るのか・しようとするのかという問題は、アジアや世界のエネルギー需給にも大きな影響を与えるのである。

　一方の中国は、2022 年のエネルギー消費量が 38 億石油換算トン（米国 22 億トン、日本 4 億トン）となり、世界のエネルギー消費の 4 分の 1 を占めるまでになった。中国の一次エネルギー自給率は 8 割と高く、消費する石炭の 9 割、天然ガスの 6 割、石油の 3 割は国内生産である。なお、中国では政府が石油企業に対して調達先を多角化するよう統制することが可能なことから、石油輸入における中東依存度は約 30％に抑えられている。中国が進める「一帯一路」構想の枠組みにおいても、エネルギー関連の大臣会議やフォーラムが複数回開催されており、「一帯一路」エネルギー協力パートナーシップの参加国は 2023 年 10 月時点で 33 か国に達したという。国境を跨ぐ石油・天然ガスパイプライン敷設や周辺国との電力網接続プロジェクトも進められている。

　エネルギー転換・脱炭素の時代においては、再エネや新エネルギーに関する技術開発や投資、供給体制も、米中対立の影響を大きく受けることになる。2022 年 10 月の共産党大会において、習近平国家主席は自給率の高い石炭を利用しつつ、エネルギー安全保障に配慮した脱炭素への移行、エネルギー・資源、重要産業のサプライチェーンの安全確保を進めると表明した。中国の電力・再エネへの投資額は 2022 年だけで 5 千億米ドル超（米国の 3 倍以上）であり、世界のトップランナーである。また、中国は世界有数の再エネ発電設備の供給国でもあり、太陽光パネ

ル製造における世界シェアは7割を超える。

　加えて、太陽光・風力発電の設備、電気自動車（EV）の蓄電池の生産に欠かせない重要鉱物（クリティカル・ミネラル）や精錬技術の一部は中国に集中しているため、世界が脱炭素化を進めるほど、資源市場における中国の存在感が強まることになる。もし中国が戦略的な意図に基づいて重要鉱物の供給を抑えれば、各国の経済・エネルギー安全保障にとって大きな脅威となるだろう。このため、米国を含む西側諸国は供給源の多様化やリサイクル技術の開発に急いでおり、2022年6月には米国主導で「鉱物資源安全保障パートナーシップ」が立ち上げられた。

　2023年には3月に中国の習近平国家主席がモスクワを訪問、10月にロシアのウラジーミル・プーチン（Vladimir Putin）大統領が北京での「一帯一路」フォーラムに出席し、両国の結束を確認した。首脳会談では、貿易、金融、エネルギー、鉱物、技術・イノベーションなど、包括的な協力推進が確認された。エネルギーや資源をめぐる問題は、今後も米中対立や大国間競争における重要なイシューとなるだろう。

参考文献

岩瀬昇『武器としてのエネルギー地政学』ビジネス社（2022年）。

小山堅『地政学から読み解く！戦略物資の未来地図』あさ出版（2023年）。

ダニエル・ヤーギン（黒輪篤嗣訳）『新しい世界の資源地図：エネルギー・気候変動・国家の衝突』東洋経済新報社（2022年）。

第2章

米中対立と南アジア
——インド・パキスタン・アフガニスタンの動向——

笠井　亮平

ポイント

①インドは対米関係を強化する一方で中国とも是々非々の姿勢で臨んでいる。パキスタンとアフガニスタンは中国依存の度合いを急速に増しつつある。

②南アジアとりわけインドは国際秩序に大きな影響を及ぼすプレイヤーになりつつあり、米中に次ぐ「第3の大国」になり得る可能性がある。

はじめに

　米中対立は南アジアにいかなる影響をもたらしているのだろうか。国力を急速に増加させ、拡張主義的傾向が目立つ中国に対抗すべく、アメリカはインド太平洋地域において同盟国や有志国との連携を近年強化している。なかでも重要なパートナーのひとつとして位置づけられているのがインドであり、二国間関係の緊密化に加え、日米豪との戦略対話「QUAD」に代表されるプルーリラテラルな枠組みでも連携を積極的に進めている。この背景には、世界第5位のGDPを持つまでに成長した経済と2023年には中国を上回り世界最大の人口大国になったという規模の大きさに加え、国際場裏で存在感を増していること、そして軍事面でも大国化が進んでいることがある。後述するようにインドがロシアとは強い結びつきを持つ一方、中国とは国境問題をはじめ懸案を抱えていることから、「対立」の側面が強いかのように見えることも、アメリカがインドを取り込もうとする要因になっていると言えるだろう。

　南アジアでもうひとつ重要なのが、パキスタンである。インドの巨大さゆえに、また迷走する政局や経済の停滞、イスラーム過激派によるテロ活動をはじめとする国内の混乱もあり、地域においてもグローバルなレベルにおいても同国のプレゼンスが低下している感は否めない。しかし、パキスタンは約2億4,150万人という世界第5位の人口を擁し、インドと同様に核不拡散条約(NPT)には署名していないが核保有国でもある。パキスタンは1947年8月の印パ分離独立以降、総じてアメリカと緊密な関係を保ってきた。アフガニスタンにおける1980年代の反ソ連抵抗活動や2001年以降の「テロとの戦い」では、パキスタンは前線と位置づけられ、アメリカから巨額の経済・軍事支援が注ぎ込まれた。しかしアメリカはアフガニスタンに展開していた自国軍の完全撤収に向けた動きを進めた頃からパキスタンへの関心を低下させていった。それに反比例するかのように、パキスタンで急速に存在感を高めていったのが中国である。

　さらにアフガニスタン[1]をめぐっても、米軍の撤退に伴い、ここでも中国

が重要な役割を担いつつある。2021 年 8 月に首都カブールに入り、国土の
大半を掌握したターリバーンを承認する国家は皆無という状態がつづいてい
たが、23 年には中国が事実上の承認に踏み切った。

　これら 3 か国は、国家の生き残りと国益の最大化を図ろうとする上で、ア
メリカのプレゼンス低下と中国の台頭という現実にどう対処しているのか。
それによって、3 か国間の関係にはいかなる変化が生じているのか。米中の
対立を各国、とりわけインドはどう見ているのか。本稿は、主に 2000 年代
後半から 20 年代初頭にかけてのインド、パキスタン、アフガニスタンの対米・
対中関係の推移とその背景を分析することで、米中対立が南アジアに及ぼし
ている影響を解明しようとするものである。

I　インド

マンモーハン・シン政権期の対米・対中関係

　2004 年総選挙の結果を受けて発足した統一進歩同盟 (UPA) 政権は、インド
国民会議派 (以下「会議派」) 主導で、首相には同党のマンモーハン・シン (Man-
mohan Singh) が就任した。シンは元々経済学者で、1991 年にインドが未曾有
の経済危機に直面した際にナラシムハー・ラーオ (Narashimha Rao) 政権の財務
相として大胆な経済自由化政策の舵取りを担った人物である。UPA 政権は
2014 年まで 2 期 10 年続いたが、シンのように経済に明るい人物が首相を務
めていたことは、インド経済の成長促進にプラスとなり、その後のモディ政
権でのさらなる飛躍の土台を作ったと言える。

　そしてこの 10 年は、インドが外交面での取り組みを活発に展開した時期
でもあった。とりわけ関係強化が著しかったのが対米関係である。インドは
1947 年の独立以降、市場経済と計画経済を併用する「混合経済体制」を志向し、
軍事面やエネルギー面での協力を中心にソ連と緊密な関係を保ってきた。し
かし、1991 年には上述したように経済自由化に舵を切り、奇しくも同じ年
にはソ連が崩壊したことで、外交面でも方針の見直しを余儀なくされた。ア
ジアにおいては「ルック・イースト政策」(2014 年にモディ政権の下で「アクト・

イースト政策」に改称）が提唱され、米欧とも漸進的にではあったが関係改善
に向けた動きが進んだ。1998年5月にインドが核実験に踏み切ったことに
対して国際社会は強く反発し、米欧日が経済制裁（日本は「経済措置」と呼んだ）
を科したことで、西側との関係は冷え込んだ。しかし、インドの潜在力に対
する期待を反映してか、2000年3月にはアメリカのビル・クリントン（William
J. Clinton）大統領が訪印し、印米関係は再び改善基調に転じた。なお、同年8
月には日本の森喜朗総理も訪印し、「日印グローバル・パートナーシップ」
の構築を発表し、その後の日印関係の発展に道を開いた。

　シン政権期の印米関係における最重要課題は、民生用原子力協力だった。
これは2005年10月にシン首相が訪米時にジョージ・W・ブッシュ（George
W. Bush）大統領とともに発表したもので、インドが自国の原子力施設につい
て国際原子力機関（IAEA）の査察を受け入れること等を条件に、アメリカが
民生用原子力、すなわち原子力発電に関わる協力を提供するというものだっ
た。これは今後エネルギー需要の急増が確実なインドというマーケットを見
据えたものであると同時に、インドの核保有に対する事実上の容認でもあっ
た。民生用原子力協力に当たっては、原子力供給国グループ（NSG）でイン
ドの例外化（exemption）が承認されることが条件とされた。というのも、NSG
は1974年にインドが1回目の核実験を行ったのを受けて、原子力関係国の
間で創設されたグループであり、原子力関連物資や設備の取引をNPT加盟
国に限るという規定があり、インド排除を意味していたからである。

　2008年夏には、印米原子力合意の実現をめぐりシン政権内で路線対立が
顕在化した。UPA政権は政党連合としては連邦下院において最大だったも
のの過半数には達しておらず、インド共産党マルクス主義（CPI-M）をはじめ
とする左派政党の閣外協力によって多数を維持していた。ところが対米協力
推進にもともと懐疑的だった左派政党が印米合意に難色を示し、閣外協力撤
回も辞さない姿勢を示した。つまり、対米関係が政権の存続を左右する事態
になっていたのである。結局左派は協力を撤回したのだが、シン首相は別の
地域政党から支持を取り付けることで政権瓦解の危機を乗り切ることに成功
した。そこまでして合意推進にこだわったのは、これが不調に終われば対米

関係そのものも大幅に後退することになり、インドに対する信頼性の低下を招くという意味で二国間関係のみならず対外関係全般に深刻な影響を及ぼすという危機感が政府首脳の間にあったものと思われる[2]。

　ただ、アメリカ、とりわけ2009年に発足したバラク・オバマ（Barak Obama）政権から見た場合、この時期は中国との協調に重点が置かれており、これがインドとのパートナーシップ強化を制約する要因として働いていたことも忘れてはいけない。後述する印米海軍共同演習が2007年に参加国を拡大しながらも、翌2008年から13年にかけては、2009年に日本が参加したのを除き、二国間のフォーマットに戻ったのは、対中配慮の一例であると言えよう。

　シン政権下では、対米関係のみならず対中関係でも進展が見られた。印中関係は、2003年6月にアタル・ビハーリー・ヴァジペーイー（Atal Behari Vajpayee）首相による訪中が実現し、その際に長年の懸案である国境問題について新たなハイレベルの協議枠組みが合意されたことに加え、中国のチベット統治とインドのシッキム領有についても双方が実質的に現状を受け入れたことで、その後の関係改善に道を開いた。ヴァジペーイー訪中の翌年に就任したシン首相もこの方向性を引き継ぎ、2005年4月に温家宝首相が訪印した際には両国が「平和と繁栄のための戦略的協力パートナーシップ」を構築することで一致したほか、「国境問題の解決のための政治的パラメータと指導原則」という文書にも署名した。国境問題をめぐっては1980年代以来さまざまなレベルで協議が行われてきたが、この文書では定住人口がある地域においては現状を変更しない、つまり「実効管理ライン」（Line of Actual Control: LAC）と呼ばれる実効支配線を国境にすることを示唆する内容が盛り込まれており、解決に向けた展望を開くものだった。1962年の国境戦争でインド側は中国に手痛い敗北を喫したこともあり、軍事的には対中警戒感が維持されてきたが、2007年には両国陸軍の間で共同演習「ハンド・イン・ハンド」が行われるまでになった。

　経済面の結びつきの強化も顕著だった。印中間の貿易総額は、シン政権が発足した2004/05年度に127億ドルで、インドから見て中国は三番目に大きい貿易相手国だった。それが10年後の2014/15年度には723億ドルと約6

倍にまで拡大し、中国は最大の貿易相手国となっていたのである[3]。

　しかし、首脳レベルで国境問題の解決に向けた機運が高まったものの、現場レベルでは状況が悪化した。2008年にはLACにおける中国軍のインド側への越境事案が急増したのである[4]。また、2006年には、胡錦濤国家主席の訪印直前に駐インド中国大使が、係争地のひとつでインドが実効支配する北東部のアルナーチャル・プラデーシュ州について「中国領」だとする見解を示したことで、インドの対中感情悪化に拍車がかかった。一方の中国も、2007年の印米海軍共同演習「マラバール」が日本、オーストラリア、シンガポールが加わるかたちで実施されたことについて、自国に対する包囲網ではないかと反発した。このように、シン政権期の印中関係は総じて改善基調が続いたものの、国境問題や安全保障面では協力と警戒という二つの要素が併存していたと言える。

ナレンドラ・モディ政権期の対米・対中関係

　インドでは2014年5月の総選挙で、最大野党のインド人民党（Bharatiya Janata Party: BJP）が単独過半数を獲得して勝利し、友党を含む政党連合「国民民主同盟」（NDA）による政権が発足した。首相に就任したのは、西部の有力州グジャラートで2001年から州首相（Chief Minister）を務めてきたナレンドラ・モディ（Narendra Modi）である。BJPは2019年5月の総選挙でも大勝し、第2次モディ政権が発足した。

　「強いインド」を掲げるモディ首相は、国内では高度経済成長を実現する一方、対外的には全方位外交を強力に展開した。中でも関係強化が顕著だったのが対米関係である。モディ政権の下で初めて迎えた2015年の共和国記念日[5]パレードでは、オバマ大統領を主賓として招いた。モディ首相も、国連総会や多国間会合への出席を含め、就任から2024年2月までに8回訪米している。2023年6月の訪米は、儀礼的にも国賓という最上級の位置づけだったことに加え、無人機の共同生産やアメリカによるインド軍の戦闘機向けエンジンの供給をはじめとする防衛分野のほか、半導体や人工知能（AI）、量子といった先端技術分野での協力推進も合意されるなど、サブスタンスの面で

も多くの成果が発表された。さらに、インドはアメリカが主導する「QUAD」や「インド太平洋経済枠組み」(Indo-Pacific Economic Framework: IPEF) といったプルーリラテラルな枠組みにも参加し、主要なプレイヤーのひとつとして重要な役割を担っている。

　アメリカの対印連携強化の背景には、激化する中国との対立がある。後述するように、インドもまた中国と困難な関係にあることから、アメリカや日本と連携することで有効的に対処していきたいと考えており、その点では印米の思惑が一致していると言える。だが、インドは親米一辺倒というわけではない。それを象徴するのが、ロシアとの緊密なパートナーシップである。ロシアのウクライナ侵攻を受けて国連安全保障理事会や緊急特別総会で採決が行われたロシア非難決議案には一貫して「棄権」で臨んでいるほか、2022 年 4 月以降、同国からの石油や石炭の輸入を急増させていることに注目が集まった。インドは 1971 年に軍事同盟的性格を帯びていた「印ソ平和友好協力条約」を結び、国連では互いの主張を支持した。ソ連崩壊後も、ロシアとのあいだで首脳の相互訪問や兵器輸入、原子力協力を展開してきただけに、米欧日の対露非難に同調したり、経済制裁に加わったりするわけにはいかないのである。アメリカはインドのこうしたアプローチを苦々しく思っているかもしれないが、かといってインドに厳しい姿勢で臨めばさらにロシア側に追いやることになりかねない。インドの方針を変えることはできないにしても、良好な関係を保つことで可能な限り自陣営に引きつけておきたいというねらいがあるのではないかと考えられる。また、米欧諸国ともロシアとも良好な関係にあるインドは、分断が目立ちがちな近年のグローバル政治において合意形成を図ろうとする際、ユニークで貴重な存在になっているという側面もある。2023 年 9 月にニューデリーで開催された G20 サミットでは、ロシアのウクライナ侵攻の扱いが焦点のひとつとなったが、G7 諸国とロシアや中国の溝が埋まらず、共同宣言ではなく「議長総括」止まりになる可能性も想定された[6]。それがいざ蓋を開けてみれば、サミット初日に議長国インドのモディ首相が「ニューデリー宣言」の採択を発表した。宣言の関連部分はロシアを名指ししておらず、前年の「バリ宣言」から後退したという側面はあ

るものの、インドは議長国として G20 の分裂を回避することに成功したのである。

　印米二国間関係に限っても、懸案がないわけではない。シン政権期に関係緊密化の推進力となった民生用原子力合意は、原発事故発生時の賠償責任に関するインドの国内法がネックになり、実際の協力は進展していない。2023年秋にカナダのジャスティン・トルドー（Justin Trudeau）首相が、カナダ国籍のスィク教指導者の殺害にインド政府が関与していた疑いがあると発言し、インドとカナダの外交問題に発展したが、同年 11 月にはアメリカ国内でもスィク教指導者の殺害計画があり、インド政府職員の関与があったとして、国家安全保障会議（NSC）がインド側に懸念を伝えていたことが報じられた[7]。この件に対するインド政府の説明は明らかになっていないが、アメリカとしては、自国領内で友好国とはいえ外国政府の関係者が殺害計画に関与していたとすれば、到底受け入れられるものではないし、当該国との関係にも重大な影響が出ることになる。

　では、対中関係はどうだろうか。モディ政権は当初友好姿勢で臨み、中国側もそれに応えてきた。2014 年 9 月、習近平国家主席は主要国首脳としてはもっとも早くインドを訪問し、モディ首相と戦略的協力パートナーシップの推進で一致した。国境問題をめぐっては、2014 年 9 月と 15 年 9 月に西部国境地域（インド側はラダック地方、中国側はチベット自治区西部）で両国軍が対峙する事案が発生した。また、2017 年 6 月には、ドクラムと呼ばれる中国とブータンの国境係争地域に中国側が道路を建設したことが発覚し、両国に加えブータンと密接な関係にあるインドも軍を出動させ、2 か月余りにわたって対峙する状態が続く事案も起きた。しかし、このときは 2018 年 4 月にモディ首相が中国を非公式に訪問し、翌 19 年 10 月には習主席もインドを同様の形式で訪問し、両国首脳は関係改善を継続することで一致した（会談開催地を踏まえて、前者は「武漢スピリット」、後者は「チェンナイ・コネクト」と呼ばれた）。

　だが、2020 年 5 月に西部国境のガルワーン渓谷で発生した対峙事案は、それまでとは異なるレベルの対立に発展した。両軍のにらみ合いが武力衝突に

発生し、45年ぶりに両軍に死者が出る事態に至ったのである。軍レベルでは解決に至らず、外交ルートを通じて両国間で協議が重ねられたが、大部分の部隊が現場から撤収したのは2021年1月であり、8か月以上を要したことからも、いかにこの事案が深刻だったかを窺い知ることができる。折しも新型コロナウイルスによるパンデミックが広がっており、対面での会談はあらゆるレベルで大幅に制限されていた時期と重なったため、印中間でも意思疎通が困難になっていたという側面はあった。しかし、ガルワーン事案は国境問題のみならず、印中関係全体を悪化させることにもなった。モディ首相と習主席は、前述の2019年10月に行われた非公式サミット以来、二国間の会談は行っていない[8]。2023年9月のG20ニューデリーサミットに際しては、中国は習主席ではなく李強首相を代理として出席させたが、その李首相もモディ首相と個別に会談することはなかった。インドがQUADへの参加や「自由で開かれたインド太平洋」(FOIP)へのコミットを通じて日米との連携を深めていることも中国の警戒を惹起しており、その点で米中対立が印中関係にも影響を及ぼしていると言える。

　経済は依然として印中をつなぎとめる重要な柱のひとつでありつづけている。2019/20年度の印中貿易総額は約819億ドルに達し、5年前より約11%増加した。この傾向は新型コロナウイルスによるパンデミック期間中も続き、2022/23年度には1138億ドルにもなっている。だが、内訳を見るとインドの大幅な輸入超過となっており、2022/23年度の場合、輸出が153億ドルだったのに対し輸入は985億ドルと、対中貿易赤字は832億ドルにも上った。また、インドはガルワーン渓谷での対峙が続いていた2020年6月にTik Tokをはじめとする中国製スマートフォンアプリを禁止したほか、同年に隣国——実質的には中国を想定したもの——の企業による投資案件について審査の厳格化を発表するなど、経済安全保障の観点から中国に対する懸念を強めている。

　二国間の懸案に加え、南アジアおよびインド洋において中国が「一帯一路」の下で影響力を拡大していることもインドにとっては大きな懸念材料である。しかし、印中関係を対立という見方だけで捉えるのは全体像を見失ってしまうことになりかねない[9]。リージョナルなレベルで言えば、2016年1月に発

足した「アジアインフラ投資銀行」(AIIB)に、インドは創設メンバーとして
参加した。中露が主導する上海協力機構(SCO)でも、インドは2017年にそ
れまでのオブザーバーから正加盟国になった。グローバルなレベルでは、「グ
ローバル・サウス」の盟主の座を争う一方で、BRICSとして新興国のグロー
バルなプレゼンス拡大を印象づけている。また、2021年にイギリスのグラ
スゴーで開かれた第26回気候変動枠組み条約締約国会議(COP26)では石炭
火力発電の対応をめぐり、印中は共同歩調を取って急速な規制強化の流れに
ブレーキをかけるなど、イシューによっては新興大国として共闘する場面も
ある。

II　パキスタンとアフガニスタン

対テロ戦争の「前線」からの変化──米パ関係の推移──

　南アジアでインドに次ぐ国力を有しているのがパキスタンである。本稿の
冒頭でも触れたように、2億4,000万人を超える巨大な人口、そして事実上の
核兵器保有国であることは、パキスタンがこの地域に留まらない重要性を持っ
ていることの証左である。経済的なポテンシャルも小さくなく、「BRICs」を提
唱したことで知られるゴールドマン・サックス・アセット・マネジメント所
属のエコノミスト、ジム・オニールが2005年に次に有望な新興国11か国を「ネ
クスト11」として提示した際には、韓国やインドネシア、ヴェトナム、メキ
シコと並んでパキスタンもランクインしていた。にもかかわらず、パキスタ
ンはその潜在力を十分に活かせないままでいる。民主体制がありながらも軍
が強い影響力を保持しつづけている現実、そしてそれに起因する慢性的な国
内政治の混乱も重要な課題であるが、国家の安定を脅かすという点でもっと
も懸念されてきたのはイスラーム過激派によるテロ活動である。2007年に結
成された「パキスタン・ターリバーン運動」(TTP)をはじめとする過激派組織
がアフガニスタンとの国境に近い連邦直轄部族地域(FATA)[10]や隣接するハイ
バル・パフトゥンハー州(旧・北西辺境州)を中心にテロ活動を展開してきた。
　このパキスタンに対して、アメリカは経済と軍事の両面で支援を提供して

きた。パキスタンは 1947 年 8 月に英領インドから独立した後、アジアにおける反共同盟組織「東南アジア条約機構」(SEATO) に加盟するなど親米路線を取った。1979 年のソ連軍侵攻を受けてアフガニスタン国内で内戦が起きると、アメリカはムジャーヒディーンと呼ばれたイスラーム抵抗勢力を支援した。パキスタンは最大の支援拠点となり、アメリカから巨額の援助が舞い込んだ。1988 年には、経済援助が約 7.7 億ドル、軍事援助が 4.3 億ドルに上った[11]。ところが、1988 年のジュネーヴ協定にもとづき翌 89 年 2 月までにソ連軍がアフガニスタンから撤収すると、パキスタンの戦略的価値が大幅に低下し、アメリカの支援は激減する。1998 年 5 月のパキスタン核実験を受けて発動された経済制裁も追い打ちをかけた。しかし、2001 年 9 月 11 日のアメリカ同時多発テロによって状況は一変した。アメリカ主導の「テロとの戦い」においてパキスタンはふたたび前線となり、その見返りとして経済・軍事援助が復活したのである。経済援助は 2002 年に約 9.4 億ドルで、その後年によって増減はあるものの、10 年には約 18.7 億ドルにまで増加した。軍事援助はさらに規模が大きく、2002 年は約 1.7 億ドルで、10 年は約 25.2 億ドルに上った[12]。2005 年に「ネクスト 11」の一角として名前が挙がったのも、こうした巨額の援助によって経済状況が支えられていたことによる部分が大きい。

　しかし、パキスタンにとっては 1989 年のソ連軍のアフガニスタン撤収が転機となったように、2021 年の米軍のアフガニスタン撤収もまた転機となった。アメリカにとってのパキスタンの戦略的価値は再び低下し、それに伴って援助もまた減少したのである。2018 年に就任したパキスタンのイムラーン・カーン (Imran Khan) 首相が反米レトリックを展開したことも重なり、米パ関係は悪化の度合いを深めていった[13]。

「中国・パキスタン経済回廊」構想の下で関係緊密化が進む対中関係

　アメリカのプレゼンス低下と反比例するかのように、パキスタンにおいて影響力を増しつつあるのが中国である。パキスタンは独立後、アメリカだけでなく中国とも良好な関係を維持してきた。1971 年にアメリカのキッシンジャー国家安全保障担当大統領補佐官が極秘訪中した際には、パキスタン訪

問中に北京に移動したように、米中和解においても重要な役割を演じた。中国の対パキスタン関与は1960年代にまで遡ることができるが、2010年代以降は財政支援や軍事援助に加え、インフラ整備も含めた包括的な支援を強化している。その中核と言えるのが「中国・パキスタン経済回廊」(CPEC)構想である。CPECは中国の新疆ウイグル自治区カシュガルから、パキスタン南西部に位置しアラビア海への出口となるグワーダル港までを結ぶルートで道路の整備や産業開発を推進しようとするものである。総工費は600億ドルと見積もられており、「一帯一路」構想の旗艦プロジェクトのひとつに位置づけられている。2013年5月に三度目の就任となったナワーズ・シャリーフ(Nawaz Sharif)首相にとって初の外遊先は中国だった。その後を継いだカーン首相もサウジアラビアとアラブ首長国連邦(UAE)に続き2018年11月に訪中しており、パキスタンにとって中国がきわめて重要なパートナーであることを示している。財政危機に瀕しているパキスタンは、デフォルトを回避すべく国際通貨基金(IMF)だけでなく中国からも支援を受けている。パキスタン空軍には中国と共同開発した戦闘機「JF-17」が配備されているほか、2024年1月には中国の第5世代ステルス戦闘機「FC-31」を導入する計画もあるとされ、軍事面でもパキスタンの対中依存がさらに進むものと見られる。

アフガニスタンにおける米軍の撤収と中国のプレゼンス増大

　アフガニスタンでは2021年8月末に米軍の撤収が完了したが、それと入れ替わるかのように、ターリバーンが全土の大半を制圧し、支配を確立した。米欧日、そしてインドも支援してきた文民政権は崩壊し、アシュラフ・ガーニー(Ashraf Ghani)大統領は国外に脱出した。国際社会が2001年12月のボン合意以来20年にわたり続けてきたアフガニスタンの国家再建に向けた取り組みは、失敗に終わったのである。

　しかし、政権に復帰したターリバーンをめぐる状況もまた厳しかった。1996年から2001年の第1次政権ではサウジアラビア、UAE、パキスタンが政府承認を行ったが、2021年以降はターリバーンをアフガニスタンの合法的政府として承認する国はない状態が続いた。そうした中で、独自の動き

を見せたのが中国である。中国は 2021 年 8 月以前からターリバーンの代表団を北京に招き、アフガニスタン情勢について協議を行ってきた。そして2023 年 9 月には駐アフガニスタン大使をカブールに派遣し、同年 12 月にはターリバーン政権が派遣した駐中国大使の信任状奉呈を受け入れたのである[14]。中国はわずかではあるがアフガニスタンと国境を接しており、すでに石油や鉱物資源開発でターリバーン政権と合意を結ぶなど経済面で関与を深めている。事実上の外交承認と見なされうる大使の交換は、中国がターリバーンと政府レベルの関係構築をいち早く進めていることを示すものであり、アメリカの撤収によって生じた空白を埋め、アフガニスタンにおける主要なプレイヤーの交代を象徴するものであると言える。

おわりに

　米中対立は南アジアにおいても注目すべき影響を及ぼしているが、「影響」の中身は国によって異なることを本稿では明らかにしてきた。インドの場合、アメリカとも中国とも関係改善を図ってきたシン政権に対し、モディ政権はアメリカとの関係強化を進める一方で、中国とは国境問題をはじめとする懸案をめぐり対立の度合いを深めていった。ただし、対立一色かというとそうではなく、最大級の経済パートナーであることに加え、リージョナルおよびグローバルなレベルにおいて、イシューによっては、あるいは新興大国として利害が一致する場合には協力や共闘が見られることも確認した。インドの外交、軍事、経済の各分野における急速な台頭は目を見張るものがあり、予見しうる将来においてもその傾向が続くことを踏まえれば、米中に次ぐ「第三の大国」として捉える視点が有効になるだろう[15]。それは、米中関係の影響を受ける存在としてではなく、米中と並んでグローバルなレベルで役割を担うとともに影響力を発揮するインドという認識に他ならない。言い換えれば、米中印による三国関係が今後の世界を左右するということである。

　一方、パキスタンとアフガニスタンではアメリカのプレゼンスが大きく後退し、代わって中国が主要なプレイヤーとしてのポジションを確立しようと

している。パキスタンにしてもアフガニスタンにしても、自国内の変化もさることながら、アメリカ側の方針転換によってこの状況がもたらされている側面が大きい。中国が両国でいかなる存在になっていくのかについては今後さらなる検討を要するが、当事国のみならず、インドやロシア、イランといった近隣の関係国のバランスに与える影響を含めて分析していくことが必要となるだろう。

　2024年の大統領選挙の結果によって、スピードとその中身に違いは出てくるかもしれないが、アメリカのグローバルな役割の低下は今後も進行していくだろう。その中で中国との関係をどうマネージしていくかが戦略上の最重要課題であることは言うまでもないが、南アジア、とりわけ成長著しいインドの存在をどう位置づけていくかもまた、アメリカ、そして日本も含めた国際社会の帰趨を左右するテーマになっていくものと思われる。

注

1　本稿ではアフガニスタンを南アジアの国として扱う。日本外務省の区分では「南西アジア課」の所掌に入っていないが、「南アジア地域協力連合」(SAARC) の加盟国であるためである。

2　その後、インドはNSGでの例外化承認取付に成功したほか、フランスやイギリス、オーストラリア、カザフスタン、日本といった原子力関連の技術や資源を持つ国と民生用原子力協定を次々に締結していった。しかし、原子力事故が発生した際の賠償責任を事業者（＝インド国内の企業）のみならず機器の製造者（＝外国の企業）も負うことを定めたインドの国内法（原子力賠償責任法）が障害となり、実際の協力はほとんど進展していない。

3　貿易データはインド商工省商務局の貿易統計サイト（https://tradestat.commerce. gov.in/eidb/default.asp）より筆者が取りまとめたもの。なお、インドの会計年度は4月1日〜3月31日である。

4　Indrani Bagchi, "Chinese incursion into Indian territory rose sharply in 2008," *Times of India*, June 9, 2009, https://timesofindia.indiatimes.com/india/chinese-incursions-into-indian-territory-rose-sharply-in-2008/articleshow/4632640.cms.

5　インドは1947年8月15日に独立したが、1950年1月26日に憲法が施行されて「インド共和国」になった。これを記念して、毎年1月26日を「共和国記念日」として祝い、首都デリーでは大規模なパレードが行われ、関係の深い国の首脳を主

賓として招くのが恒例となっている。2007 年にはロシアのウラジーミル・プーチン大統領が、2014 年には日本の安倍晋三首相がそれぞれ主賓として出席した。

6　実際、2023 年の G20 外相会合や財務相・中央銀行総裁会合では、G7 と露中が対立し、共同声明を発出できず「議長総括」となった経緯がある。

7　「米でシーク教指導者殺害計画―インド政府職員の指示か―」（NHK NEWS WEB、2023 年 11 月 30 日）、https://www3.nhk.or.jp/news/html/20231130/k10014273051000.html。

8　2020 年以降、モディ首相と習主席は BRICS サミットや上海協力機構サミット等で共に出席したことはあるが、そのサイドラインで二国間の首脳会談が行われることはなかった。

9　印中関係の多層的分析については、笠井亮平「インドと中国―多層的観点から「対立」と「連携」を読み解く―」『東亜』No.676（2023 年 10 月）を参照。

10　FATA は域内で独自の刑法を持つなど部族社会の伝統を色濃く残す統治体制が採用されていたが、2017 年 3 月にハイバル・パフトゥンハー州に統合された。

11　"Sixty years of US aid to Pakistan: Get the Data," *The Guardian*, July 2011, https://www.theguardian.com/global-development/poverty-matters/2011/jul/11/us-aid-to-pakistan

12　Ibid.

13　カーン首相は 2022 年 4 月に失職するが、その発端となったのはアメリカが同首相の失脚を狙うなどパキスタンの国内政治に介入しているという主張だった。Wajahat S. Khan, "'Allah, Army and America': How Pakistan's Khan played anti-U.S. card," *Nikkei Asia*, April 4, 2022, https://asia.nikkei.com/Politics/Allah-army-and-America-How-Pakistan-s-Khan-played-anti-U.S.-card

14　Ruchi Kumar, "Why has China recognized Taliban's envoy to Beijing?," *Al Jazeera*, February 14, 2024, https://www.aljazeera.com/news/2024/2/14/is-chinas-recognition-of-afghanistan-envoy-a-diplomatic-win-for-taliban.

15　インドの大国化については、笠井亮平『第三の大国 インドの思考　激突する「一帯一路」と「インド太平洋」』（文春新書、2023 年）を参照。

コラム②

米中対立と移民・難民問題

小林　周

　国連難民高等弁務官事務所(UNHCR)と国連パレスチナ難民救済事業機関(UNRWA)によると、世界の難民は2023年6月末までに合計約3644万人に達し、2022年末から113万人増加した。2022年2月からのロシアによるウクライナ侵攻により、数百万人のウクライナ人がポーランドやドイツ、チェコなどへ逃れた。2023年には北アフリカのスーダンで国軍と準軍事組織の衝突が発生、国連機関は8月時点でスーダンからの国外避難民が100万人を超え、国内避難民は約350万人と報告している。同年10月からのパレスチナ武装組織ハマースによるイスラエル攻撃を発端としたイスラエル軍によるガザ地区への大規模攻撃は、ガザ住民の大規模な強制移住・国外避難をもたらしている。いずれの戦争・戦闘も短期に終結する気配はなく、紛争を原因とした移民・難民問題は引き続きグローバルな課題となるだろう。

　中東やアフリカから地中海を越えて欧州を目指す移民・難民も増加している。紛争に加え、テロ・過激主義、低開発、食糧危機、気候変動、国家による統治の脆弱化などが絡み合うことで移民や難民が発生し、人の移動がさらなる混乱や衝突の要因となっている。移民・難民をめぐる問題は、その複合性を踏まえれば「水際」の移民対策や国境警備活動だけで対処しきれるものではなく、根本的には移民・難民の送り出し国・経由国の政治安定化や経済開発に向けた支援が必要となる。

　しかし、米中対立や西側先進国とグローバル・サウス諸国の対立が深まり、国連など多国間の協力が困難になれば、移民・難民対策に向けた国際協力も妨げられるだろう。また、軍事面での大国間競争が先鋭化し、

軍や法執行機関が狭義の国防に注力する必要が高まれば、移民・難民問題を含めた広義の安全保障課題への対応も難しくなる。

　移民・難民問題は、特に欧州諸国を大きく揺るがしており、国内の分断や排外主義の高まりを招いている。また、中東欧だけでなく西欧でもポピュリズム政党が台頭し、リベラルな国際秩序に対する疑念や反発が高まり、西側の精神的不一致(Westlessness)につながっていると指摘される。この西側諸国内部における分断は、中国やロシアが活動しやすい余地を拡大させる恐れがある。

　ウクライナ戦争を受けて米欧と激しく対立するロシアは、フィンランド国境地帯に多数の中東出身の移民を送り込み、欧州諸国の政治的混乱や対立を引き起こそうとしていると指摘される。米シンクタンクなどは、ロシアが移民を「武器」として利用し、欧州へのハイブリッド戦争を仕掛けていると警告する。欧州周辺での移民・難民問題が深刻化すれば、EUや北大西洋条約機構(NATO)が負う政治的・軍事的コストが増え、ロシア、中国、中東などに対応するための資源が低減するリスクに注意が必要である。

　移民問題は米中両国の国内政治においてもセンシティブな問題である。トランプ米大統領は移民政策を初めて公約の中心に掲げて勝利した大統領であったとされ、一貫して外国人に厳しい移民政策を取り続けてきた。バイデン大統領も、就任当初は移民に寛容な政策を打ち出したものの、国内の反発が高まり、2023年10月にはトランプ政権が進めたメキシコとの国境沿いの「壁」の建設を再開した。

　米国内のヒスパニック系の人口は2010年には約5000万人であったが、現在は約6400万人に増加し、全米の人口の約2割を占めるまでになった。アジア系移民は2019年時点で2320万人(中国系23%、インド系20%、フィリピン系18%)となり、2040年に3480万人、2060年には4620万人に達すると予測される。また米国内には、2021年時点で約1050万人の「不法移民」がいると推計される。移民問題は2024年の大統領選挙でも主要な争点となり、2025年以降の米国の対中政策にも大きな影響を及ぼす

と考えられる。なお、最近は経済的苦境から米国を目指す中国移民が急増しており、メキシコと接する国境地帯で拘束された中国からの不法移民は 2022 年から 2023 年で 10 倍に増えたという。

　俯瞰すれば、「人の移動 (human mobility)」とは不法移民や難民問題などネガティブな要素だけではなく、留学、就職・転職、高度人材を含む労働力の獲得、観光など、経済成長や産業育成の原動力となる重要なテーマでもある。人の移動をめぐる動向は、米中対立が進む世界において政治的・経済的・社会的に重要なテーマの 1 つとなるだろう。

参考文献

遠藤乾『欧州複合危機』中央公論新社 (2016 年)。

小林周「中東・アフリカからの非正規移動と EU の外交・安全保障政策」『国際安全保障』第 46 巻第 4 号 (2019 年 3 月) 32-47 頁。

ダグラス・マレー（町田敦夫訳）『西洋の自死―移民・アイデンティティ・イスラム』東洋経済新報社 (2018 年)。

第3章

米中対立と激動する中東地政学の行方

溝渕　正季

ポイント

- 中東における米国の影響力と威信が急速に縮小し、中国の経済権益が急速に拡大していくにつれ、中国の不介入政策はいずれその限界を試されることになるだろう。
- 中東地域における米中両国の関係には協調と競合という両方の側面が存在するが、将来的にはその競合という側面が否応なく全面に出てくるだろう。

はじめに

　2022 年 7 月、ジョー・バイデン (Joe Biden) 米大統領は、政権発足当初から険悪な関係にあったサウジアラビアを初訪問した。その背景には、ウクライナ情勢に端を発する空前の原油高を受け、大統領本人による原油増産要請というパフォーマンス無しには中間選挙 (2022 年 11 月) での民主党の敗北が決定的になるとの焦燥感があった。政権発足当初から「人権」や「民主主義」といった理念を重視する姿勢も明確にし、反体制記者殺害事件に関与したとされるサウジアラビアの実質的支配者ムハンマド・ビン・サルマーン (Muhammad bin Salman) 皇太子には「人権侵害の責任を負わせる」「のけ者にする」と強い姿勢を見せていたバイデン大統領であったが、そうした信念を曲げてまで、世界最大規模の石油輸出量を誇るサウジアラビアに擦り寄ったかたちだ。

　だが、こうした米国側の期待は見事に裏切られることになる。サウジアラビアやロシアによって主導される OPEC プラスは同年 10 月、原油価格をさらに押し上げる大幅減産に合意した。ムハンマド皇太子の真の思惑——純粋に経済的な理由であったのか、ロシアを利するためであったのか、あるいは米民主党政権に対する強い不満によるものか——について、確かなことは不明である。だが、少なくとも、サウジアラビア (さらに言えば GCC [湾岸協力会議] 諸国を含む中東諸国全体) に対する米国の外交的影響力がかつてと比べて大きく低下したという事実に疑念の余地はないだろう。

　その一方で、同年 12 月には、中国の習近平国家主席がサウジアラビアを公式訪問し、中国・サウジアラビア首脳会談、中国・GCC サミット、そして初開催となる中国・アラブ連盟サミットなどの重要な首脳会談に参加した。その際に同首席がサウジアラビア側から受けた熱烈な歓迎ぶりは、7 月のバイデン大統領訪問時とは対照的なものであった。中国側はこれら一連の会議を通じて、アラブ諸国とあらゆる分野での関係強化を確認すると共に、サウジアラビアとは包括的戦略パートナーシップ協定に合意した。また、首脳会談前夜には中国・サウジアラビア両国の政府機関・企業間で 34 の投資合意が交わされたが、なかでもとりわけ米国が同盟諸国に対しても排除を呼び掛

けているファーウェイ（華為技術有限公司）と交わしたデジタルシティー、クラウドコンピューティング、ハイテク複合施設の建設に関する合意は政治的に重要であった（この点に関しては後述）。

　さらに 2023 年 3 月には、中国が仲介役を務めるかたちで、北京で 5 日間にわたり秘密裏に会談していたサウジアラビアとイランの代表団が両国間の国交正常化に合意したことを発表した。国交正常化はサウジアラビア・イラン両国にとって悲願であったが、米国に対する強い不信感を共有する両国は、「米国ですら解決できなかった問題を解決に導いた」という「栄誉」を中国に与えることを選択した。これは、今後、中東において中国がより一層重要な役割を担っていくことに対する期待が顕れたものとも捉えられよう。

　こうした中国の急拡大する影響力は、これまで米国に特権的な役割を与えてきた地域の政治・経済秩序を再構築するための契機となるのだろうか。米中は中東地域において協調・共存し得るのか、あるいは互いが互いを脅威と感じるようになるのだろうか。以下、本稿では、米中両国の中東における利害と関与のありかたについて詳細に論じた上で、両国関係が今後の中東地域秩序にもたらす影響について考察していく。

I　中東における米国の利害と関与

中東における米国の利害

　冷戦期から現在に至るまで、米国は基本的に次の 3 つの目標を追求すべく、中東に関与してきた。第 1 に石油の確保、第 2 にイスラエルの安全保障、そして第 3 に米国に敵対的な勢力の打倒あるいは封じ込めである。

　第 1 の点に関して、20 世紀から現在に至るまで、石油はグローバル経済の礎であった。近年では地球温暖化への対応として、脱炭素化などカーボンニュートラルを目指す動きが世界的に加速しているが、それでも石油は依然としてエネルギー消費の中心である。発電用を中心に他のエネルギー源への転換は進んではいるが、堅調な輸送用燃料消費に支えられ、石油消費量は 1965 年から 2021 年にかけて世界全体で年平均 1.9% 増加しており、現在でも

エネルギー消費全体で最も大きなシェア (2021 年時点で 31.0%) を占めている。そして、世界の原油確認埋蔵量の約半分が中東の地下に眠っている (2020 年末時点)[1]。こうしたことから、ペルシャ湾岸諸国、その地下に眠る膨大な量の石油、そしてそれを運搬する海上輸送経路 (シーレーン) の防衛は、米国にとって死活的に重要な問題であり続けてきた。

　第 2 に、米国と「特別な関係」にあるイスラエルの安全保障を担保することもまた、米国の対中東政策における柱の一つである。実際、政治・経済・軍事それぞれの側面での米国のイスラエル支援は際立っている。イスラエルは米国製最先端兵器の直接取引が可能となっており、核兵器保有を例外的に認められ、国連安保理の場においても米国はしばしばイスラエル側に極端に肩入れするかたちで拒否権を行使する場面が多い。中東和平交渉では多くの局面において「誠実な仲介者」ではなく「イスラエルの代弁者」として振る舞ってきた。また、イスラエルは第二次大戦以降、現在に至るまで、米国にとっての「累計額で最大の援助受け入れ国」ともなっている[2]。さらに、1980 年代以降はすべての援助がグラント (贈与) となり、毎年一括で支払われることもその特徴である (そのためイスラエルは一括で受け取った資金を運用することでさらなる利益を上げることができる)。このように、米国の対中東政策においてイスラエル支援は最重要原則の一つとなってきた。

　そして第 3 に、米国に敵対的で、上記 2 つの目標を危険に晒す可能性のある勢力を打倒あるいは封じ込めることである。冷戦期における米国の対中東政策は、地域におけるソ連の影響力を減じ、その進出を防ぐことを主目的としていた。その後、イラン革命 (1979 年)、冷戦終結 (1989 年)、湾岸戦争 (1991 年) を経て、ソ連に代わってイランとイラクが米国にとっての新たな脅威として台頭したことで、ビル・クリントン (Bill Clinton) 政権は両国に対する「二重の封じ込め」を対中東政策の中心に据えた。2001 年の 9.11 事件を境として、ジョージ・W・ブッシュ (George W. Bush; 以下、ブッシュ [子]) 政権はイスラーム過激主義勢力、およびそれら勢力を支援しているとされる「ならず者国家」を封じ込め (さらには体制転換) の標的とし、ドナルド・トランプ (Donald Trump) 政権は再びイランを米国の利益に対する一番の敵対勢力とみなすに

至った。このように、それぞれの時代や政権によってその対象は変化していったが、米国の利益に敵対する勢力を封じ込めるという目標もまた、冷戦期から現在に至るまで米国の対中東政策における中心的課題であった。

中東における米国の関与

　このように、米国の政策決定者たちはこれまで一貫して、中東を死活的に重要な地域の一つとして捉えてきた。とはいえ、米国が GCC 諸国に前方展開基地を建設し、中東に対して直接的・軍事的な関与を行うようになったのは、実は比較的最近のことである。その直接的な契機となったのが 1991 年の湾岸戦争であった。冷戦終結をうけて、サッダーム・フセイン（Saddam Husayn）政権下によるクウェート侵攻を「生まれつつある新世界秩序への挑戦」であると捉えたジョージ・H・W・ブッシュ（George H. W. Bush; 以下、ブッシュ[父]）政権は、1991 年 1 月、「砂漠の嵐」作戦に際して実に 50 万人もの戦力を湾岸地域に投入することを決定した。これは、中東に対する冷戦期の「消極的で最低限の関与」政策からの大幅な方向転換を示唆するものであった。米国は（アラブ諸国を加えた）多国籍軍を迅速に組織し、クウェートを即座に解放すると共に、圧倒的な軍事力を世界にみせつけた。そしてこれ以降、同年暮れにソ連というライバルが消滅したことにより、米国は GCC 諸国に恒常的な軍事的プレゼンスを維持するようになる。

　冷戦の終結、そしてソ連の崩壊を経て、ブッシュ（父）政権の後を引き継いだクリントン政権は市場経済と民主主義の世界的拡大を目指す「関与と拡大」を外交政策の柱として大々的に掲げた。他方で、とりわけイスラエルと深い関係にある政府高官たちが主導した対中東政策についていえば、その表層的なレトリックとは裏腹に、人権や民主主義といった価値の実現が目指されることはなかった。同政権は対中東政策の柱として（イスラエルの利益を決して損なわないかたちでの）中東和平の推進、および（米国とイスラエルにとって最大の脅威と見られた）イランとイラクに対する「二重の封じ込め」政策を据えた。ゆえに、イスラエルとの和平を締結したエジプトやヨルダン、そして「二重の封じ込め」実現のための重要な同盟相手である GCC 諸国は、それら諸

国がいかに人権や民主主義を蔑ろにしていたとしても、米国からは手厚い支援を受けることができた。こうした「二重基準」は当然、地域の人々に米国に対する深い疑念と反米意識を植え付けた。2001年9月11日の米国同時多発テロ事件の背景にはこういった状況も存在した[3]。

　クリントン政権の後を引き継いだブッシュ（子）政権もまた、初期の頃はこうした前政権の考え方を踏襲し、外交政策においてはあくまで現状維持を目指し、内政に集中する姿勢を示していた。だが、9.11テロ事件を境として、同政権の対中東政策はクリントン政権時の現状維持志向のものから修正主義志向の積極的介入政策、いわゆる「ブッシュ・ドクトリン」へと大きく舵を切ることになった。その基本的な考え方とは、自由、民主主義、市場経済といった価値や理念を共有しない「ならず者国家」は軍事力によって「体制転換」されなければならない、その際には単独での、そして先制的な軍事行動も厭わない、というものであった。

　こうしてブッシュ（子）政権は、「対テロ戦争」の名の下で、2001年10月にアル＝カーイダ指導部の引き渡しに頑なに応じないアフガニスタンのターリバーン政権を、2003年3月にはイラクのフセイン政権を瓦解させた。ただ、（中東・イスラーム世界も含む）国際社会から必要かつ正当な自衛的軍事行動であると概ね認められたアフガニスタン侵攻とは異なり、イラク戦争の開戦理由はきわめて不明瞭であった[4]。また、アブー・グレイブやグアンタナモの捕虜収容所では「テロ容疑者」たちに対して違法な尋問・拷問——CIAはこれを「強化尋問法」と呼んでいた——が連日行われていたことも明らかとなった[5]。加えて、2001年以降、ことあるごとに「政治的自由の拡大はイスラーム過激主義を弱体化させる」「自由を犠牲にして安定を勝ち取ることなどできない」と訴えてきたブッシュ（子）政権であったが、その真意に疑問符が付けられる事態もしばしば起きた[6]。

　前政権からの「変化」を前面に掲げて当選したバラク・オバマ（Barack Obama）大統領は、対中東政策に関して、現状変更ではなくあくまで現状維持を志向し、自由や民主主義といった価値や理念の実現はひとまず脇に置き、中東への積極的な介入は極力控えるという立場を一貫して堅持した（ただし、

2015 年に締結された「イラン核合意」に代表されるように、多国間の外交的関与は引き続き維持された）。また、とりわけ 2011 年末以降、同政権は中東地域ではなくアジア太平洋地域こそが決定的に重要な地域であるとして、後者における影響力の維持・拡大の方針（いわゆる「ピボット」政策）を明確にしてきた。

　だが、2011 年以降のいわゆる「アラブの春」は、そんなオバマ政権に困難なジレンマを突き付けることになった。同大統領自身は権威主義体制に異議を申し立てる民衆デモに共感を示し、民主主義体制の樹立を助けたいと（個人的には）考えていた。しかしながら、彼らが異議を申し立てる既存の旧秩序とは、これまで米国と親米権威主義諸国の「共犯関係」によって維持されてきた「非リベラルな覇権秩序」に他ならなかった。結果的に同政権は、積極的に民衆デモを後押しするでもなく、同盟諸国を助けるでもなく、事態の成り行きをただ傍観することしかしなかった。そんな同政権に対し、地域の人々も政策決定者たちも大きな失望を感じることとなった。

　2017 年 1 月にトランプ政権が発足して以降、米国に対する不信感と嫌悪感が中東諸国民全体にますます拡大していき、これが地域における米国の影響力低下に一層の拍車をかけた。同政権の外交政策はしばしば中長期的な見通しや一貫性を欠いており（これは同政権のホワイトハウス高官たちが猫の目のようにめまぐるしく入れ替わったことの影響も大きい）、大統領本人の思いつきとしか考えられない発言も多くみられた。対中東政策もまた、前政権と同様に表向きは「中東からの撤退」が基本路線であるとされていたが、実際には、地域に駐留する米軍の規模はトランプ政権期を通じてむしろ拡大し、国防総省が契約する民間軍事請負会社の数も増加した。また、人権や民主主義といった国際規範の尊重に消極的であった（むしろ、独裁者に対する親近感すら感じさせた）点、そして国際協調や多国間交渉による問題解決に批判的であった点は前政権との明確な違いであった。加えて、同政権の極端で盲目的なサウジアラビア・イスラエル贔屓／イラン敵視姿勢（「最大限の圧力」政策）は、既に顕在化していた中東政治の分断をさらに促進する結果となり、これによって中東各地の紛争を解決することは一層困難になってしまった。

　2021 年 1 月に発足したバイデン政権もまた、政権発足当初から、米外交

における負の遺産たる「中東」からの撤退方針を明確にし、中露といった権威主義諸国、とりわけ中国を競争相手と明確に位置付けた。2021年8月のアフガニスタンからの米軍撤退や、2014年以降中断している中東和平交渉への消極的な態度などは、そうした方針を象徴していた。同時にバイデン政権は、トランプ前政権とは明確に異なり、「民主主義と専制主義の競合」[7]との世界観の下、民主党政権による外交の象徴である基本的価値（民主主義、人権、平和）を重視する姿勢も鮮明にした。中国共産党体制による新疆ウイグル自治区や香港の人権問題への言及はその証左であり、サウジのムハンマド皇太子による反体制記者殺害事件などについても「彼らに人権侵害の責任を負わせる」とする強い姿勢を見せた。しかしながら、そんなバイデン政権もウクライナ情勢に端を発する空前の原油高を受け、大統領本人による増産要請というパフォーマンス無しには中間選挙（2022年11月）での民主党の敗北が決定的になるとの焦燥感からサウジを訪問、結果として増産要請は受け入れられず手痛い外交的敗北を喫した。この点は本稿冒頭で論じた通りであり、中東における米国の影響力がかつてと比べて大きく低下しているという事実を浮き彫りにした。

　そして、そうした中東において近年、急速に存在感と影響力を強めているのが中国である。次節では中東における中国の利害と関与のありようについて詳しく論じていこう。

II　中東における中国の利害と関与

中東における中国の利害

　アンドリュー・ネイサン（Andrew Nathan）とアンドリュー・スコベル（Andrew Scobell）は、中国の指導者たちが認識する安全保障上の利害を「四つの同心円」として描いており、最も重要な最初の円には中国が主権を主張しているすべての領域（陸地・海域を含む）が含まれ、第二の円には中国に地理的に隣接する国や地域が、第三の円にはアジア太平洋地域が、そして第四の円には地球の他の部分（中東はここに含まれる）がそれぞれ入ると説明している[8]。ここか

らも分かるように、中国共産党政権にとって中東は「核心的国益」に含まれる地域ではなく、あくまで二次的・周辺的な位置付けに過ぎない。それでも、主に経済面を中心として、中国にとっての同地域の重要性は近年、急速に高まりつつある。

　中国の対中東政策は基本的には次の2つの経済面での目標によって規定されてきた。第1に石油の確保、第2に価値ある貿易・投資先としての経済的権益の増進である。

　第1の点に関して、中国は世界で最も人口の多い国家（2020年には14億人）であり、2020年には世界最大のエネルギー消費国となった。ただ、近年では、中国の高度経済成長期は終わりつつあるともいわれ、高速鉄道の敷設などエネルギー消費量が多いインフラ整備が一巡し、成長率が鈍化するなか、エネルギー需要も鈍化してきている。さらに近年では、エネルギー供給の多様化も急速に進めている。とはいえ、今後も数十年単位で中国が原油輸入大国の地位にあり続けることは疑いを入れないだろう。

　そして、中国が2021年に輸入した全原油量の50％以上のシェアを占めているのが中東地域（特にGCC諸国）である。中国にとって最も重要な原油輸入先はサウジアラビアであり、サウジアラムコは2019年初めに中国企業との間で新たな長期原油供給契約を締結し、同国は2021年には全原油輸入量の17％のシェアを占めるに至っている。米国主導の厳しい制裁下、イランからの原油輸入量は2018年後半から大幅に減少した。中国の公式輸入データによると、全原油輸入量に占めるイラン産原油のシェアは2016年の8％に対し2021年には1％未満にまで減少したとされている。ただし、実際には、イランからの輸入量は2022年4月時点で日量57万5千〜65万バレルと推定されており、これは同月の全輸入量の約7〜8％のシェアを占める計算になる。他方で、UAEからの輸入量は過去3年間で2倍以上（2018年の日量30万7,000バレルから2021年には64万2,000バレルにまで）増加しており、これはイランからの輸入減を一部相殺している[9]。こうしたデータからも明らかな通り、中国にとって中東地域は第一にエネルギー供給元としてきわめて大きな価値を持っている。

　第2に、エネルギー以外の分野においても、中東は中国にとって魅力的な貿易・投資先となっている。中国は中東諸国に対して幅広い種類の製造品を輸出しており、その取引額は近年急速に拡大している。たとえばGCC諸国と中国のあいだの二国間取引額について言えば、2010年から2019年の10年間で、バハレーンは1.6倍（13億ドルから21億ドル）、クウェートは1.9倍（91億ドルから171億ドル）、オマーンは1.6倍（102億ドルから166億ドル）、カタールは2.9倍（43億ドルから126億ドル）、サウジアラビアは1.4倍（512億ドルから729億ドル）、UAEは3.12倍（177億ドルから552億ドル）と、それぞれ急速に拡大しており、中国は既にGCC諸国への世界最大の輸出国になっている[10]。

中東における中国の関与

　中国の対中東政策における特徴としては以下の3点を指摘できる。第1に、「ゼロ・エネミー」あるいは「オール・フレンズ」と称されるような、イデオロギーや体制の違いを超えてあらゆる国家・非国家主体と平等に関係を構築している点。第2に、あくまで経済的な関与のみに焦点を当て、米国のように前方展開基地を建設したり軍事紛争に直接介入したりといったことは極力避けるという姿勢。そして第3に、他国の内政には関与しない（主権尊重・内政不干渉）という原則である。

　2013年以降、中国の対中東政策は「一帯一路構想（BRI）」の大枠に沿って進められてきた。BRIとはアジア・欧州・アフリカにまたがる巨大経済圏構想であり、「一帯」は中国西部から中央アジアを経由して欧州へと続く「シルクロード経済ベルト」を指し、「一路」は中国沿岸部から東南アジア、スリランカ、アラビア海沿岸部、アフリカ東岸へと続く「21世紀海上シルクロード」を指す。さらに、BRIは輸送ルートの整備のみならず、外交的・文化的パートナーシップと投資プロジェクトのネットワークでもある。2016年1月、習主席はアラブ連盟本部での演説において、「中東では代理勢力を探すのではなく平和協議を推進し、いかなる影響圏も求めず、すべての当事者に『一帯一路』構想の友人の輪に加わるよう呼びかけ、真空を埋めようとするのではなく、協力パートナーシップ・ネットワークを構築し、ウィンウィンの結果を目指

す」[11]と強調した。この言葉の通り、中国は中東において特定の国家と密接な同盟関係を締結するのではなく、あらゆる国家とパートナーシップのネットワークを確立してきた。たとえば近年では、サウジアラビアとのあいだで2022年12月に「戦略的包括協定」を、イランとは2021年3月に25年スパンの「包括的協力協定」に合意している。本稿冒頭で触れたように、2023年3月にはこれら両国間の国交正常化を取り持った。

　BRIは地域諸国の利害との収斂を特徴としており、サウジアラビアの「ビジョン2030」、オマーンの「ビジョン2040」、カタールの「ビジョン2030」、クウェートの「ビジョン2035」、エジプトの「ビジョン2030」など、地域の経済・社会改革に対応する重要なイニシアティブとの相乗効果を強めている。また、南シナ海、インド洋、スエズ運河を経由して中国と地中海を実質的に結ぶ「海上シルクロード」の開発・拡大計画はBRIの重要な柱であるが、中東はこうした海上交通の要衝に位置しており、それゆえ中国は投資やインフラ整備に積極的に取り組んでいる。上述のような近年の中国と中東諸国との間でのエネルギー・貿易・投資といった結び付きも、こうした枠組みのなかで行われてきた。

　BRIの背後にある中国政府の思惑については様々な議論があるが[12]、その意図が何であるにせよ、BRIがあくまで「経済圏構想」をベースとしているとすれば、中国の対中東政策におけるもう一つの重要なプラットフォームである「上海協力機構（SCO）」は安全保障面でより高い重要性を有している。

　SCOは中国・ロシア・カザフスタン・キルギス・タジキスタン・ウズベキスタン・インド・パキスタン・イラン（2021年9月に加盟手続き開始、2023年の首脳会議から正式メンバーとして参加）の9か国による多国間の経済・安全保障協力機構である（2022年9月からベラルーシの加盟手続きも始まった）。事務局は北京に置かれている。SCOは北大西洋条約機構（NATO）のような相互防衛義務のある軍事同盟ではなく、ソ連崩壊後の国境地域の安定と信頼の醸成、加盟国間の協力促進を目的に設立され、合意履行の拘束力がない緩やかな連合体である。それでも中国はほぼ毎年、中国の内外で、SCO加盟国とのあいだで二国間／多国間の軍事演習を行ってきた。2012年6月には正式加盟

を求めるトルコが対話パートナーとして参加し、2021年9にはサウジアラビア、エジプト、カタールが、2022年9月にはUAE、クウェート、バハレーンなどが対話パートナー参加について手続きを行うことを発表した。

　中国共産党政権にとって、彼らが主権を主張する領域内での反体制運動・分離主義運動・テロリズム（同政権はこれを「三股勢力」と呼んでいる）は最も切迫した脅威の一つ——ネイサンとスコベルの表現を借りれば「四つの同心円のうちの最も重要な最初の円」——である。そしてとりわけ、中東地域のイスラーム過激主義勢力と中国国内の反体制勢力が一部で連動するといった状況は、同政権にとって最も懸念すべき安全保障上の不安材料となっている[13]。こうした文脈において、2009年に新疆ウイグル自治区を中心にウイグル民族と漢族の武力衝突（ウイグル騒乱）が生じて以降、同政権はウイグル民族に対してきわめて苛烈な取り締まり・弾圧を行なってきたが、同時に、新疆ウイグル自治区と国境を接し、民族を同じくする（チュルク系ムスリム）中央アジア諸国と良好な関係を維持することも、ウイグル民族の分離独立運動を鎮圧する上で不可欠であると考えられた。そもそも「テロリズム・分離主義・過激主義の取り締まりに関する上海協定」への調印と、それら3つの脅威への共同対処を重要な目的の一つとして発足したSCOは、そうした意味で、ハイレベルな軍事同盟ではないとしても、中国共産党政権にとって安全保障上きわめて重要な多国間枠組みとなっている。

Ⅲ　協調か競合か：中東地域秩序をめぐる米中間の角逐

　中東地域における米中関係には、以下で論じるように協調と競合という両方の側面が存在する。しかしながら、本稿での主張は、将来的にはその競合という側面が否応なく全面に出てくるだろうというものである。

中東地域における米中間の協調

　中国政府や中国人研究者はしばしば、国際政治の場における米国の覇権主義的な振る舞いを非難してきた。しかし、中東に一応の安定をもたらすとい

う意味で、中国が米国の覇権的政策から恩恵を受けていることも事実である。近年では地域における覇権に翳りが見られるとしても、米国は依然として地域諸国にいくつもの軍事拠点を維持し、政治・経済・軍事面で多大なる影響力を有する超大国である。

　その一方で、経済面で着実に存在感と影響力を拡大しつつあるとはいえ、中国には「中東における米国の軍事的優位に挑戦するために軍事力を投射する意図も能力もない」[14]。中国にはこれまで国境を越えて軍事力を投射した経験はなく、海外で作戦行動を実施した経験もきわめて乏しい。さらに、いくつかの重要な例外を除いて、中国共産党体制は長期にわたって外国に軍を駐留させたことがない。その主な例外は北朝鮮とベトナムであるが、いずれも中国の周辺部に位置し、中国と陸上で国境を接している。国外で軍事活動に従事することは、中国共産党政権にとって事実上、未開拓の領域なのである[15]。

　中東が安定している状況からは米中両国が同じように利益を得ることができる。このため、理論上、両国はそれぞれの得意分野（米国は軍事、中国は経済）を活かして共通目標（中東地域秩序の安定）に向かって共存・協働することは可能であるように思われる。中国は中東地域における米国の覇権的立場を受け入れており、もっと言えば、現状が可能な限り継続して欲しいと考えているかもしれない。

　しかしながら、両国が今後もそのようなかたちで地域において協力関係を構築し得ると考えるのは少々楽観的に過ぎるだろう。事実、中国の軍事指導者たちは「自国の海上輸送、エネルギー供給、海外市場へのアクセスを確保するために米国の軍事力へと依存している状況を、戦略的な脆弱性として深刻に捉えている」とも指摘されている[16]。現実には、今後も現在のような流れが続くのであれば、両国は重要な国益を巡って厳しい競合関係に陥らざるを得ないと思われる。その理由は以下の通りである。

中東地域における米中間の競合

　第1に、米中両国は互いに絶対的利得ではなく相対的利得を重視する可能

性が高い。ジョセフ・グリーコ (Joseph Grieco) はかつて、アナーキーな国際秩序の下では国家はリベラリストたちが主張するような絶対的利得を追求する「合理的エゴイスト」ではなく相対的利得を求める「防衛的ポジショナリスト」であるとして、それゆえに国家間協力は彼らが考えるほど容易ではないと主張した。「いかなる関係においても、国家の基本的な目標は、他国がその相対的な能力を向上させることを防ぐことである」[17]。

　国家はいかなる状況において相対的利得と絶対的利得のどちらをどの程度優先するのかという問いについては、明確な理論的解答は依然として出ていない[18]。だが、トランプ政権期以降、米中間の緊張関係が急速に高まりつつあり、特にアジア太平洋地域においては互いが互いを脅威と認識するような安全保障環境が生じつつあるなかで、中東地域においてもまた両国が絶対的利得よりも相対的利得を重視するようになる可能性は非常に高いと言えよう。米国が多大なる経済的・軍事的資源を投入して中東地域秩序と同盟諸国の安全保障を担保する一方、中国はそうした米国の提供する国際公共財に「タダ乗り」し、経済力をテコとして低コストで政治的影響力を急速に拡大していく――「中東からの撤退」戦略のなかで米国がそうした役割を放棄しつつあるなかで、こうした関係性が今後も長期にわたって持続可能である可能性はさほど高くはないだろう。

　第2に、中国の対中東関与政策は地域における同国の魅力（ソフト・パワー）を増進する可能性がある。これまでの研究は、援助、投資、貿易、送金などがソフト・パワーを投射するための効果的な戦略として機能する可能性があることを示唆している[19]。スコット・キャスナー（Scott Kastner）とマーガレット・ピアソン（Margaret Pearson）は、中国の貿易・投資が相手国に対する同国の政治的優位性を高めると考えられる4つの因果メカニズムを明らかにしている。すなわち、経済的結び付きは、①交渉力の源泉となり、褒賞や脅迫の手段を中国に与える、②相手国に新たな利益団体を生み出す、③中国に関する幅広い世論やエリートの意見を相手国内に形成する、そして④基準を設定し、他の国々が適応する必要のあるような市場形成力を中国にもたらす、というものである[20]。

　その上、他国の国内政治には干渉しないという中国の外交姿勢はアラブの権威主義的指導者たちにとって魅力的に映る可能性がある[21]。たとえば2018年、反体制記者殺害事件をきっかけに複数の国際投資家がサウジの新規開発プロジェクトに対する投資を撤回・縮小し、事件のわずか数週間後に開催が予定されていた、いわゆる「砂漠のダボス会議」では、多くのCEOが参加を取りやめた。だが、中国企業にはそうした動きはほとんど見られなかった。また、中国の経済的成功は、その政治的権威主義と漸進的改革アプローチを含めて、「多くの貧しい非民主主義国にとって魅力的な発展モデル」を提供するものであり、中国の柔軟な援助や融資は米国の援助とは対照的に「通常、政治的前提条件なしに提供される」ので、アラブ諸国の政権に好意的に受け取られる可能性が高い[22]。第一の点とも関連するが、中国が中東において米国覇権に「タダ乗り」するかたちでこうして自国の影響力とパワー（それがたとえ現時点では物質的・軍事的なものではなかったとしても）を拡大していくという状況、そして地域における両国のパワー・バランスが大きく変動しつつある状況は、いずれ地域秩序を巡って両国間の緊張を高めることに繋がるだろう。

　第3に、安全保障面での競合は既に生じつつある。それはまだ直接的な物理的・軍事的衝突という水準には達していないが、たとえばサイバー空間などの軍民両用機能を持つ領域については既に深刻な緊張が生じている。中国の中東諸国、とりわけGCC諸国に対するサイバー面での浸透は、情報漏洩やサイバー攻撃のリスクに繋がることから、米国にとってきわめて脅威である。たとえば2021年12月、UAEがF-35導入に関する米国との交渉を延期する方針であることが各種報道で伝えられた。UAEは50機のF-35および18機の攻撃型無人機を約230億ドルで購入する予定であったが、UAEが国内5G通信ネットワークにファーウェイ社の技術を導入すること、そして中国との関係を強化しつつあることに米国が不信感を持ったことがその背景にあるとされた。同時にUAE側としても、既にファーウェイ社に国内通信ネットワーク事業の多くを委託していたため、米国の要求する基準をクリアするためには国内全てのネットワークの見直しが必要であり、これがF-35導入

を躊躇させる要因となった[23]。

米中間の緊張は、マイケル・マルロイ（Michael Mulroy）米国防次官補代理（中東担当）が 2019 年 8 月、中東における中国の「米国の軍事的優位性を損ないたいという願望」を懸念していると語ったことで急速に高まった。同氏は、中国が中東への投資を「経済的レバレッジと強制」、「知的財産の窃盗と取得」のために利用する可能性があると述べ、「多くの投資は有益なものだが、各国がその経済的利益によって、米国との共同防衛協力への影響など、中国の投資の否定的な意味合いが見えなくなってしまうことを懸念している」とした[24]。同様に、コリン・カール（Colin Kahl）米国防次官（政策担当）は 2022 年 11 月、バハレーンにおいて、「軍事インフラや軍事装備の面で中国との関わりが深化していき、ある閾値を超えてしまうと、我々と協力することは難しくなる」と述べている。「軍事・情報システムが北京と繋がれば繋がるほど、この地域の我が軍にとって直接的な脅威となる」[25]。こうした事態はつまり、長年の同盟相手である米国か、あるいは経済的利益をもたらしてくれる中国か、同盟諸国は今後このような「踏み絵」を踏まされる可能性があることを意味している。

最後に、国際的なパワー・ポリティクスにおける一局面という側面も無視し得ない。三船恵美によると、中国外交の主な特徴の一つとして、特定の主要敵を想定して「統一戦線」を形成するという対抗戦略が挙げられるという。「統一戦線」とは、中国の主要敵を孤立させるために、味方を固め、時には「敵の敵」や「敵の味方」までも中国の味方につけて、友人を広範囲に結集させる戦術である。これは中国建国期からの伝統であるとされ、中国が周辺外交や途上国外交を重視し、「運命共同体」を強調して連携強化を呼びかける背景には、中国の「統一戦線」形成に向けた意図があると言える。この意味で、中国が BRI や SCO といったプラットフォームを通じて中央アジア・中東諸国との関係を——イランなどの反米勢力も GCC 諸国のような親米勢力も平等に——急速に深めているのは、米国の政策への均衡作としても位置付けることができるだろう[26]。

おわりに

　以上、本稿では、米中両国の中東における利害と関与のあり様について詳細に論じた上で、両国関係が今後の中東地域秩序にもたらす影響について考察してきた。

　米国は 1990 年代から 2000 年代にかけて、湾岸戦争を契機として、中東に「非リベラルな覇権」とも呼び得るような地域秩序を構築・維持してきた。しかしながら、オバマ政権期以降、米国は「中東からの撤退」を基本路線に据えてきたし、実際、とりわけ 2011 年の「アラブの春」を経て、地域におけるその威信・影響力に翳りがみられるようになってきた。そうしたなかで、2010 年代以降、中東における中国の存在感や影響力が急速に高まってきた。中国にとって中東はあくまで二次的・周辺的な重要性を有する地域に過ぎないが、それでも近年、中国は各種パートナーシップ協定や SCO、BRI といった国際的なプラットフォームを通じて、敵対する勢力間のどちらにも過度の肩入れをすることなく、中東のあらゆる国家・非国家主体と —— 現時点では主に経済的側面において —— 対等で強固な関係を構築してきた。

　中東地域における米中両国の関係には協調と競合という両方の側面が存在する。しかしながら、本稿の主張は、将来的にはその競合という側面が否応なく全面に出てくるだろうというものである。中東が安定している状況からは米中両国が同じように利益を得ることができるため、合理的に考えれば、両国はそれぞれの得意分野（米国は軍事、中国は経済）を活かして共通目標（中東の安定化）に向かって協働することは可能であるように思われる。だが、本稿では、両国が今後そのように地域において協力関係を構築し得ると考えるのは少々楽観的に過ぎ、実際には両国は厳しい競合関係に陥らざるを得ないと主張する。その背景には、既にライバル関係にある両国はあくまで相対的利得を重視すること、両者のパワー・バランスが急速に変化していること、サイバー空間における安全保障上の競合は既に顕在化していること、そして中国の「統一戦線」構築に向けた動き、などがあると指摘した。

　そうしたなかで、米国は今後どのように対中東政策の舵取りを行なってい

くのか。「中東からの撤退」が基本路線であるとしても、地域における中国の影響力拡大を黙って座視するのか、それとも何か手を打つべきなのか。他方で中国は、中東における米国主導の覇権秩序から最も大きな恩恵を受けている国家の一つである。中国はそうした状況のなかで、これまでは経済的側面のみに自国の関心を集中させ、政治的・軍事的関与は決して行わず、地域紛争に巻き込まれることを慎重に避けてきた。中国としてはこうした状況が可能な限り継続して欲しいと考えているはずだ。だが、地域における米国の影響力と威信が急速に縮小し、その一方で中国の経済権益が急速に拡大していくにつれ、やがて中国の不介入政策はその限界を試されることになるだろう。

　最後に中東諸国の側としても、今後、米中両国のいずれをより重要なパートナーとして選択するのか、決断を迫られる局面は増えていくことが予想される。だが、その反面、中東地域の政治指導者たちは冷戦期より、一方の超大国から妥協や譲歩を引き出すためにもう一方の超大国にすり寄る姿勢を見せるといった、いわば「綱渡り」的な外交を得意としてきた。そうであるなら、中東地域において米中が競合するという未来は地域の政治指導者たちにとってむしろ望ましいものとなるのかもしれない。

注

1　経済産業省資源エネルギー庁『エネルギー白書2023』(2023年5月) 115、118頁。

2　Jeremy M. Sharp, "U.S. Foreign Aid to Israel," Congress Research Service, RL33222 (March 1, 2023).

3　溝渕正季「冷戦終結以降の中東地域秩序と米国：地域安全保障複合体 (RSC) の議論を手掛かりとして」川名晋史編『共振する国際政治学と地域研究：基地、紛争、秩序』(勁草書房、2019年)；溝渕正季「米国の対中東政策：『非リベラルな覇権秩序』の興亡」Synodos (2021年6月) などを参照。

4　溝渕正季「なぜ米国はイラクに侵攻したのか？開戦事由をめぐる論争とその再評価」『国際政治』第213号 (2024年2月刊行予定)。

5　デイナ・プリースト／ウィリアム・アーキン著、玉置悟訳『トップ・シークレット・アメリカ：最高機密に覆われる国家』(草思社、2013年) 特に第2章。

6　たとえば、ブッシュ (子) 大統領が民主主義的とは決して言えないサウジアラ

ビアと密接な関係にあったことは周知の事実であるし、また同政権は 2006 年 1 月のパレスチナ立法評議会選挙において民主的に勝利を収めたハマースを「テロ組織」と断じ、パレスチナに事実上の経済制裁を科している。Nicholas Blanford, "America's Double Standard on Democracy in the Middle East," *Time* (December 22, 2006).

7　Joe Biden, "National Security Strategy," White House (October 12, 2022).

8　アンドリュー・J・ネイサン／アンドリュー・スコベル著、河野純治訳『中国安全保障全史：万里の長城と無人の要塞』(みすず書房、2016 年)。

9　"Country Analysis Executive Summary: China," U.S. Energy Information Administration (August 8, 2022).

10　International Monetary Fund, "Direction of Trade Statistics."

11　President Xi's Speech at Arab League Headquarters (January 22, 2016).

12　たとえば米国防総省はその報告書で、「中国は BRI を利用して他国と強い経済関係を築き、他国の利益を中国と一致させ、中国の敏感な問題へのアプローチや姿勢に対する対立や批判を抑止しようとしている」と断言している。U.S. Department of Defense, "Assessment of U.S. Defense Implications of China's Expanding Global Access," (December 2018), p. 12. また、ある論者は、BRI を中国の世界戦略の一要素として捉え、「アジア太平洋地域における米国の『包囲網』を打破し、インドの台頭を抑制するという、北京の地政学的目標によって推進されている」と指摘する。Michael Clarke, "The Belt and Road Initiative: China's New Grand Strategy," *Asia Policy*, No. 24 (July 2017), pp. 71-72. 中国が「債務の罠外交」(商業的、財政的に実現不可能なプロジェクトに多額の融資を行い、債務超過状態を意図的に作り出すことで影響力を行使すること)を行っているという指摘もよく聞かれる。Deborah Brautigam, "A Critical Look at Chinese 'Debt-Trap Diplomacy': The Rise of a Meme," *Area Development and Policy*, Vol. 5, No. 1 (2020), pp. 1-14. さらに、経済面のみならず軍事面をも含めたサイバー・宇宙・ハイテク分野、あるいは港湾インフラなどにおける協力関係の深化、あるいは「軍民融合 (military-civil fusion)」や「軍民両用 (dual-use)」といった側面を強調し、BRI は元よりその枠内に軍事的目的も内包しているとする論者もいる。Isaac Kardon and Wendy Leutert, "Pier Competitor: China's Power Position in Global Ports," *International Security*, Vol. 46, No. 4 (Spring 2022), pp. 9-47; Grant Rumley, "China's Security Presence in the Middle East: Redlines and Guidelines for the United States," Policy Notes, No. 123, The Washington Institute of the Near East Policy (October 2022).

13　八塚正晃「中東地域への中国の軍事的関与」『中東研究』537 号 (2020 年 1 月) 23-24 頁。この点に関連して、スコベルは、中国当局の認識する安全保障上の利害に関する「四つの同心円」という自身の議論を踏まえ、「中国の指導者が最も恐れているのは、脅威が円を越えて結合し、相互作用することによって、国家の安

全と中国共産党の支配に対する脅威を悪化させることである。… このような環状
の脅威の連鎖は、グローバル化によって中国の脆弱性が増大した21世紀の世界
では、特に憂慮すべきものである」と指摘し、それゆえに中国当局は第二、第三、
第四の円を跨ぐかたちでグローバルに影響力を行使する必要性を感じているのだ、
と論じている。Andrew Scobell, "China's Search for Security in the Greater Middle East,"
in James Reardon-Anderson, ed., *The Red Star and the Crescent: China and the Middle East* (New
York: Oxford University Press, 2018), p. 22.

14　Xu Ruike and Sun Degang, "Sino-American Relations in the Middle East: Towards a
Complementary Partnership?" *Asian Journal of Middle Eastern and Islamic Studies*, Vol. 13, No. 2
(April 2019), p. 154.

15　Scobell, "China's Search for Security in the Greater Middle East," p. 20.

16　Kardon and Leutert, "Pier Competitor," p. 13.

17　Joseph M. Grieco, "Anarchy and the Limits of Cooperation: A Realist Critique of the
Newest Liberal Institutionalism," *International Organization*, Vol. 42, No. 3 (Summer, 1988), p.
498.

18　この論争については、David A. Baldwin, ed., *Neorealism and Neoliberalism: The Contempo-
rary Debate* (New York: Columbia University Press, 1993) を参照。

19　Lisa Blaydes, "Chinese Soft Power Projection in the Arab World: From the Belt and Road
Initiative to Global Pandemic Response," in Lisa Blaydes, Amr Hamzawy and Hesham Sal-
lam, eds., *Struggles for Political Change in the Arab World: Regimes, Oppositions, and External Actors
after the Spring* (Ann Arbor: University of Michigan Press, 2022); Anne-Marie Brady, "China's
Foreign Propaganda Machine," *Journal of Democracy*, Vol. 26, No. 4 (October 2015).

20　Scott Kastner and Margaret Pearson, "Exploring the Parameters of China's Economic
Influence," *Studies in Comparative International Development*, Vol. 56 (2021), pp. 18-44.

21　Fuad Shahbazov, "Beijing's Long Road to the Gulf Region," *Baku Dialogues Policy Perspec-
tives on the Silk Road Region*, Vol. 4, No. 3 (Spring 2021), pp. 108-123; Michael Beckley and Hal
Brands, "China's Threat to Global Democracy," *Journal of Democracy*, Vol. 34, No. 1 (January
2023), pp. 65-79.

22　Randall Schweller and Xiaoyu Pu, "After Unipolarity: China's Visions of International
Order in an Era of U.S. Decline," *International Security*, Vol. 36, No. 1 (Summer 2011), p. 57,
53

23　Grant Rumley, "Unpacking the UAE F-35 Negotiations," The Washington Institute for
the Near East Policy (February 15, 2022). なお、2022年12月に習主席がサウジアラビ
アを訪問した際には、米国が「安全保障上の脅威」を理由にファーウェイとの取
引をしないよう圧力をかけていたにもかかわらず、サウジアラビア政府はファー

ウェイと様々な合意覚書を交わしている。*Reuters* (December 9, 2022).

24　*Financial Times* (August 21, 2019).

25　*New York Times* (December 6, 2022).

26　三船恵美「中国の外交政策におけるイランの位置づけ」『中東研究』537 号（2020年 1 月）12-13 頁。

コラム③

米中対立と気候変動・災害問題

小林　周

　近年、気候変動に伴うとされる異常気象や自然災害が世界各地で多発している。2023年は「観測史上最も暑い年」となり、「地球沸騰化」と表現された。気候変動問題の緩和や災害対応といったグローバルな課題には、国連や民間企業、NGOなど多様な主体を巻き込んだ地球規模での協力が必須である。1991年のソ連崩壊によって米ソ冷戦が終結し、その翌年に国連気候変動枠組条約（UNFCCC）が採択されたことは象徴的である。しかし、米中対立を受けた世界の分断は、気候変動対策に向けた国際協力を妨げると懸念されている。

　2019年の英グラスゴーでの気候変動枠組条約締約国会議（COP27）では、世界全体で気温上昇を産業革命前と比較して1.5度に抑えることがおおむね目標とされ、先進諸国は2050年までに二酸化炭素排出ゼロ（脱炭素）を実現すると約束した。国連気候変動に関する政府間パネル（IPCC）は、気温上昇を1.5度に抑えるには2025年までに温室効果ガス排出を減少させ、2035年までに60%の削減が必要だと報告している。しかし新興国は、化石燃料の大量消費によって経済発展を遂げた先進国が気候変動問題の責任を負うべきだとして、自国の経済成長に必要なエネルギー資源の確保を優先させる姿勢が強い。2023年のG20サミットでは「脱炭素化への道筋は1つではなく複数ある」と確認された。

　気候変動を巡る南北問題（西側先進国とグローバル・サウス諸国の対立）の先鋭化は、中国の影響力を拡大させる可能性がある。コラム①「米中対立とエネルギー問題」でも指摘したとおり、中国は、世界のエネルギー転換・脱炭素化の潮流を利用して、政治的・経済的影響力の拡大を試み

ている。世界最大の温室効果ガス排出国であり、「一帯一路」構想を通じて多くの新興国とのエネルギー協力を進める中国は、気候変動を巡る国際的な議論においてグローバル・サウスを支持する姿勢を明確に示している。また、同国は世界有数の再生可能エネルギー発電設備の供給国でもあり、国際エネルギー機関（IEA）は太陽光発電の主要部品に占める中国製品の世界シェアが2025年までに95％になると予測している。

　米バイデン政権と民主党は気候変動対策に積極的であり、2022年8月に成立した「米国インフレ抑制法（IRA）」では気候変動対策として約3,910億ドル（約57兆円）の予算が充てられた。このうち約4割がクリーン電力に対する税控除であり、米エネルギー省は、IRAによって2030年までに温室効果ガス排出量を40％削減できると試算している。他方で、これらの政策は、気候変動対策や資源・エネルギーの需給、先進国とグローバル・サウスの不一致といった側面で中国の影響力を高める可能性があり、米国の対中戦略の一貫性を損ない得る可能性が指摘される。

　中国と米国は温室効果ガスの排出量でそれぞれ世界首位と2位を占めており、気候変動対策は、米中にとって一定の協力が期待される分野でもある。2023年11月の米中首脳会談に先立ち、両政府は気候変動対策で合意した内容をまとめた共同声明を発出した。声明では、2020年代のうちに具体的な対策を加速させること、世界全体の再生可能エネルギーの設備容量を2030年までに3倍にするとのG20サミットの宣言を支持することなどが表明された。両国で、主要な温暖化ガスであるメタンガスの排出削減に取り組む作業部会を設けることも合意された。

　ただし、2022年8月のナンシー・ペロシ米下院議長（当時）の台湾訪問を受けて、中国側が気候変動分野での協議を停止するなど、両国間の対立の煽りを受けやすい問題だという点にも留意する必要がある。2023年12月、米政府が電気自動車（EV）購入者に対して、中国産の部材・鉱物を使った車種は税優遇の対象外にすると発表したことは、米国が「脱炭素」より「脱中国」を優先する姿勢を鮮明にしたと受け止められている。

　2023年12月にUAEドバイで開催されたCOP28では、化石燃料の「段

階的廃止」の明記が見送られ、「脱却」や他のエネルギー源への転換が確認された。「廃止」の明文化を拒んだのは主に中東の産油国だが、その他多くの国々も、現段階で化石燃料の廃止を明示することに消極的な姿勢を示した。2023年には世界の石炭消費量も過去最高を更新した。手頃な価格でのエネルギーの供給確保は、グローバル・サウス諸国のみならずエネルギー価格の高騰に苦しむ欧州諸国にとっても重要な課題である。米国をはじめ西側先進国は、気候変動・災害対策に向けた国際協力、中国との競争、グローバル・サウスの支援、さらに自国の経済産業の成長機会の確保といった多元連立方程式に直面している。

参考文献

関山健『気候安全保障の論理：気候変動の地政学リスク』日本経済新聞出版（2023年）。

グウィン・ダイヤー（平賀秀明訳）『地球温暖化戦争』新潮社（2009年）。

ハイディ・カレン（熊谷玲美訳）『ウェザー・オブ・ザ・フューチャー：気候変動は世界をどう変えるか』シーエムシー（2011年）。

第4章

米中戦略的競争とアフリカ：
未来を形成する役割

ムバンギジ・オドマロ

サリ・ヴィック・ルクワゴ

（相原 正明 訳）

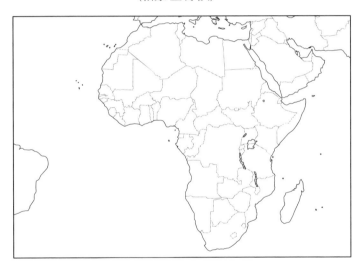

ポイント

- 米中対立は、国際秩序とその見通しに、①天然資源をめぐる競争の激化と、通貨戦争による貿易の混乱による「経済」、および②香港、台湾、コンゴ民主共和国、スーダン、ソマリアといったホットスポットで代理戦争が発生するという「平和」の二つの側面から影響を与える可能性がある。

　これが新しい世界だ。それはアメリカの衰退ではなく、むしろ他のすべての人々の台頭によって特徴づけられる。かつてチェス盤の駒であった地球上の広大な地域が、いまやプレーヤーとなり、独自の道を歩もうとしている、そして、しばしば誇らしげに利己的な道を歩もうとしている。彼らは簡単に屈服したり、おだてたりはしない。説得しなければならないのだ。この国際舞台をうまく操ることが、今日のアメリカ外交の大きな課題である。果たしてワシントンはその任務を果たしているのだろうか？

CNN's Fareed Zakaria GPS, 2023.6.4

はじめに

　東西冷戦の対立が 1989 年頃に終結してから 30 年近くが経とうとしている。この間、国際秩序は、米国が支配する一極世界へと発展した。フランシス・フクヤマやサミュエル・ハンチントンのような識者は、それぞれ「歴史の終わり」と「文明の衝突」をいち早く宣言した。フクヤマは、冷戦の終結とソ連共産主義の崩壊によって、リベラル・デモクラシーが究極の政府および社会政治システムの究極の形態として実質的に勝利したと論じたのである[1]。ハンチントンは、冷戦後の世界紛争はイデオロギーや経済ではなく、文化や宗教の違いが主因になると主張した。具体的には、西洋、イスラム、儒教、ヒンドゥー、スラブ・正教、ラテンアメリカ、アフリカなど、宗教的・文化的アイデンティティによって定義される文明の間で、世界は文化的な境界線に沿って分割されるだろうと主張した[2]。

　奇妙なことに、どちらの予想も外れてしまった。支配的な西側のリベラルな体制は、社会主義者の権威主義的パラダイムを完全に打ち負かしたわけではない。プーチン率いるロシアは現在、ウクライナで NATO を中心とする西側諸国と死闘を繰り広げている。明らかに浮かび上がってきたのは、アメリカが支配する一極世界が、中国とその同盟国から激しい攻撃を受け、戦線が引かれたように見えるということだ。米国と中国の間のこの新たな冷戦の対立は、この世界的な地政学的危機に巻き込まれたいくつかの国々を含む

全世界で展開されている。アフリカの台頭という物語が勢いを増している今、アフリカはこうしたグローバルな地政学から免れていない。

　本稿は、世界の平和と進歩を脅かす可能性を秘めたこの新たなグローバルな地政学的現象について、詳細かつ批判的に分析したものである。この米中対立の舞台には明らかにアフリカ大陸も含まれる。このテーマを裏付ける経験的証拠はあるのだろうか？この米中対立はアフリカと世界システムにおけるアフリカの地位にどのような影響を与えるのだろうか。ここで断っておきたいことがある。米国も中国も、地政学的に対立していると公言しているわけではない。私たちにあるのは、米中対立に関するいくつかの逸話的証拠、ヒント、手がかりそして学者たちの新たな関心だけである。しかし、はっきりしているのは、一貫した対外・投資政策に導かれた中国によるアフリカ全域への巨額の投資が、アメリカや日本、EUといった世界の主要なアクターの注目を集めているということだ。例によってアフリカは、進化する地政学的ドラマを受動的に眺めているように見える。運命に身を任せ、この2つの世界的大国が、かつては絶望的とされ、現在は台頭しつつあるアフリカ大陸に利益をもたらすことを期待している。

　本稿のテーマは、米中対立はあまねく世界政治、とりわけアフリカとアフリカの台頭の物語に深刻な悪影響を及ぼすというものである。地政学的な優位性、莫大な天然資源、そして若い人口を持つアフリカは、米国と中国が世界の覇権をめぐって争う中で、より広範な地政学的利益のために利用されるという罠に再び陥ったのである。国際関係の現実主義学派は、悲しいことに、いまだに世界の地政学を支配するパラダイムである。国家は自国の利益を第一に考え、そのために同盟国を利用することをためらわない。

I　米中の地政学的ライバル関係：神話か現実か？

　米中貿易戦争については、通貨操作や不公正な取引条件、サイバーセキュリティーやデータセキュリティーに関する相互の疑念などが話題になっている[3]。中国は米国に次ぐ経済大国であり、中国はすでに米国を追い越したか

もしれないという主張もある。国家間の永続的な戦争状態というホッブズの政治理論を考えると、現在の世界政治の状況は、国家間の政治が狭い国益に回帰し、もてはやされているグローバリゼーションを脅かすものでさえある。実際、世界の地政学を最も鋭く観察している人物の一人であるレイ・ダリオ (Ray Dalio) は、中国とアメリカは貿易・経済、技術、地政学、資本、軍事、文化の6つの主要な戦争に関与していると主張している[4]。

　中国とアメリカの関係について戦争という概念を使うのは誤解を招くかもしれない。なぜならいまだ言葉による紛争の域をでないからだ。例えばアメリカは、中国には介入主義的な政策や慣行があると主張している。さらに、中国が中国の産業を(財政的、規制的、指導的に)支援し、米国の知的財産を盗んでいると主張している。米国が中国に対して行っている最もあからさまな非難は、おそらく5G技術の開発と、中国政府がファーウェイのモバイル技術をスパイ活動に利用しているという主張だろう。しかし、世界中の政府がその方法を公表することなくスパイ活動を行っていることは周知の事実である。

　COVID-19の世界的パンデミックは、米国と中国の非難合戦を巻き起こし、それぞれの大国が何かを隠しているのではないかという陰謀論が広がった。中国はまず、WHOのパンデミック封じ込めの規範に違反する厳格なロックダウンを課す権威主義的な指導スタイルにより、COVID-19にうまく対処できたと主張した[5]。その後、COVID-19が中国で手に負えなくなると、米国は中国の不透明な政策と透明性の欠如がパンデミックの再発を悪化させたと主張した。両大国は地政学的な決着をつけるためにCOVID-19の大流行を利用したのである[6]。ワクチンをめぐる争いもまた、米中の地政学的な争いに巻き込まれた。世界保健機関 (WHO) のテドロス・ゲブレイェソス (Tedros A. Ghebreyesus) 事務局長は、COVID-19パンデミックの起源と封じ込め対策に関して中国に甘い立場をとっていると非難され、2つの大国の板挟みになった[7]。

　パンデミックの間、国連でさえ米中対立の悪影響を免れなかった。アレックス・デ・ワール (Alex De Waal) は、国連事務総長が沈黙を守る中、この緊張を見事に捉えている。「中国は、(エボラ出血熱に対する立場とは異なり) この病気は安保理の地政学的範囲外であると主張した。米国は、安保理のいかなる

声明も、ウイルスが中国に由来することに言及するよう主張した。（国連の）声明はなかった」[8]。WHOをはじめとする国連機関や各国政府が必要としていた対応を遅らせたため、COVID-19の急速な蔓延を悪化させたのは、このような中米間の地政学的対立も一因であると推測できる。

II アフリカにおける中国

21世紀に入ってからの20年間、中国は世界中で大規模な投資を行ってきた。アフリカのほとんどの都市では、建設ラッシュが続く街に中国のトラックが走っている。実際、モハン（Mohan）らが論じているように、最近のアジア諸国、ブラジル、ロシア、中東諸国の経済的・政治的台頭は、「西側」からアフリカへの関与の様相を一変させたが、地政学的なアクターとして、また移民の供給源としての中国の存在が最も注目を集めている[9]。「チャイナタウン」はアフリカ全土で増加の一途をたどっている。文化的・知的な面では、アフリカの主要大学に孔子学院が設立されつつあるが、アフリカ全土で中国語が英語やフランス語を追い越すかどうかは誰にもわからない。

中国がアディスアベバにアフリカ連合本部を建設するための資金を提供したとき、中国がアフリカを植民地化するという話が持ち上がった。中国の投資銀行は、世界銀行やIMFの条件に比べれば、ほとんど条件のない融資を行っている[10]。例えば、ザンビアは170億ドルの債務の3分の1以上を中国に負っている[11]。中国の貸し手は、アフリカ全体の民間および公的債務の約7,000億ドルを占めている。このことはアメリカやヨーロッパ諸国には受け入れられず、中国を「債務の罠外交」と呼んで非難している[12]。中国の「債務の罠」をめぐる西側諸国のこのシナリオに対して、中国の外務次官補はこうツイートした[13]。「西側諸国が提供する資金が"開発援助"とみなされる一方で、中国が提供する資金が"債務の罠"とレッテルを貼られるのはなぜか？」中国の融資に関して、ほとんどのアフリカ諸国が直面している大きな課題は、2019年以降、ほとんどのアフリカ経済を襲ったCOVID-19の大流行である[14]。2019年までに、中国はアフリカのインフラプロジェクトの5件に1件

に融資し、3件に1件は中国が建設していたと推定されている。2019年までに、中国とアフリカの貿易額は1,920億ドルに増加した。

表4-1　アフリカ諸国に対する中国からの融資

国	融資額（ドル）	目　的
ウガンダ	3億2,500万	エンテベ空港拡張
ケニア	32億	標準軌鉄道
ザンビア	66億	——
エチオピア	40億	鉄道（アディス・ジブチ）

（出典）Allan Olingo, "China loan binge starts to bite, the US. EU, hope to gain from fallout" in *The East African*, November 27-December 3, 2021, p. 4-5.

表4-2　ケニアにおける中国の巨大プロジェクト

※1ケニアシリング＝約0.9円（2024年1月16日現在）

計　画	投資額（ケニアシリング、Kshs）
ケニアテレコム3Gネット整備（ZTE）	64億
全国的な監視網構築及び指揮システム	120億
ナイロビ西部バイパス	52億
コンゾーデータセンター	36億
発電・送電事業	240億

（出典）Frankline Sunday, "Hacking Claims put Kenya at the centre of US-China Cold war", *The standard*, May30, 2023, p. 2.

　中国からアフリカへの巨額の資金流入の背景には、中国アフリカ協力フォーラム（FOCAC: Forum on China-Africa Co-operation）の導く、考え抜かれた政策がある。2000年に設立されたFOCACは、20年にわたり、中国と国交のある55のアフリカ諸国との外交・経済協力を促進してきた重要なプラットフォームである。FOCACの主な目標は、中国とアフリカ諸国との経済協力の促進、政治関係の強化、社会・文化交流の促進などである。フォーラムは3年ごとに開催される閣僚会議を通じて運営され、中国とアフリカ諸国の指導者や代表者が集まり、過去の協力関係を見直し、新たな提携分野を特定し、将来の発展計画を概定する。

　そして、中国の有名な一帯一路構想（BRI: Belt and Road Initiative）である。一帯一

路は、世界的なインフラと経済の開発戦略である。BRI は 2013 年に提唱され、中国とアジア、アフリカ、ヨーロッパ、そしてそれ以遠の国々との間の連結性と協力を強化することを目的としている。長年にわたり、BRI は中国の外交政策と世界経済への関与戦略の焦点であり続け、さまざまな大陸の数多くの国々を巻き込むまでに拡大してきた。FOCAC と BRI はともに、アフリカ全土のインフラプロジェクトへの大規模な投資を促進してきた。表に示すように、道路、鉄道、港湾、水力発電所、電気通信施設、さらには行政庁舎などが含まれる（表 4-1、4-2）。中国はこれまでに、コンゴ共和国、リベリア、モザンビーク、セーシェル、ギニアビサウを含むアフリカ 15 か国で議会を建設または改修し、ブルンジの大統領官邸やエチオピアのアフリカ連合本部など、その他の政府庁舎も建設した[15]。これらのプロジェクトは、アフリカ国内およびアフリカ諸国間のネットワークを向上させ、貿易と経済発展を促進するのに役立っている。

　FOCAC はまた、中国とアフリカ諸国の間の貿易と投資を促進した。中国は多くのアフリカ諸国にとって主要な貿易相手国となっており、原材料や資源を輸入する一方で、製造品や技術を輸出している。日経アジアによると、2022 年の中国の対アフリカ輸出額は 1,644 億 9,000 万ドル、輸入額は 1,175 億 1,000 万ドルに達し、ナイジェリアは今やアフリカ最大の中国からの輸入国であり、南アフリカは最大の輸出国、アンゴラとコンゴ民主共和国がそれに続く[16]。一方、アメリカの対外貿易に占めるアフリカの割合はわずか 1％強で、これはナイジェリアとアンゴラからの石油輸入が大半を占めている[17]。

　インフラ投資や貿易だけでなく、FOCAC の取り組みにはしばしば研修プログラム、奨学金、教育交流が含まれ、さまざまな分野でアフリカの専門家の能力や技能の向上に貢献している。このような取り組みが行われる中、欧米諸国と特にアメリカは、中国には環境基準や労働基準を見落とした疑わしい倫理基準があると警鐘を鳴らし続けている。発展途上国は、欧米は植民地時代に経済搾取を通じてアフリカに多くの害を与えたと反論する。つまり、欧米諸国には倫理的懸念について中国に説教する道徳的権威がないのだ。中国は、アフリカの政治文化や制度を尊重しつつ、対等なパートナーとしてアフリカと関わりたいと主張している。一方、西側諸国はこのアプローチを、

中国がアフリカの統治や人権の問題に注意を払っていないと見ている。アフリカにおける米中対立は現実のようだ。

Ⅲ　象が戦えば…

アフリカの有名なことわざに「象が戦えば、草はいつも苦しむ」というものがある。かつての冷戦時代もそうであったように、アフリカは常に超大国の対立の代償を払ってきた。2頭の大きな象が戦っても、アフリカが無傷でいられると錯覚する人はいないはずだ。戦いの中でどちらかの象が死ぬかもしれないと言う人もいる。しかし、戦いで象が死んだとしても、それは草の上に倒れる。米中対立がどのような軌跡をたどり、アフリカやその他の世界にどのような影響を与えるか推測するのはかなり時期尚早だが、それでも、アフリカが米中対立によってどのような悪影響を受けるか、いくつかの力学を推測することはできる。

第一に、アフリカは外交政策において、東側寄りか西側寄りか、どちらの味方なのかを明らかにするよう強い圧力を受けている。アフリカの指導者の中には、アフリカの友人や同盟国が誰であるかについて、アフリカ人に口出しすべきではないと発言する者も少なくない。この選択は、アフリカが冷戦時代に直面したのと同じである。ウガンダのヨウェリ・ムセベニ (Yoweri Museveni) 大統領は、かなり怒って「私はウガンダ寄りだ！」と答えていた。ムセベニや他の指導者たちは、今回も"我々は開発寄りだ！"と主張している。彼らは、中国のアフリカへの贅沢な投資は、アフリカの広大な輸出市場と石油、鉱物、農産物などの天然資源に惹かれているからだろうと主張する。アフリカにはこれらの資源が大量にあり、中国の経済成長と産業ニーズに不可欠である。とはいえ、アフリカの指導者たちは、インフラ、通信、製造業への中国の投資も重要な役割を果たすと考えている。それらはしばしば、大陸間の貿易ルートと連結性を強化することを目的とした一帯一路構想 (BRI) のような、より広範な経済・地政学的戦略と結びついている。

控えめに言っても、中国の関与に対するアフリカ人の反応はまちまちだ。

政府関係者は圧倒的に肯定的である一方、社会の他のセクターは（米国や他の国際社会と同様に）、中国の関与を搾取的で新植民地的なアプローチと見なして批判している。そのため、アフリカの国や民族によって、中国の関与に対する見方はさまざまであり、成長のための前向きな力と見る者もいれば、その意味合いについて慎重な者もいる。ハナウアー（Hanauer）とモリス（Morris）の次の要約ほど、この感情を簡潔に表現したものはない[18]。

　　「アフリカの指導者たちは、自国のインフラに対する中国の貢献を賞賛し、経済活動の拡大、地元労働者の雇用創出、道路、鉄道、橋、その他の交通網の目に見える改善を強調している。間接的とはいえ、一般市民に利益をもたらすものばかりだ。しかしアフリカでは、中国の関与に批判的な意見もある。労働組合、市民社会グループ、アフリカ社会のその他の層は、中国企業の劣悪な労働条件、持続不可能な環境慣行、雇用の奪い合いなどを批判している。監視団体は、中国がアフリカ政府の相対的な弱みにつけ込み、汚職や無駄な意思決定を助長するような不公正な交渉をしていると警告している。」

　一方、軍事・安全保障レベルでも米中対立の競争は熾烈だ。中国はジブチ（Djibouti）に軍事基地を設置した。アフリカ、中東、インド洋の交差点に位置するジブチは、これまで主にフランス、アメリカ、イギリスの基地を受け入れてきた。最も注目すべきは、米国が運営するキャンプ・レモニエ（Camp Lemonnier）である。キャンプ・レモニエは、アフリカ、中東、そしてそれ以外の地域におけるさまざまな任務を支援する、この地域における米軍の重要な拠点である。中国はアフリカの角にも進出している。アジアの巨人はソマリアにも大規模な軍事基地を設置した。まだ立証はされていないが、スーダンの現在の戦争は、中国・ロシアに対する西側の対抗意識と関連しているという主張がある。コンゴ民主共和国の戦争についても同様の主張がなされており、アメリカを中心とする西側諸国は中国の影響力を警戒している。かつて西側諸国が植民地支配の勢力圏とみなしていた領土は、米国と EU 加盟国

によって油断なく守られている。

　経済政策レベルでは、アフリカの一部の専門家は、アフリカはアジア、特に中国の開発国家モデルを模倣すべきだと提言し始めている[19]。専門家たちがアフリカ経済の停滞を補う参照点として中国を挙げるのは、中国が短期間で成し遂げた大きな躍進である。1990 年から 2000 年の間に、一人当たり GDP は 200 ドルから 1,000 ドルへと 5 倍に増加し、2000 年から 2010 年の間に、平均所得は 1,000 ドルから 5,000 ドルへと上昇した（中所得国の地位を獲得）。2018 年、中国の 1 人当たり所得は 7,300 ドルに増加した[20]。2017 年までに、中国は世界の他の国々よりも多くのセメントを生産するようになった。このような経済的奇跡はアフリカに疑問を投げかける。

　中国が達成し、アフリカが達成していないことは何か。中国とアフリカの経済格差の要因は何か。中国とアフリカを比較する際には注意が必要だ。中国と違って、アフリカは一つの国ではない。54 の旧植民地の集合体であり、民族的、言語的、イデオロギー的、宗教的な線に沿って分断されている。アフリカの小国はそれぞれ、旧宗主国と提携した異なる政治・経済システムに従っており、脱植民地化後の指導者たちはまだ改革にあまり手をつけていない。ほとんどのアフリカ人は、アフリカ連合を政治的な連合体へと活性化させる新たな機運とともに、アフリカが徐々に単一の政治的・経済的な存在へと進化していくことを願っている。しかし、多くのアフリカの指導者たちは、中国モデルの一面、つまり経済の国家管理と権威主義的統治だけを選んでいるように見える。厳格な労働倫理や財政規律といった他の要素を考慮せずにこれだけを選んでも、中国が謳歌しているような経済の奇跡をもたらすことはできないだろう。中国がインフラ開発、住宅、ハイテク、人材育成に多額の投資を行ってきたことも重要だ。中国には「道路を舗装すれば、富は後からついてくる」というスローガンがある。雨が降るたびにクレーター湖のような穴だらけになるアフリカの道路と比べてみてほしい。

　中国が経済力のレバーを傾けることを期待して設計しているのは、より複雑な経済・金融の体系である。中国、ブラジル、インド、中国、南アフリカで構成される BRICS の出現は、決して軽視できるものではない。BRICS は、世

界銀行と IMF によるブレトンウッズ体制に匹敵する金融システムを設計する計画だ。中国の通貨、人民元が米ドルに代わって世界的な為替通貨になるとの憶測もある。しかし、地政学を重視する戦略家の中には、この憶測や恐怖は根拠がないわけではないが、まだ何の意味もないと主張する者もいる。例えば、ジェームス・ヒノテ (James Hinote) は、「人民元建てのクロスボーダー取引の増加は、米ドルにとっては恐ろしく見えるかもしれないが、その増加の大部分を中国が単独で占めている可能性が高い」と論じている。つまり、クロスボーダー取引で人民元を利用する国が増えたのではなく、中国が国際取引に占める人民元の割合を増やしたということだ。これは世界の基軸通貨としての米ドルにとって打撃ではあるが、まだ米ドルに取って代わるほどではない[21]。

　いずれにせよ、通貨を支配するものが世界を支配する。もしこの対立が論理的な結論まで追求されるなら、アフリカは中国とアメリカという 2 頭の巨象の戦いから恩恵を受けるかもしれない。中国とアメリカの対立は、アフリカやその他の発展途上国が、他の大国が自分たちの生存のために奮闘し、自分たちの利益のために忙殺されていることを認識しながら、自分たちの運命について真剣に考え始めるきっかけになり得る。14 億人以上の人口を抱えるアフリカは巨大な市場であり、未開拓の天然資源もまだたくさんある。アフリカは、21 世紀をこれまでの世紀のように浪費してしまうのかという難しい問いを立てる必要がある。

IV　象が互いに学ぶとき…

　米国と中国の関係、そしてそれらがアフリカやその他の地域にどのような影響を与えるかを説明するために、もうひとつ別の比喩を加えることができる。「象が互いに学べば、草は楽しむ」と。

　2 つの超大国として、中国とアメリカは互いの戦略を真似しているように見える。FOCAC は 20 年以上続いている。アフリカの国家元首を北京（あるいはその他の場所）に招き、中国とアフリカの協力を強化する方法について話し合うこのフォーラムは、アメリカもアフリカの国家元首を集めたサミット

を開催するよう挑発し、まるで中国に追いつくかのようだ。アジアの巨人である中国は、アメリカの資本主義を参考にしながらも、それを国家資本主義に修正した。中国はまた、アメリカのように技術革新と防衛に多額の投資を行っている。どちらも、剣のない契約は単なる言葉に過ぎないと考えている。中国はアメリカから、帝国は文化や影響力を世界に広めることで拡大することを学んだ。中国も米国と同様、文化的、イデオロギー的影響力を拡大するために、留学生に何千もの奨学金（アフリカからの留学生は年間6,000人と推定される）を提供している。

　中国は米国と同様、世界中に友好国を持ち、その国内政策と対外政策を模倣している。アフリカもまた中国を参考にし始めている。アフリカが中国から得ている教訓には次のようなものがある。

1) リーダーシップが重要である。
2) 規模が重要である（政治的にも経済的にも、アフリカ大陸をひとつにまとめる必要性）。
3) ガバナンスが重要である[22]。

　同時に、アメリカやEUは、人権や環境を軽視し、報道の自由を抑圧する中国に対して懲罰的な措置をとっている。西側と中国の問題がアフリカでどのように展開されるかを示す一例として、東アフリカ原油パイプライン（EACOP：East African Crude Oil Pipeline）プロジェクトへの融資をめぐる最近の争いがある。これは、ウガンダ西部の油田からタンザニアのインド洋沿岸までの1,443キロメートルの原油パイプラインである。西側諸国は環境と人権の問題を提起し、この巨大プロジェクトへの資金提供を拒否した[23]。中国はこのプロジェクトに資金提供することに同意した。

　アメリカと中国は、自国の国内政策と外交政策を支持するために、メディアをプロパガンダに利用している。アメリカがケーブル・ニュース・ネットワーク（CNN: Cable News Network）を使って海外にイデオロギーを広めるのに対し、中国は中国グローバル・テレビ・ネットワーク（CGTN: China Global Television Network) を使って同じことをしている。中国が「一帯一路構想」(BRI) を掲げているのに対し、アメリカは G7 が主導する「よりよい世界再建構想」(B3W: Build Back Better World) を採用している。2021 年 6 月 12 日に発足したこの構想は、中国の「一帯一路構想 (BRI)」に代わる低・中所得国のインフラ整備を目指すものだ。発展途上国、特にアフリカ諸国は BRI の恩恵を受けているが、これらの国々では持続不可能な債務につながるという懸念が高まっている。アフリカの独裁的な政権は莫大な借金を残しても構わないだろう。特に中国はガバナンスや人権の問題を気にしていないように見えるからだ。

V　新世界秩序への新潮流？

　米中が対立する中、中国の習近平国家主席は任期制限を撤廃することを決め、事実上、望む限り中国の統治を続けることができるようになった。強い性格の習近平は、中国が次の覇権国になるためには継続が不可欠だと考えている。中国の政治理論である政治一元論は、一党独裁国家が複雑で予測不可能な世界において安定性と継続性を保証するという共産主義的な前提に立っている。似たような独裁的傾向を持つアフリカの指導者の中にも、この路線を踏襲する者がいる。そして、ドナルド・トランプ (Donald Trump) もまた、国会議事堂を乗っ取ろうとする試みから判断できるように、曲がりなりにも米政権を乗っ取ろうとする意欲を高めている。世界的規模でのポピュリズムとナショナリズムの台頭は、時代の流れになりつつある。

　この路線は明らかに、反対や選挙の敗北を許さない一党独裁的な考え方であり、社会主義的な考え方を持つアフリカの政治家の中には、この政治理論を温めている者もいる。彼らは民主主義を口先で支持するだけだ。アフリカ政治経済の学者の中には、アジアの奇跡を示唆し続け、中国、ベトナム、マレーシア、シンガポールといったアジアの国々の発展を、統制された国家経済に導かれた発展途上国と結びつける傾向がある。

おわりに

　グローバルな地政学に関する限り、米中対立は最終的に何をもたらすのだ
ろうか。第一に、世界経済は天然資源をめぐる大国間競争の舞台であり続け
るだろう。特に天然資源の大部分が手つかずの発展途上国ではそうなるだろ
う。気候変動の緩和にも力を入れるデジタル化が進む世界では、いくつかの
天然資源に対する需要が高まり続けている。エレクトロニクス、再生可能エ
ネルギー技術、電気自動車用バッテリーの製造に不可欠なレアアースは、今
後ますます需要が高まるだろう。これまでレアアースの主要な供給国であっ
た中国は、代替ソースを模索している。米国や他の主要メーカーも同様である。
　リチウムやコバルトといった他の資源についても、競争は激化するだろう。
どちらも電気自動車や電子機器に欠かせないもので、世界のコバルト生産の
ほとんどはコンゴ民主共和国からもたらされている。コンゴ民主共和国のよ
うな資源豊富な地域は、2つの超大国や他の国々がこれらの貴重な資産への
アクセスを確保しようとするため、地政学的対立の焦点であり続ける可能性
が高い。これは、外交的緊張やその地域での影響力争いにつながる可能性が
ある。天然資源が経済発展と技術進歩に不可欠である限り、世界経済の原動
力となるとともに、アフリカのような場所の政治をも形成しながら、これら
の資源へのアクセスをめぐる超大国間の競争と対立は、今後も続くであろう。
　第二に、中国とその同盟国が世界経済のドル支配を終わらせようとする「通
貨戦争」が続くだろう。通貨戦争と米中間の緊張が生じ、それが持続すれば、
アフリカには多くの惨事が起こり得る。米国や中国に商品を輸出しているア
フリカ諸国は、需要や価格設定が変化し、貿易収支や経済成長に影響を与え
る可能性がある。また、アメリカも中国もアフリカのインフラ開発プロジェ
クトに積極的に関与しているが、最近では中国の方がより大きく関与してい
る。通貨の緊張は、こうしたプロジェクトの資金調達や期間、条件に影響を
与え、アフリカ大陸全体のインフラ開発のペースや規模に潜在的な影響を与
える可能性がある。
　グローバルな安全保障の観点からは、中国とアメリカが全面戦争に突入す

る可能性は明らかに低いため、代理戦争が増える可能性が高い。香港、台湾、コンゴ民主共和国、スーダン、ソマリアは、世界の地政学が剣で解決されるホットスポットであり続けるだろう。米中間のデジタル・スパイ活動はAI時代に突入するため、サイバーセキュリティーは引き続き大きな関心事となるだろう。半導体やチップをめぐる経済戦争は、米中間の第四次産業革命 (4IR) 技術をめぐるデジタル代理戦争となるだろう[24]。

　最後に言っておくが、アフリカの人々とその指導者たちが、ゾウの戦いにおいてどちらを選ぶかは自由である。誰を見習うかも自由である。結局のところ、ハナウアーとモリス (Hanauer & Morris) が論じているように、「アフリカにおける米中の目標は必ずしも対立するものではなく、両経済大国の関与はアフリカ人にとって有利になりうる」のである。

　確かに、最近まで(同じ)発展途上国とみなされていた中国を見習う方が簡単かもしれない。結局のところ、米国を含む西側諸国は、あまりにも長い間、アフリカとの取引において、中国が現在行っているようなアフリカ大陸の経済的・インフラ的ニーズに応えてこなかったということができる。歴史的に、西側諸国はアフリカで大きな存在感と影響力を持っており、援助、貿易、投資に規制や条件を課すことをしばしば特徴としてきた。こうした規制は、良好なガバナンスと説明責任を目指す一方で、アフリカ大陸特有のニーズや状況に合わない障壁を作り出したり、基準を課したりすることで、アフリカの発展を妨げることもあったという意見もある。一方、中国は異なるアプローチをとってきた。アフリカへの融資、投資、インフラプロジェクトにあまり縛りを設けず、経済的パートナーシップを重視し、ガバナンスの問題はあまり重視していないのである。

　このアプローチにより、アフリカ諸国の一部では急速なインフラ整備が実現したが、一方で債務の持続可能性や環境への影響、長期的な投資結果に対する懸念も生じている。そこでアフリカの選択とリーダーシップの出番となる。過去の過ちを繰り返してはならない。ムセベニ大統領が「我々は開発寄りだ」とよく言うように、アフリカの指導者も「国家支持者、国民支持者」であるべきだ。このことを念頭に置けば、アフリカは自分たちに最も適した相手と協働することができるし、見習うべきである。とはいえ、ジャスティン・

リン (Justin Lin) が警告しているように、アフリカ諸国は高みを目指しすぎず、（中国の）高所得の例を真似しようとせず、むしろ自国の現実を適応させ、自国の比較優位を見出すべきである[25]。

　最後に、アフリカの権威主義的指導者たちは、中国から誤った教訓を得ようとしないよう注意されている。中国の成功が権威主義によるものだと考えるのは危険だ。しかも、アフリカの人々は過去30年間、民主主義と政府による人権尊重のために戦い、勝ち取ってきたのだ。彼らはそれを簡単には手放しそうにないのだから[26]。

注

1　フクヤマの「歴史の終わり」という哲学的概念の詳細については、以下を参照のこと。Francis Fukuyama, *The End of History, and the Last Man* (English Edition), (Penguin, 1993).

2　Samuel P. Huntington, *The Clash of Civilizations, and the Remaking of World Order* (New York: Simon & Schuster, 2007).

3　このような問題、特にチップと半導体に関する中国とアメリカのライバル関係についての詳細かつ学術的な研究については、以下を参照のこと。

Chris Miller, *Chip War: The Fight for the World's Most Critical Technology* (New York: Simon & Schuster, 2022), pp. 243-325; Ray Dalio, *Principles for Dealing with the Changing Word Order: Why Nations Succeed and Fail* (NewYork: Simon & Schuster, 2021), pp. 414-459.

4　Ibid, pp. 426-454.

5　Alex De Waal, *New Pandemics, Old Politics: Two Hundred Years of War on Disease and its Alternatives* (Cambridge: Polity Press, 2021), pp.211-112.

6　COVID-19 の問題と、それが地政学にどのように利用されたかについては、アレックス・デ・ワールを参照のこと。Ibid, pp. 211-214; Meera Senthilingam, *Outbreaks and Epidemics: Battling Infection from Measle to Coronavirus* (London: Icon Books Ltd.,2020), pp. 33-34.

7　Alex De Waal, *New Pandemics*, pp. 212-213.

8　Ibid, p213.

9　Mohan et al., *Chinese Migrants and Africa's Development: New Imperialists or Agents of Change?* (Zed Books, London, 2014) pp. 1-2.

10　Harry Clynch, "Should China be blamed for Zambia's debt talks holdup?" *African Business*, March 2023, pp. 70-71.

11 Ibid., p. 71.

12 Ibid.

13 Allan Olingo, "China loan binge starts to bite, the US. EU, hope to gain from fallout" in *The East African*, November 27-December 3, 2021, p. 4.

14 Ibid., p. 5.

15 Kate Bartlett, "Why China IS Building Africa's New Parliaments," *VOA*, April 19, 2023.

16 Robert Bociaga, "China-Africa trade soars on spike in commodity prices – Two-way commerce dwarfs that between U.S. and continent," *Nikkei Asia*, January 27, 2023.

17 Ibid.

18 Larry Hanauer, Lyle J. Morris, *China in Africa: Implications of a Deepening Relationship.* (RAND Corporation、2014). https://www.rand.org/content/dam/rand/pubs/research_briefs/RB9700/RB9760/RAND_RB9760.pdf

19 Greg Mills, et al. (Eds), *The Asian Aspiration: Why and How Africa Should Emulate Asia* (London: Hurst & Company, 2020), pp. 159-177.

20 Ibid., p. 160.

21 James Hinote, "The Future of the Chinese Yuan: A Global Currency?" *China Us Focus*, July 4, 2023.Retrieved on August 12, 2023, https://www.chinausfocus.com/finance-economy/the-future-of-the-chinese-yuana-global-currency#:~:text=This%20means%20that%20instead%20of,enough%20to%20replace%20it%20yet

22 Gyude Moore, "As FOCAC turns 20, what can Africa learn from China?" *African Business*, March 2023, pp.26-27.

23 Julius Barigaba, "Eacop financing swings to China as its firms hog deals" *The East African*, May 6- May 22, 2023, p. 5.

24 Hanauer and Morris, "China in Africa".

25 Greg Mills, The Asian Aspiration, p. 170.

26 Ibid, p171.

川上　桃子

コラム④

半導体をめぐる米中対立

　パソコンや自動車から通信基地局、戦闘機にいたるまで、現代社会を支える膨大な製品群は、データの処理や制御を担うロジック半導体や、データ保存を担う半導体メモリなくして機能しえない。なかでも高性能のロジック半導体は、人工知能（AI）や次世代高速移動通信といった新技術の実現の鍵を握り、一国の軍事面での優位性を左右する戦略的な物資である。そのため、2010年代半ば以降、米中対立が尖鋭化すると、両国は最先端半導体のサプライチェーンをめぐって激しい火花を散らすようになった。

　半導体は米国生まれの技術である。AIチップで圧倒的なシェアをもつエヌビディア、スマートフォン向け半導体のクアルコム、高速演算に不可欠なCPUサプライヤーのインテルやAMDなどはいずれも米国企業だ。半導体の基幹製造装置や設計ツールのサプライヤーにも米国企業が多い。いっぽう、最先端ロジック半導体の製造で圧倒的な技術優位性を誇るのが、台湾のTSMC（台湾積体電路製造）である。同社はウェファーの受託生産（ファウンドリ）の専業企業であり、その世界シェアはファウンドリ市場の6割弱、最先端半導体に限っていえば約9割にも達する。

　半導体産業に遅れて参入した中国は、ロジック半導体は台湾、半導体メモリは韓国からの輸入に大きく依存してきた。こうした状況を打破するため、中国政府は2015年に発表した「中国製造2025」で、半導体の自給率を2030年までに75％まで引き上げるという目標を掲げた。巨額の政府系半導体ファンドを設立し、2016～17年にかけて、国策半導体メーカーが次々に誕生した。

　米国は中国のこうした野心的な半導体産業育成策を、経済面、安全保障面での脅威とみなして、封じ込めに乗り出した。その強力な手段となったのが、米国商務省が安全保障上、外交政策上の懸念がある企業を列挙し、米国産技術の輸出規制対象とする「エンティティリスト（EL）」である。2018年には半導体メモリメーカーの福建省晋華集成電路（JHICC）がELに加えられ、量産開始を前に米系メーカーからの設備調達ができなくなり、大きな打撃を被った。2019 − 20年にかけては、次世代高速通信規格「5G」で米国と技術覇権を争っていた華為技術（ファーウェイ）がELに追加され、高性能半導体の製造を委託していたTSMCとの取引が遮断された。中国ファウンドリ大手の中芯国際集成電路製造（SMIC）も2020年にELに掲載され、設備調達に困難をきたすようになった。

　さらに2022年から23年にかけて、バイデン政権は、中国への先端半導体および半導体製造装置の輸出規制を大幅に強化した。その狙いは、軍事利用に直結するAI技術分野での中国のキャッチアップを阻止することにある。近年、ハイテク技術覇権競争をめぐる米国の対中政策は、機微な技術を絞り込んだうえでこれを厳しく規制する方向に軸足を移しているが（「スモールヤード・ハイフェンス」）、先端半導体はまさしくこの「スモールヤード」に該当する。

　米国はまた、こうした動きと並行して、自国の半導体サプライチェーンの強靱化策にも乗り出している。そのきっかけとなったのが、2020年以降の新型コロナ感染症の世界的な拡大のなかで起きた半導体不足であった。この混乱のなかで、ロジック半導体のサプライチェーンのなかでTSMCがチョークポイントの位置を占めていることが注目されるようになった。またほぼ同じ時期に中国の台湾に対する軍事的威嚇が強まり、いわゆる台湾有事への懸念が高まったことも、半導体をめぐる経済安全保障の議論を惹起することとなった。こうした動きは日本や欧州にも広がっており、各国政府が経済安全保障政策の一環として、多額の補助金を提供してTSMC等を誘致するようになっている。

　このように半導体、とりわけ最先端のロジック半導体は、次世代イノ

ベーションや軍事能力と直結する中核技術としての戦略的価値の高まり、米中のハイテク技術覇権競争の激化、台湾海峡情勢への懸念の高まりといった近年の国際情勢の変化がいくえにも重なる領域である。

　米国の封じ込め策によって大きな困難に直面しているとはいえ、中国では、政府の強力なイニシャティブのもとで、半導体の技術開発への多大な努力が続けられている。半導体をめぐる米中間の攻防戦は、今後も両国の対立の焦点でありつづけるだろう。

参考文献

川上桃子「米中ハイテク覇権競争と台湾半導体産業―『二つの磁場』のもとで―」川島真・森聡編『アフターコロナ時代の米中関係と世界秩序』東京大学出版会（2020年）131-139頁。

川上桃子「米中経済対立と東アジアのグローバル・バリューチェーン―台湾電子産業の事例分析―」丁可編『米中経済対立―国際分業体制の再編と東アジアの対応―』アジア経済研究所（2023年）125-153頁。

第5章

米中対立はラテンアメリカに何をもたらすのか
——アルゼンチンを事例として——

大場　樹精

ポイント

①現時点で、米中対立がラテンアメリカ地域の秩序に影響を及ぼしていると
　は言えない。だが、米中間で争点になっているイシューにおいて選択を迫
　られることで地域の分断が深まる恐れがある。

②ラテンアメリカ地域が国際秩序に影響を与えることは依然として少ない。
　しかし、資源保有地としての重要性が高いほか、米国にとっては隣接地域
　であることから、地域を無視することは難しい。

はじめに

　21 世紀初頭に始まった中国の台頭と対中関係の強化は、対米関係を軸としてきたラテンアメリカの国際関係を大きく転換させた。市場と資源を求める中国の海外進出は、ラテンアメリカの資源輸出国に経済成長をもたらし、ラテンアメリカ諸国の米国依存脱却を可能とした。米国の「裏庭」として知られてきたラテンアメリカ地域だが、21 世紀初頭には「誰の裏庭でもない」地域へ姿を変えたと言われた。

　それ以来、継続して中国との関係を強化させてきたラテンアメリカであるが、米中対立が高まる中で、世界各国と同様にその狭間に置かれている。ラテンアメリカにとっては中立を保つことが最善策だと言われるものの、米中間で争点となっているイシューにおいて選択を迫られる場面も生じている。ラテンアメリカ諸国は、その場面において、米国との関係を決定的に悪化させることなく、いかに中国との関係を維持・強化するのかという難しい舵取りを求められる。各国はどのように対応しているのだろうか。なお、ラテンアメリカでは特に左派政権が対中関係を深めたとされる。本稿では政権のイデオロギーと対中関係のあり方の関係も検証する。

　この問いに答えることを目的に、本稿はラテンアメリカに対する米中それぞれの関心と関与の変遷を論じることから始める。その上で、中国の進出についての米国の受け止めと南米諸国の対応を明らかにする。事例としてはアルゼンチンを取り上げ、対中関係の構築過程と近年の緊密化について明らかにしていく。

I　米州の国際関係——ラテンアメリカ・米国関係の基本的な性質

　米中対立がラテンアメリカ諸国の対中関係に及ぼす影響を考えるにあたり、ラテンアメリカにおける米国の重要性を確認しておく必要がある。ラテンアメリカ諸国の対中関係が 21 世紀に本格化した新しいものであることとは対照的に、米国との関係は、多くのラテンアメリカ諸国にとって独立以来、対

外関係の最大の関心事であった[1]。

　米国は、経済利益や安全保障を理由として、近接する中米・カリブ地域に対してとりわけ介入を繰り返した。ラテンアメリカが「米国の裏庭」と呼ばれてきたことはよく知られているが、狭義には南米諸国を含めない中米・カリブ地域を指していると言えよう。これらの国々と米国の経済・軍事力の差は圧倒的で、中米・カリブ諸国は基本的には米国との決定的な対立を避ける立場を取らざるを得なかった。

　しかし、全てのラテンアメリカ諸国が米国に追随してきたわけではない。米国依存から脱却するための外交の多角化や、米国から距離を置く試みは各地で発生した。米国から距離が遠い南米南部の大国では特にその傾向が強く、アルゼンチンでは 1940 年代と 1970 年代、ブラジルでは 1950 年代に外交多角化の試みが見られた。これらの国々はヨーロッパや日本との関係も比較的強い。また、1970 年代に米国の覇権が弱まると、米国と隣接するメキシコのほか、ペルー、さらにはシーレーンとして重要なカリブ海に面していることから米国が重視してきたコロンビアにおいても、第三世界外交などイデオロギーの左右を問わず、米国依存からの脱却が模索された。

　しかし、1980 年代の対外債務危機以降、これらの域内大国も主要債権国である米国の意向を重視せざるをえない状況に置かれ、対外政策の選択肢は狭まっていた[2]。債務危機も一因となって民政移管を果たした各国は、国内での構造改革、貿易や資本市場の自由化といった新自由主義経済改革を推し進めた。

　またこの時期は、米国の対ラテンアメリカ政策も民主主義と経済面では新自由主義を柱とするラテンアメリカとの「連帯」へと転換する。欧州統合の進展やアジア経済の成長を背景に、米国を含む西半球の経済力を強める必要性が認識されていたことが背景にある。その中で、ラテンアメリカに対する債務削減、投資の促進、自由貿易の推進が掲げられ、地域諸国との協議が行われるようになった。1994 年 12 月には、カナダを含む米州 34 か国の首脳が一堂に会す米州サミットが初めて行われ、参加国は 2005 年までに米州自由貿易協定を締結することで合意に至った。

　しかし、米国内での反発が原因となり、自由貿易に関する協議はメキシコとの北米自由貿易協定（NAFTA）を除いて進展を見せず、ラテンアメリカ諸国側は不満を募らせることとなる。また、アルゼンチンでの金融危機に米国が支援の手を差し伸べなかったこと、さらに2002年4月のベネズエラにおけるクーデター未遂事件に対する対応は、地域における米国への不信感を再び高めることとなった[3]。

II　中国のラテンアメリカ進出

　中国とラテンアメリカ諸国の外交関係は、キューバ（60年）、チリ（70年）を例外として、1971年の米中接近後に中華民国から中華人民共和国に外交関係を切り替えたことで始まったが、国交樹立後も緊密な関係構築が直ちに進んだわけではなかった[4]。

　両地域の関係において転機となったのは、中国が2001年の世界貿易機関（WTO）加盟とともに、資源と市場を求めて海外進出を始めたことであった。両地域間の貿易は、2000年の140億ドルから5000億ドル、規模にしておよそ35倍へと飛躍的に増大した[5]。国別では、ブラジルを筆頭に、チリ、ペルー、アルゼンチン、エクアドル、ベネズエラなどの資源保有国による対中輸出が急増した。なお、この中で対中貿易において黒字を記録しているのは、ブラジル、チリ、ペルーの3国に限られる。中国はまた、インフラやエネルギー分野に対して積極的な融資も行った。2005年から2018年にかけて、国別では48％をベネズエラが占め、ブラジル（20％）、エクアドル（13％）、アルゼンチン（12％）も合わせた4か国で全体の9割以上を占めた[6]。両地域の関係強化は、南米の限られた資源保有国との間で進展していた。

　2004年の胡錦濤主席による中南米歴訪を契機に、中国による戦略的な関与も本格化した。2008年には、政治、経済、人文・社会、平和・安全保障などを網羅するラテンアメリカに対する初めての包括的な政策文書が発表された。ここでもやはり経済面が重視されており、貿易、投資、金融協力など14分野に及んだ[7]。

　対中輸出の増加はラテンアメリカ諸国の主に一次産品輸出国に 10 年間に
およぶ経済成長をもたらしただけでなく、債権国や国際金融機関に制約され
ていた国際関係においても変化をもたらした。域内で、UNASUR（南米国家
連合）や CELAC（ラテンアメリカ・カリブ諸国共同体）など、意図的に米国を排
除した点で歴史的にも画期的な中南米諸国間の地域協力機構が発足するな
ど、ラテンアメリカ諸国の米国依存脱却を促したのである[8]。遅野井によると、
独自色を強める動きをイギリス誌『エコノミスト』が「誰の裏庭でもない、中
南米の台頭」と呼び特集を組んだのはこの時期である[9]。

　なお、こうした中国との関係強化と米国離れは、21 世紀初頭からおよそ
15 年間にわたって域内を席巻した左派政権の下で進展した。ラテンアメリ
カ諸国の左派は、19 世紀以来の米国による帝国主義的な関与や経済支配の
結果として生まれた社会の反米感情を一つの成立基盤としており、20 世紀
以来域内各地で左派政権や革命政権を成立させてきた。21 世紀にはベネズ
エラ、ブラジル、アルゼンチンなど南米の資源輸出国で左派政権が成立した。
これらの政権は、経済面では新自由主義改革を見直したほか、ベネズエラな
ど急進左派政権は程度の差はあるものの反米言説も掲げていた。

　ただし、中国は米国におけるラテンアメリカへの中国の進出に対する受け
止めを慎重に分析し、米国に対抗する政策を提示することがなかったばかり
か、左派政権との間で反米主義において共鳴しあうことも慎重に避けていた
と遅野井は指摘する[10]。岸川によると、こうした中国の対ラテンアメリカ政
策の背後には、中国共産党および政府の政策に沿って調査・分析を行ってい
る学術界が存在している[11]。

　なお、両地域の関係はコロナ禍でも強化された。ラテンアメリカでは
2020 年 3 月に欧州経由で新型コロナウイルス感染症（COVID-19）が確認され
て以降、経済活動を優先したブラジルやメキシコだけでなく、国境閉鎖や休
校、自宅待機など早くから措置を講じた国でも感染が急拡大した。中国は政
府・企業が総出で医療物資を提供するマスク外交を展開した後、欧米製ワク
チンが行き届かないラテンアメリカに対してワクチン外交も行った。民間の
シノバック社は、サンパウロ州保健省管轄の生物学研究所であるブタンタン

研究所や、従来から提携関係にあったチリのカトリック大学と共同で治験お
よびワクチン製造を進めた。米国が自国での感染拡大を前に存在感を示せな
い中、ラテンアメリカにおける中国の存在感は拡大したと指摘されている[12]。

Ⅲ　中国のラテンアメリカ進出と米国

静観する米国（2001 年〜 2016 年）

　では、米国は中国のラテンアメリカ進出をどのように見ていたのだろうか。
まず、ジョージ・W・ブッシュ（George W. Bush）（2001 年〜 2009 年）およびバラク・
オバマ（Barack Obama）（2009 年〜 2017 年）両政権は、中国の進出がラテンアメリ
カの経済発展を促すとして、基本的には好意的に受け止めていた。議会でも
その認識は共有されていた[13]。

　当時、米中両国はラテンアメリカについて協議する場も設けていた。米国
国務省と中国外交部の代表間での対話で、胡錦涛主席の訪米直前の 2006 年
4 月 14 日に第 1 回目が実施され、その後 2015 年まで続いた。その内容の多
くは明らかにされていないものの、米中双方がラテンアメリカにおける関心
と政策を確認しあうことで透明性を高め、無用な齟齬を防ぐ目的としていた
とされる。米国は、この場において中国のラテンアメリカ政策への関心を表
し、中国側はラテンアメリカへの進出を平和な狙いであることを主張し、米
国の懸念を払しょくしようとしていた[14]。

　なお、中国がラテンアメリカへ進出をはじめる 21 世紀初頭は、2001 年の
同時多発テロを受け、米国のラテンアメリカへの関与が低下したと言われて
きた。しかし、ミラニ（Livia Peres Milani）によると、対ラテンアメリカ支援総
額は大きく減少していない。実態はイシューと対象国の集中で、1990 年代
から続く麻薬との戦いがテロとの戦いとして位置付けられ、コロンビアに対
して多くの支援が実施された。また、オバマ政権は、前政権期に低下した米
国のラテンアメリカにおけるソフトパワーの回復にも努めるなど、ラテンア
メリカへの関与を示した[15]。

警戒を強める米国 (2017年〜)

しかし、2010年代半ばごろから、中国の進出を警戒する論調が目立つようになる[16]。米陸軍戦略大学のエバン・エリス (E. Evan Ellis) が代表的な論客で、合同軍事訓練や中国によるラテンアメリカへの武器の販売についての懸念を示した。また、中国による融資の増加によって米国が融資の条件として米国の望ましいとする政策を推進することが難しくなり、米国の影響力が低下していることも指摘された[17]。

ドナルド・トランプ (Donald Trump) 政権期 (2017年〜2021年) になると、こうした論調の影響が顕著になる。2017年の国家安全保障戦略において、中国が国家による投融資によってラテンアメリカ諸国を自国の影響圏に引き込もうとしていること、ロシアとともにベネズエラを支援していること、また地域での軍事協力と武器の販売を拡大させようとしていることに対する危惧が表明された[18]。

トランプ政権はまた、通信分野における中国の影響力に強く懸念を表し、2020年8月にはアプリや通信キャリア、海底ケーブルなどの分野で中国企業を排除するクリーンネットワーク計画を発表すると、ラテンアメリカに対しても参加を呼びかけた。同年9月にはマイク・ポンペオ (Mike Pompeo) 国務長官がブラジルを訪問したほか、11月にはキース・クラック (Keith Krach) 国務次官 (経済成長・エネルギー・環境分野担当) がブラジル、チリ、エクアドル、パナマ、ドミニカ共和国を訪問し、参加を呼びかけた。これを受け、エクアドルとドミニカ共和国、ブラジルが2020年11月時点で参加を表明した[19]。

また、2020年10月に実施された米州開発銀行 (IDB) の総裁選挙においても、中国排除を念頭に置いた動きが見られた。同行の総裁ポストは、歴史的にはラテンアメリカから選出されていたが、トランプ大統領は国家安全保障会議でラテンアメリカ担当を務めるキューバ系米国人を推薦した。不文律を破ったうえに、地域開発機構に政治を持ち込んだことで、加盟国からは批判が表明された[20]。ただし、結果としてはラテンアメリカではチリ、アルゼンチン、メキシコ以外の国が賛成票を投じ、同候補が選出された。

なおトランプ政権のラテンアメリカに対する関心は、ごく限られたもので

あったとともに、基本的に対話の姿勢は消え去った。同政権は、キューバ、ベネズエラ、ニカラグアに対して制裁を強化したほか、米国の中南米出身移民を侮辱、その送り出し国を批判した。ベネズエラでは軍による介入もほのめかした。こうしたトランプ政権の発言や行動が、ラテンアメリカ諸国を反米の下に団結させ、中国との関係強化を志向させたとジェトリオ・ヴァルガス研究所のストゥンケル (Oliver Stuenkel) は指摘している[21]。

IV　ラテンアメリカ諸国の対応

　それでは、米中対立と米州における米国と中国の影響力の変化は、ラテンアメリカ諸国の対中関係にどのような影響を及ぼしているのだろうか。ここで、中国との関係強化を積極的に進めてきた南米南部の資源輸出国の対応を見ていくこととしたい。

ブラジル

　ブラジルは、中国がラテンアメリカの中で最重視している国である。両国は、ルーラ (Ignacio Lula) (2003 年～ 2010 年) およびルセフ (Dilma Roussef) (2010 年～ 2016 年) の労働者党政権期に、首脳の訪問、G20 や BRICS など国際会議の機会を利用した交流、二か国協議を通して関係を強化してきた。両国関係は、政治経済のみならず、農業、科学技術、文化などに及ぶ活発な交流や協力に及んでいる。また、2014 年の CELAC と中国による会合を経て、中国・CELAC フォーラムの発足が決まったように、中国はブラジルを介してラテンアメリカ諸国との関係強化を実現した。

　その両国関係だが、米中対立の高まる中でのボルソナーロ (Jair Bolsonaro) 政権 (2019 年～ 2023 年) の発足による悪化が危惧された。ボルソナーロ大統領は選挙戦中、ブラジルへの中国資本の進出を批判する半面、米国との関係強化を目指し、駐イスラエル大使館の移設などでトランプ大統領に追随する姿勢を強調していた。また COVID-19 の感染拡大に際しては、中国を批判する過激な発言が大統領周辺から発せられた。

　これに対して、副大統領、議会、ビジネス界は、中国と現実的な関係維持のための働きかけを続けた。たとえば、2019年5月のモウラン副大統領による訪中の目的は、4年ぶりの開催となった「中国・ブラジルの協調および協力のためのハイレベル委員会（COSBAN）」へ出席のほか、ボルソナーロ大統領の発言によってギクシャクした両国関係を立て直すことだったとされる[22]。

　中国との関係を重視する背景には、ブラジル経済にとっての中国の重要性が指摘できる。ブラジルにとって中国は2009年以来最大の輸出相手国であり、対世界輸出額に占める中国の割合は約3割を占める。COVID-19の影響によって米国および中南米域内への輸出が伸び悩む中でも、大豆、原油、鉄鉱石をはじめとする対中輸出は史上最高額を更新していた。

　なお、ブラジルがクリーンネットワークに参加したことは前述の通りだが、その後、政府専用通信網においてのみファーウェイを排除するという方針に修正されている。この修正は、中国製ワクチンの到着遅れを防ぐためだったと見られている[23]。経済や医療面でのブラジルにとって、中国がいかに重要なパートナーであるかを表している。

チリ

　チリも、中国と積極的に関係を深めてきた国の一つである。チリは、1970年代から新自由主義経済政策と自由貿易を追及してきた国で、2005年にはラテンアメリカで初めて中国との自由貿易協定を結び、2007年には中国が米国を抜いて最大の輸出先となった。その背景には、チリ政府および経済界の熱心な働きかけがあった。両国関係は、コロナ危機においてもワクチンでの協力や対中輸出の増加などで深まりを見せた[24]。

　なお、チリ政府は、政権のイデオロギーにかかわらず対中関係においては経済関係を重視し、人権などが争点とならないよう非政治化戦略をとってきた。しかし、光海底ケーブルの敷設プロジェクトでは、チリ外務大臣が当初は積極的であった中国案ではなく、オーストラリアを経由する日本案が採択された。背後には米国の圧力があったと見られ、安全保障や戦略的産業にお

いては米国を優先する姿勢が表れていると言える。対中関係の限界域を示す
出来事だったと岸川は指摘している[25]。

V　アルゼンチンの対中関係

　それでは、南米のもう一つの資源輸出国であるアルゼンチンの対中関係は、
どのように構築され、それは米中対立の高まりの中で変化したのだろうか。

関係強化のはじまり──2003年〜2007年

　アルゼンチンは21世紀の幕開けを経済危機という混乱の中で迎え、債務
返済をめぐって債権者との合意に至る2015年までの間、国際資本市場への
アクセスが断たれることとなった。こうして西側諸国からの資金調達が期待
できない中、まさに海外進出を始めた中国ばかりの重要性が急激に増大した。
　当時のアルゼンチン社会では、2002年の通貨危機にいたる原因として新
自由主義経済政策が批判を集め、アルゼンチンをはじめとするラテンアメリ
カに対して同政策を導入させたうえに、危機に際して支援の手を差し伸べな
かった米国への反発が非常に高まっていた。2003年の大統領選挙でアルゼ
ンチンの伝統的ポピュリスト政党であるペロン党から出馬し決選投票で選出
されたネストル・キルチネル（Néstor Kirchner）候補も、新自由主義政策を激し
く批判していた。
　両国は、そのキルチネル政権期（2003年〜2007年）の2004年に「戦略パート
ナーシップ」を結び、関係を強化していった。パートナーシップは、インフ
ラ、教育、観光、貿易での協力関係の拡大を目指すもので、水力発電ダム建
設および鉄道網の整備に対する大規模な中国資本の投入がとりわけ強調され
た。両国の接近は、貿易の増加にも表れた。貿易総額は、2002年から2010
年にかけて倍増し、2007年には従来の主要貿易パートナーであった欧米諸
国にかわり中国がブラジルに次ぐ第2の貿易相手国となった。輸出相手とし
ても、2000年の5位から2010年には米国を上回る2位に浮上した[26]。
　なお、この時期のアルゼンチンをはじめ、ラテンアメリカ諸国では中国は

新たな経済大国として見られており、中国における科学技術等の進歩に対する強い憧れが共有されていた[27]。

不和を抱えたクリスティーナ政権期（2007 年〜 2015 年）

その後大統領に就いたクリスティーナ（Cristina Fernández de Kirchner）政権期（2007 年〜 2015 年）の対中関係は、左派政権ではあるものの、一定の不和や緊張を帯びたものであった。原因は経済政策にあった。第一に、国内産業保護を目的として多くの中国製品にアンチダンピング措置を採ったこと[28]、第二に社会保障費などに充てる財源確保と国内価格の安定を目的として、2008 年に輸出税改革を発表したこと、さらに農牧業界がこれに反対する抗議行動を展開し輸出が停滞したこと[29] が挙げられる。くわえて、この輸出税改革が副大統領との対立に発展したことで同大統領は 2010 年 1 月の中国訪問をキャンセルした。

中国は報復としてアルゼンチン産大豆油に対して輸入禁止措置をとった[30]。そのため、大統領は 2010 年 7 月に急遽訪中し、温家宝国務院総理との会談において訪中キャンセルを謝罪するとともに、禁輸をめぐる対立の沈静化を模索した[31]。

2014 年 7 月に習近平国家主席がアルゼンチンを訪れ、両国関係は「全面戦略パートナーシップ」へ格上げされた[32]。合意の一環としてアルゼンチン南部ネウケン州の宇宙開発基地設立に関する協定が結ばれた。この協定は、2015 年 2 月の臨時国会で当時の与党が主導して批准されたが、アルゼンチン国内で大きな論争を巻き起こした。問題とされたのは、宇宙開発基地の管理が人民解放軍の管轄でありアルゼンチン人は利用できないという点であった。また議会での承認プロセスに不透明な点が多かったことから、批判の矛先は中国ではなく、不透明な手続きを繰り返すクリスティーナ大統領に向けられた[33]。

これらの出来事は、アルゼンチン社会における対中認識にも影響を及ぼしたと見られる。中国の印象が「とても良い・良い」と回答する人の割合は、2011 年には合わせて 61％に上っていたが、2015 年には同 49％へと低下し

た[34]。これについては、純粋に中国に対する認識や感情と捉えるよりもクリスティーナ政権と結びついたイメージの悪化という側面が大きいと指摘されている。なお、中国側は、イメージ悪化を把握し、アルゼンチンの新聞やテレビといったメディアでの存在感を拡大し、イメージの改善に取り組んだ[35]。

経済関係強化が結実したマクリ政権期（2015年〜2019年）

　2015年12月に就任した中道右派政党 PRO（Propuesta Republicana）のマウリシオ・マクリ（Mauricio Macri）大統領は、就任直後の2015年12月から2016年4月までは米国、欧州諸国との間で前政権期に悪化した関係の修復にあたった[36]。

　対中関係は、2016年4月に実施されたワシントンにおける亜中首脳会談で、クリスティーナ政権期の協定の一部について見直しを要請することから始まった。ネウケン州の宇宙開発基地をめぐる協定が特に問題視されていたが、それを文民利用に限定することなどで翌5月に亜中間での合意に至った[37]。

　その上で、マクリ政権は当時課題とされていた対中貿易赤字の改善および輸出品目の多角化と高付加価値化に向けた働きかけを政府主導で進めていった。2016年9月には、中国で行われた G20 の際に習国家主席と会談し、戦略的パートナー関係の深化、貿易収支の改善が協議された。翌2017年5月には、14〜17日の日程でエネルギー相をはじめとする閣僚らとともに中国を訪問し、北京で行われた一帯一路国際協力ハイレベルフォーラム関連行事に出席した。国賓として迎えられ、首脳会談も行われた。この訪問で両国は計21の合意に署名し、アルゼンチンは原子力発電所を含むインフラ分野で150億ドルの融資を取り付けた。

　続く2018年は、アルゼンチン産の牛肉やブルーベリーに中国市場が開かれ、アルゼンチンにとっては関係強化の成果が見えた年となった。交渉開始から10年前後を経て中国市場へのアクセスを得た品目もあり、「ついに」、「初めて」といった言葉とともに大々的に報じられた[38]。2019年には、課題とされていた対中赤字の改善も見られた。

　こうした対中輸出品目の拡大は、2018年11月末にブエノスアイレスで開

催された G20 首脳サミットを視野に入れた交渉と合意に後押しされたもの
でもあった。サミットは米中貿易戦争が高まる中で開催されたが、マクリ大
統領は中立の立場をとる姿勢を明らかにした。それと同時に、中国の言いな
りにはならないことも強調した[39]。

　なお、マクリ政権期を通して中国および対中関係に関しては、報道におい
ても期待する論調が目立った。中道右派のラ・ナシオン紙は基本的にはマク
リ政権の取り組みを評価し、貿易の深化を歓迎した。「未来の言語」として
中国語への関心の高まりが報じられるなど[40]、中国の将来性に期待が寄せら
れていた。

　また、世論調査 *Argentine Pulse* によると、対中イメージが「良い」とする人の
割合はこの時期には 76％に上った。マクリ大統領支持者―すなわち政治的
な立場としては中道右派寄りと考えられる―の中で「良い」と回答した人は
83％に上り、同政権を支持しない層よりも高い支持が見られた。また、対米
関係と対中関係のいずれを優先すべきかという問いに対しては、対中関係を
優先させるべきとした人が 54％を占めた。ただし、米中いずれかを選ぶこ
とには反対という人が 62％に上っていた。中国を重視しつつも、米国との
関係を重視しないわけではないという姿勢が見て取れる[41]。

フェルナンデス政権期の関係緊密化 (2019 年〜 2023 年)

コロナ危機における中国の重要性の高まり

　2019 年 12 月、大統領選挙の末に副大統領に元大統領クリスティーナ氏を
擁する左派アルベルト・フェルナンデス (Alberto Fernández) 政権が成立した。
フェルナンデス大統領は経済再生と債務再編問題を最優先課題としていたた
め、対米関係に相当配慮するかに思われていた[42]。

　しかし、COVID-19 の拡大によって中国の重要性は政権発足後の短期間で
高まった。政権は、初めてアルゼンチンで感染者が見つかった 2020 年 3 月 3
日以降、外出禁止や国境封鎖など素早い措置を発表しつつ中国へ支援を求め、
4 月には多くの検査薬や防護服、人工呼吸器といった支援物資が到着した。
米国からの支援が遅れる中、中国からの支援の重要性は際立っていた。2020

年末にクリスティーナ副大統領と関係が近い中国研究者であるサビノ・バカ・ナルバハ (Sabino Vaca Narvaja)[43] が新たな駐中国大使に任命されると、ワクチンの交渉も急展開を見せた。

　ただし、メディア上で中国による支援に対して強い謝意が示されている様子はないうえ、ほぼ手放しで中国へ期待を寄せていた主要メディアの論調に変化が見られた。医療・衛生物資の到着が当初は大体的に報じられたものの、たとえば3月19日の時点でラ・ナシオン紙は、中国がウイルス発生に関する情報を隠蔽したとの汚名を返上するために、感染症対策で国際社会における指導力を発揮する機会に転換しようとしているという内容を報じた[44]。

　さらに、2020年に実施された世論調査結果では対中感情の悪化も明らかになった。*Argentine Pulse* によると、2019年4月時点で76%だった対中国の好意的イメージは、2020年4月には53%へと低下し、中国に対して否定的なイメージを持つ人の割合が38%へと増加を見せた。なお、支持政党による違いは見られなかった。

対中配慮の拡大

　他方で、フェルナンデス政権の親中姿勢および米国と距離を置く姿勢は強まっていった。一つの例は、前述のIDB総裁選で見られた。フェルナンデス大統領は、独自候補の擁立や投票日の延期などを提案しラテンアメリカ諸国の団結を図ったが、大半の国が米国と足並みを揃えたことでその試みは失敗に終わった。そればかりでなく、ラテンアメリカの分断とフェルナンデス政権の孤立を示すこととともなった。

　中国を重視する姿勢として決定的とも言えるのは、両国の国交樹立50年となった2022年の2月に外相らとともに訪中し、主要西側諸国が参加を見送る中で北京五輪の開会式に参加したことである[45]。この訪問では、「一帯一路」構想への参加の署名もなされた。ラテンアメリカではブラジルとメキシコを除く大半の国がすでに署名しているものの、アルゼンチンのメディア上では、国内経済や今後の対中関係や対米関係への影響などの点で議論を巻き起こした。

　こうして中国との関係強化を進めた背景には、反米志向が強い副大統領を中心とする勢力の影響にくわえ、アルゼンチンの厳しい経済状況がある。GDP は 2018 年以来 3 年連続でマイナス成長を記録したほか、2022 年の対外債務残高は GDP 比 65％に上り、年間インフレ率も最悪の水準で悪化を続けていた。中国は、2020 年 8 月に通貨スワップ協定を締結し、2023 年にそれを更新するなど、アルゼンチンにとって重要な資金の提供者であり続けていた。

　なお、アルゼンチンでは 2023 年 11 月の選挙を経て、同 12 月に右派ハビエル・ミレイ（Javier Milei）大統領が就任した。選挙期間中は中国との関係を徹底的に見直す姿勢を見せていたものの、就任後は中国との対話姿勢へと転換していることから、アルゼンチンにとって全面的な中国排除は現実的な選択肢ではないと見られる。

おわりに

　本稿で見てきたように、南米において米国の影響力は弱まっているものの依然として一定の存在感を示しており他方で中国は経済パートナーとしてやはり無視できない存在である。その中で米中対立はラテンアメリカに何をもたらしているのか。本稿で取り上げた南米諸国について言えば、対中関係を最も深化させてきたブラジルおよびチリは、米国にとってのレッドラインを見極めながら、中国との関係を基本的には経済面にとどめ、プラグマティックに維持あるいは強化しようとしている。これは、ラテンアメリカ各国が採りうる現実的で最善の米中対立への対応だと言えよう。そこに政権のイデオロギーによる違いは目立たない。

　しかし、このように対応を主体的に選択できるか否かは、各国の経済政策や財政状況に左右されよう。たとえばアルゼンチンは、経済状況の悪化に比例して対中依存を深めていった。また、アルゼンチンの場合には、左派の一部で根強い反米主義の影響も見られ、対外政策が政権のイデオロギーによって変化するという特徴が見られる。

　なお、本稿では南米諸国を中心に分析してきたが、ラテンアメリカの中で
も米国により近いメキシコおよび中米・カリブ諸国は、最終的には南米以上
に米国との関係がに優先されると考えられる。米中対立が、対米関係に決定
的な影響を及ぼす可能性はより低いと考えられる。

　ただし、米州における米国の影響力回復は苦戦が続いている。オバマ政権
期に副大統領であり、ラテンアメリカ担当特使であったジョー・バイデン (Joe
Biden) 大統領の就任 (2021年1月) は、ラテンアメリカ諸国との関係改善を期
待させるものであった。政権発足当初は、移民の送り出し国である中米北部
の3か国に多くの関心が向けられたものの、これらの国々との連携は深まら
なかった。その後は、人権および民主主義という価値観において地域諸国と
連携を強めようと、民主主義サミットや米州サミットが開催されているもの
の、カウンターパートの不在もあり、地域に対する影響力を高めることはで
きていない[46]。2023年11月に開催された「経済的繁栄のための米州パートナー
シップ」サミットについても、ラテンアメリカ側からは厳しい声が寄せられ
ている[47]。

　こうした中で、米中対立が地域に及ぼす今後の影響は無視できない。とり
わけ、米中どちらを排他的に選択するかを迫られることで、地域の分断が強
まることが懸念される。たとえば今後、中国の意向を優先しファーウェイ排
除を選択しない国が出てきた場合、ラテンアメリカ内での通信事業ならびに
国境を越えた麻薬輸送など組織犯罪、あるいは難民への対策における懸念が
指摘されている[48]。分断により、左派政権の退潮以来すでに停滞している地
域協力機構が一層の機能不全に陥る可能性も指摘できる。米中が対立してい
る状況は、ラテンアメリカ諸国間の協力や発展にとって望ましい状況とは言
い難い。

　最後に、ラテンアメリカ諸国にとって対中関係の強化は、経済面での中国
の重要性のほか、米国依存脱却を動機としている面も強いことを指摘してお
きたい。言い換えれば、隣接する米国との関係とは異なり、中国との関係は
他の地域や国による代替が可能だとも言えよう。大西洋に面している国々に
とっては欧州諸国、また太平洋側の国々にとっては日本の重要性も高い。こ

こに、米国か中国かという二項対立ではない第三の道が拓かれる可能性は期待できないだろうか。

注

1 岸川毅「ラテンアメリカから見る米中関係－米国の裏庭に延びる「一帯一路」」（米中関係研究会コメンタリー No. 7）（中曽根平和研究所、2001 年 3 月 25 日）。https://npi.or.jp/research/data/npicommentary_kishikawa_20210325.pdf。

2 堀坂浩太郎「中進国ブラジルの対外政策」細野昭雄・畑惠子編著『ラテンアメリカの国際関係』（新評論、1993 年）278 ～ 280 頁。

3 浦部浩之「ラテンアメリカにおけるポストネオリベラリズム期の地域統合」『ラテンアメリカ─内政と国際関係の再検証』（国際政治 207 号）68 ～ 71 頁。

4 松田康博「中国の対ラテンアメリカ政策─21 世紀の言説と現実─」『イベロアメリカ研究』第 42 巻特集号（2021 年 2 月）5 頁。

5 Comisión Económica para América Latina y el Caribe (CEPAL) *Perspectivas del Comercio Internacional de América Latina y el Caribe* (Santiago, 2023), p. 89.

6 国際協力銀行ニューヨーク駐在員事務所「中国資本のラテンアメリカ進出動向」『海外投融資』2019 年 7 月号（2019 年）32 頁。https://www.jbic.go.jp/ja/information/reference/image/20190726_ny.pdf。

7 松田康博「中国の対ラテンアメリカ政策─21 世紀の言説と現実─」『イベロアメリカ研究』第 42 巻特集号（2021 年 2 月）11 頁。ただし、中国は政治家や企業家といった利害関係者に資金や訪中の機会を提供し、影響力の拡大を図っている。

8 浦部浩之「2015 年ラテンアメリカ政治の動向と地域統合の展望─UNASUR と CELAC の現状と課題─」『マテシス・ウニウェルサリス』第 18 巻第 1 号（2016 年 11 月）46 頁。

9 遅野井茂雄「米州関係における中国の台頭」『国際秩序動揺期における米中の動静と米中関係─米中関係と米中をめぐる国際関係』（日本国際問題研究所、2016 年）231 頁。

10 遅野井 2016「米州関係における中国の台頭」236 頁。

11 岸川毅『中国語文献にみる中国・ラテンアメリカ関係』（ラテンアメリカ・モノグラフ・シリーズ No. 30）（上智大学イベロアメリカ研究所、2022 年）。

12 岸川毅「ラテンアメリカに迎え入れられる中国─平和的台頭からワクチン外交まで─」『ラテンアメリカ研究年報』No. 42（2022 年 7 月）120 頁。

13 E. Evan Ellis, "Cooperation and Mistrust between China and the U.S. in Latin America" in Margaret Myers and Carol Wise eds., *The Political Economy of China- Latin America Relations in*

the New Millennium (New York: Routledge, 2017), p.46

14 Gonzalo Sebastián Paz, "China United States and Hegemonic Challenge in Latin America: An Overview and Some Lessons from Previous Instances of Hegemonic Challenge in the Region", *China's Quarterly,* Vol. 209 (March 2012), pp.23-24.

15 Livia Peres Milani, "US Foreign Policy to South America since 9/11: Neglect or Militarisation?", *Contexto Internacional,* Vol. 43 (1) (January/April 2021), pp.126-130.

16 なお本稿では言及しないが、2007年のコスタリカを皮切りに、中米・カリブ地域の台湾承認国が中国に国交を切り替えたことも、ラテンアメリカへの中国の進出を顕著に表し、米国における警戒感を高めていた。

17 Ellis, "Cooperation and Mistrust between China and the U.S. in Latin America" pp. 37-39.

18 The White House, *National Security Strategy of the United States* (December 2017), p. 51.

19 *Reuters*, November 11, 2020.

20 遅野井茂雄「コロナショック―中南米に「分断の種」蒔いたトランプ政権―」フォーサイト(2020年7月22日)。

21 Oliver Stuenkel, "Trump Drove Latin America Into China's Arms-Biden Has a Chance to Wrest It Back," *Foreign Affairs* (November 13, 2020).

22 子安昭子「ブラジルの対中関係―重要なパートナーとの実利外交―」『イベロアメリカ研究』第42巻(2021年2月)24頁。

23 Oliver Stuenkel "Trump Drove Latin America Into China's Arms-Biden Has a Chance to Wrest It Back".

24 岸川「ラテンアメリカに迎え入れられる中国」122〜127頁。

25 岸川「ラテンアメリカに迎え入れられる中国」128頁。

26 Eduardo Daniel Oviedo, "El ascenso de China y sus efectos en la relación con Argentina", *Estudios Internacionales*, Vol. 47, No. 180 (Universidad de Chile, enero de 2015), p.78.

27 Pew Research Center *"America's Global Image Remains More Positive than China's: But Many See China Becoming World's Leading Power,* (July 2013), pp.24-27.

28 Pablo Alejandro Nacht "China y Argentina: "Oportunidades y desafíos" o cristalización de una asociación dependiente", *Relaciones Internacionales*, número 20 (2012), p.13.

29 内多充「失敗したアルゼンチンの新農産物輸出税」『国際貿易と投資』(国際貿易投資研究所、2008年)39〜42頁。

30 Luciano Damián Bolinaga "Política china en el Río de la Plata", *Nueva Sociedad*, No. 259 (Buenos Aires, 2015), p.77. 中国は、輸入停止措置の背景について表向きは品質面での問題だとしていたが、アルゼンチン側ではアンチダンピングが原因だと受け止められていた。

31 *La Nación*, 13 de junio de 2010.

32　経済、貿易、金融、核、文化面での協力に関する合意文書。アルゼンチンは「一つの中国」を支持することで、見返りとしてマルビーナス諸島の領有をめぐり、国際場裏において中国からの支持を受けている（Eduardo Daniel Oviedo, *Historia de las relaciones internacionales entre Argentina y China 1945-2010* (Buenos Aires: Editorial Dunken, 2010)）。

33　*La Nación*, 8 de septiembre de 2014; 23 de diciembre de 2014.

34　Latinobarómetro 2020.

35　Juan Pablo Cardenal, "Navigating Political Change in Argentina" in *Sharp Power: Rising Authoritarian Influence* (Washington, DC: National Endowment for Democracy, 2017), p. 44.

36　Lin Hua. "Las relaciones económicas y comerciales entre China y Argentina en la era de Mauricio Macri", *Relaciones internacionales*, vol. 26, no. 53 (diciembre 2017), p. 230.

37　*La Nación*, 19 y 20 de mayo de 2016.

38　*La Nación*, 30 de octubre de 2018; 31 de octubre de 2018.

39　*La Nación*, 1 de diciembre de 2018.

40　*La Nación*, 5 de mayo de 2018.

41　Poliarquía-Wilson Center Survey, *Argentines' Perception of the World Order, Foreign Policy, and Global Issues* (Argentina Pulse #4) (July 2019) pp. 3-4.

42　菊池啓一「荒海に乗り出したアルベルト・フェルナンデス政権—アルゼンチンの新「連立政権」の行方—」『ラテンアメリカ・レポート』Vol. 37, No. 1（2020 年 7 月）23 〜 25 頁。

43　ペロニスタ系左派ゲリラ組モントネロスのメンバーとして活動していた人物を父に持ち、父の亡命先であるキューバで幼少期を過ごした経験を持つ。クリスティーナ政権期に財務大臣のアドバイザーを経験し、その時期から中国語を学び始めた。兄弟がクリスティーナ・フェルナンデスの娘の配偶者で、クリスティーナ前大統領と近い関係にある（*Infobae*, 1 de enero de 2022）。

44　*La Nación*, 17 de marzo de 2020.

45　*La Nación*, 4 de febrero de 2022.

46　P. Michael McKinley, "The Challenges Facing Latin America and U.S. Policy in the Region" (Center for Strategic and Internacional Studies, September 2023).

47　Fernanda Magnotta, "Did Biden's Latin America Summit Offer Too Little, Too Late?, *Americas Quarterly* (November 13, 2023), https://americasquarterly.org/article/is-bidens-latin-america-summit-offering-too-little-too-late/.

48　Oliver Stuenkel, "Latin America Is Caught in the Middle of a Tech War".

第2部　米中対立と東アジア

第6章

米中対立とロシア
── 安全保障面における「問題としての中国」と「パートナーとしての中国」──

小泉　悠

ポイント

①米中対立は中露の緊密化をもたらした。他方、両国の利益にはすれ違いも多く、巻き込まれの恐怖も払拭されないため、そこには限界がある。

②米中露は三角関係にある。ある辺の距離が縮まると別の辺に影響するのであって、3か国の戦略的計算にとって大きな要素である。

はじめに

　2010 年代以降、米中間では、政治・経済・安全保障などあらゆる領域で
対立関係が先鋭化した。いわゆる米中対立である。中国の隣人であるロシア
もほぼ時を同じくして米国との関係を悪化させており、2014 年のウクライ
ナ侵攻(以下、第一次ロシア・ウクライナ戦争)によってこの傾向が顕著になった。
そして、2022 年に始まった新たなウクライナへの侵略(第二次ロシア・ウクラ
イナ戦争)以降、米露関係の悪化は決定的となっている。

　そこで本章では、これら二つの大国間対立(米中対立と米露対立)がどのよ
うな関係性にあるのかをテーマとして検討を行うことにした。ただ、二つの
ダイナミクスは非常に広範にわたり、なおかつ重層的なものでもある。した
がって、本章では、分析対象を安全保障面に限定する。

I　中露の安全保障関係をめぐる議論の動向

相互不信の払拭を目指す中露：ロシア軍人たちの中国観を中心に

　冷戦期に激しい軍事的対立(中ソ対立)を経験した中露は、安全保障上の関
係づくりを、敵対関係の清算という形でまず始めざるを得なかった。2001
年に締結された中露友好善隣協力条約第 2 条が「両締約国は、相互の関係に
おいて力又は力の行使の脅しを行わず、経済的その他の圧力手段を用いず、
国連憲章、その他の広く認められた原則及び国際法規範に従って専ら平和的
な手段でのみ意見の相違を解決する。両締約国は互いに核兵器を先行使用せ
ず、互いに戦略核ミサイルの照準を合わせないとの義務を確認する」と謳っ
ていることは、これを端的に象徴するものと言えよう。同じく 2001 年に設
立された上海協力機構(SCO)が中ソ国境における兵力削減と信頼醸成措置に
起源を持つものであることからしても[1]、両国の「安全保障協力」とは、互い
を敵として見做さない関係の構築をまず以て意味していた。1990 年代から
2000 年代にかけて、中露間の国境が全て確定されたことは、こうした流れ
の中で一つの画期を成すものであったと言える。

　ただ、中露の相互不信が本当に払拭されたのかどうかについては議論が分かれる。特に中ソ対立の矢面に立ち続けてきたロシア軍内部においては、冷戦後も中国を仮想敵とみなす傾向が強かった。1996 年に国防相に就任した陸軍出身のイーゴリ・ロジオノフ (Igor Rodionov) が、ソ連崩壊によって生じた力の空白を諸外国が埋めようとしてくる可能性があるとして、米国、トルコ、イラン、パキスタン、日本と並んで中国を挙げたことはその一例である[2]。その後任となった戦略ロケット軍出身のイーゴリ・セルゲーエフ (Igor Sergeev) 国防相もまた、西側と並んで中国が潜在的な仮想敵となることを予想し、限られた予算の範囲内で抑止力を強化するために戦略戦力への重点的な投資を行うことを主張していた[3]。また、極東におけるロシア軍の大演習が、その規模やシナリオからして中国との大規模戦争を念頭に置いたものであることは度々指摘されてきたし[4]、2009 年にはセルゲイ・スココフ (Sergei Skokov) 陸軍参謀長も「敵対行為の実施に際して伝統的なアプローチを用いる数百万人規模の軍隊」を「東方」における仮想敵として挙げていた[5]。退役軍人で軍事科学アカデミー会員のニコライ・キリロフ (Nikolai Kirilov) もまた、『独立軍事展望』に投稿した 2006 年の記事で、将来の中国が軍事大国化してロシアの脅威となる可能性を指摘している[6]。

　ただし、ロシアという国家全体として見た場合には、中国を差し迫った軍事的脅威と見做す声はそう多いようには思われない。ミヤル・ルビナ (Michał Lubina) が述べるように、現在のロシアは、中国の関心が東方（台湾）と南方（南シナ海及びインド洋）に集中していること、核戦争の危険を冒してまでロシアと事を構えるインセンティブが存在しないことを理解しているためである[7]。また、『ロシア連邦国家安全保障戦略』（現行バージョンは 2021 年公表）や『ロシア連邦軍事ドクトリン』（同 2014 年公表）といった安全保障政策文書を見ても、安全保障上の関心は米国や北大西洋条約機構 (NATO) との関係に集中しており、中国に関してはほぼ一貫して記述を避けるか、パートナーとしての位置付け（これについては後述）が貫かれてきた。

　あるいはポール・シュワルツ (Paul N. Schwartz) のように、中露が米国に対抗していく上では互いの後背地を安全化しておくことに共通の利益が存在して

おり、それゆえに多少の政治的・経済的利害を抱えながらも軍事面では敵対
関係を顕在化しないことが最適解だという見方もある[8]。さらに言えば、中
露は権威主義的な統治体制を共有し、民主化要求のような（中露から見た場合
の）内政干渉を受ける恐れもない[9]。

　2000年代半ば以降になると、ロシア軍人たちの中からも中国に対してよ
り柔軟な考え方が生まれてきた。中国をあからさまに軍事的脅威と見なす議
論がなくなったわけではないが[10]、中国の台頭を受け止めた上でより実際的
な関係の構築を主張するものの方が多くなっていったのである。

　例えば、参謀本部軍事戦略研究センター主任研究員兼科学アカデミー極東
研究所上席研究員のアナトリー・クリメンコ（Anatolii Klimenko）は、中国の軍
事力増強がロシアにおいて懸念を呼んでいること、中露の軍事バランスが逆
転することはもはや不可避のプロセスであることを率直に認める。ただし、
中国はソ連の教訓を学んで国力の成長ペース以上に軍事力を増強したり、軍
事力による現状変更に訴える可能性は低いとして、中国とは協調関係を築く
べきであるとした[11]。

　一方、中露国境の兵力削減交渉にロシア国防省側代表団の一員として関与
したアレクセイ・ミグノフ（Aleksandr Migunov）は、中国との関係が今やロシア
にとって戦略的な重要性を持つようになったことを指摘した上で、それがあ
くまでも西側の覇権に対抗するためのカウンターウェイトであることを忘れ
てはならないと2008年の論文で指摘している。したがって、中国との関係
性は西側との関係を損なうようなものであってはならず、また中国は西側に
取って代わるものではない、とミグノフは結論する[12]。このように、「直接
の軍事的脅威としての中国」という見方は、次第に「大きな潜在力を持った
中国との関係構築はどのようなものであるべきか」へと変遷していったと言
えよう。このような対中認識は1990年代にも見られたものではあるが[13]、中
国の台頭が現実のものとなる中で、より説得性を持っていったと考えられる。

「問題としての中国」

　しかし、中露間には別種の不信感が存在している、との指摘は少なくない。

中国が軍事的脅威ではないとしても、何らかの形でロシアの国益を損なう可能性があり、これが中露関係を制約しているという議論（ここでは「問題としての中国」論と呼ぶ）である。

　例えば米国のオリガ・オライカー（Olga Oliker）らは、①中国の国力伸長によって中央アジアにおけるロシアの影響力が損なわれる可能性、②極東において中国の経済的影響力が強まる可能性、③極東に対して中国が領土的野心を見せる可能性、④中国がロシアよりも米国への接近を選ぶ可能性（見捨てられの恐怖）、⑤米中関係の悪化が台湾での軍事紛争にエスカレートし、ロシアが米中のいずれを支持するのかの選択を迫られる可能性（巻き込まれの恐怖）などが存在するために、中露関係が「これ以上改善することはないだろう」との見通しを2009年の時点で示していた[14]。オランダのマルセル・デ・ハース（Marcel de Haas）も、オライカーらのいう①、②、⑤の可能性をロシアが強く懸念していることを指摘した上で、中露関係が将来的に悪化したり、ロシアが西側との関係強化を選ぶ可能性があると述べている[15]。

　軍事面で特に顕著なのは、⑤の巻き込まれの恐怖に関するものであろう。例えば前述の「平和使命2005」に関しては、中国が台湾に近い浙江省での実施を希望したのに対し、ロシア側は台湾問題に巻き込まれることを恐れて新疆ウイグル自治区での実施を主張したと言われる[16]。この結果、演習実施地域は最終的に山東省沖合となったが、岩下明裕によれば、これは中露同盟が成立したとのシグナルを米国に送らないためのロシア側の配慮を反映したロケーションであった[17]。

　これに続く2007年の「平和使命2007」はロシアのチェリャビンスク州で実施された。この際には中国が戦車その他の重装備を参加させることを希望したのに対し、ロシアはあくまでも演習を「対テロ演習」の枠内に留めるためにこれを拒否したと伝えられている[18]。一方、ロシアはこの演習を集団安全保障条約機構（CSTO: Collective Security Treaty Organization）と合同で実施したかったようだが、欧州正面におけるロシアと西側の対立に巻き込まれることを懸念した中国はこの提案を拒否した[19]。この翌年に発生したグルジア（現ジョージア）との戦争後、ロシアが二つの分離独立地域（アブハジア及び南オセチア）

を一方的に独立承認したことに対して中国が沈黙を貫いたのも、同様の構図で理解できよう。

　よりテクニカルな領域においても、中国はロシアにとって「問題」であり続けてきた。1990 年代以降、中露間の安全保障協力において大きな柱であり続けてきた軍事技術協力（武器輸出）の分野ではこれが顕著である。ロシアが輸出した Su-27 戦闘機（中国名は J-11）を中国が無断コピーした上、J-11B として国産化してしまったこと、あまつさえこれを輸出してロシアの武器市場を脅かそうとしたことは、ロシア側の強い不信と不満を呼んだ。

　アレクサンドル・ガブーエフ（Aleksandr Gabuev）とワシリー・カーシン（Vasilii Kashin）が述べるように、2000 年代以降の中国は無断コピーを辞め、ロシアとの間で正式に技術移転契約（技術資料の購入やエンジニアの招聘等）を結ぶようになった[20]。ただ、科学技術力と工業力を向上させた中国は次第にロシアの軍事技術に対する依存度を低下させており、近年では Su-35S 戦闘機や S-400 防空システムの輸入を最後に、完成品の武器をロシアから購入するこ

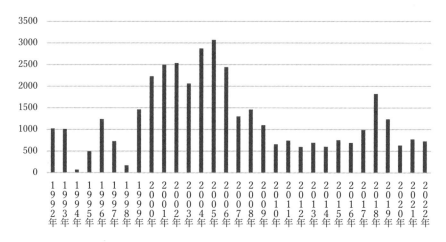

図 6-1　中露の武器移転量の推移

（出典）Stockholm International Peace Research Institute (SIPRI), *Arms Transfer Database,* https://www.sipri. org/databases/armstransfers. より筆者作成。

　なお、以上は中露の武器移転量を SIPRI が独自に評価してドル換算した「傾向評価額（TIV）」であり、実際の契約価格を反映しているわけではない。詳しい評価手法等については以下を参照されたい。SIPRI, *Sources and methods,* https://www.sipri.org/databases/armstransfers/sources-and-methods.

とはほぼなくなった。唯一、中国がロシアに依存し続けていたのは戦闘機用エンジンであるが、ロシアの AL-41F1S に相当する WS-20 ターボファン・エンジンの実用化に中国が成功したことで、この分野での協力も低調になりつつあり、ロシアから中国への武器移転量は最盛期の4分の1程に低下している（図 6-1）。もっとも、これは中露の相互不信というより、両国の科学技術・工業力が逆転したことによる軍事技術上の断絶現象と捉えるべきであろう。

2010 年代後半以降の変化

　以上のように、中露が古典的な軍事的対立関係にないことは明らかであるとしても、そこに安全保障上の懸念が全く存在しなかったわけではない。したがって、中露の関係強化には限界が存在し、特に軍事同盟に発展することはまず考え難いという見方が先行研究においては概ね共有されてきた[21]。

　しかし、2010 年代後半に入ると、このような理解には若干の変化が見られるようになった。軍事同盟化にまで至るかどうかは別として、中露関係が予想よりも深化しつつあるという現実が観察されるようになったためである。この傾向は、貿易やエネルギー協力の拡大だけでなく、安全保障面にも及んだ。それまでの中露は 2005 年以降、不定期に合同軍事演習「平和使命」を実施してきたが（主として陸上）、2012 年以降には「海上連携」の枠組みでほぼ毎年のように合同海上演習が行われるようになり、2010 年代後半以降にはその実施地域が黒海やバルト海にまで広がった。さらに 2018 年には中国の人民解放軍がロシア軍東部軍管区大演習「ヴォストーク 2018」に参加したのを皮切りに、中央軍管区や南部軍管区でのロシア軍大演習にも人民解放軍が姿を見せるようになっていった。さらに 2019 年には両国の爆撃機による合同空中パトロールが、2021 年には中露艦隊による合同海上パトロールが始まり、その頻度も徐々に増加している。

　その背景としては、中露両国の対米関係が 2010 年代に入ってからともに悪化したことが指摘できよう。前述のルビナによれば、中国側においてその契機となったのはバラク・オバマ（Barack Obama）政権下で始まった米国の「アジア・ピボット」政策であった。ロシアとの関係性を良好に保つこと（ロシ

アにとっての「問題」とならないこと）を目的とした「ポジティブな中立」的関係性へのインセンティブが強まったのである[22]。また、これとほぼ同時期に始まった米露関係の悪化は、2014年の第一次ロシア・ウクライナ戦争によって決定的となり、ロシアの側でも中国との関係強化が模索されるようになった。この戦争が西側との関係悪化とユーラシアへの回帰をもたらし、その中では対中関係の重要性が（多くの軋轢を孕みつつも）高まっているというミハイル・ティタレンコ（Mikhail Titarenko）とウラジーミル・ペトロフスキー（Vladimir Petrovskii）の議論[23]などがその一例として挙げられよう。さらにアレクサンドル・バルトシ（Aleksandr Bartosh）のような軍事専門家の間では、米国が自らの覇権維持のためのロシア、中国、インドの弱体化と支配を目論んでいるといった見方[24]が強まり、中露は米国という脅威を共有する関係であるという共通認識が生まれていった。つまり、「問題としての中国」を顕在化させず、「パートナーとしての中国」という性格が強まったのがこの時期であった[25]。

　一方、加藤美保子は、中露の安全保障関係をアジア太平洋地域の多国間関係の一部として捉える必要性を指摘する。加藤が注目したのはアンドレイ・コルトゥノフ（Andrei Kortunov）の議論であり、大国間のパワーバランスをその一部に含みつつも、より広範かつ重層的な概念である「安全保障アーキテクチャ」という考え方がロシアのアジア太平洋安全保障政策に生まれつつあることを明らかにしている[26]。

II　米中対立と中露関係

「インド太平洋」概念及び QUAD に対するロシアの反応

　しかしながら、加藤も認めているように、一種の多国間主義に基づく「安全保障アーキテクチャ」への志向はロシアのアジア太平洋政策の主流となったわけではない。大国間のパワーバランスを基軸とする古典的な対外政策への志向は、ロシアの中に依然として強く残り続けている[27]。こうした意味では、「問題としての中国」論は、説明理論としての有効性を持ち続けてきた。そこで以下では、「問題としての中国」と「パートナーとしての中国」がどの

ような関係性にあるのかをもう少し詳しく見ていきたい。特に注目するのは、「インド太平洋 (Indo-Pacific)」という地理的概念と、その中で形成された安全保障上の協力枠組み「QUAD (クワッド)」である。

2012 年に発足した日本の第二次安倍政権は、中国の台頭に対抗するために日米豪印を中心として太平洋からインド洋に渡る安全保障枠組みの構築を訴え、2016 年にはこれを「自由で開かれたインド太平洋 (FOIP)」という形で公表した。この概念は 2017 年にヴェトナムのダナンで行われたドナルド・トランプ (Donald Trump) 米大統領 (当時) の演説でも取り上げられ、国際的に大きな知名度を得た。また、これに呼応して日米豪印による「4 か国安全保障対話 (QSD: Quadrilateral Security Dialogue)」、いわゆる QUAD が再活性化の兆しを見せるようになり、2017 年に初の外務次官級対話が実施されたのに続き、2019 年以降には外相級対話、2021 年以降には首脳級対話も実施されている。

具体的な安全保障上の協力も進展した。**表 6-1** に示すように、近年の日米豪印間では安全保障協力の枠組みが次々と締結されており、2021 年にはオーストラリアに原子力潜水艦技術を供与するための米英豪枠組み AUKUS も設

表 6-1　日米豪印間で結ばれた主要な安全保障協力の枠組み

	当事国	内　　容
2007 年	日、豪	安全保障協力に関する日豪共同宣言
2008 年	日、印	安全保障協力に関する日印共同宣言
2014 年	豪、印	安全保障協力枠組み締結
2015 年	豪、印	合同会場演習 AUSINDEX 開始 (隔年)
2016 年	米、印	ロジスティクス交換合意覚書 (LEMOA) 締結
2017 年	日、豪	物品役務相互提供協定 (ACSA) 締結
2018 年	米、印	情報及び通信セキュリティ合意覚書 (COMCASA) 締結
2020 年	米、印	基本交換協力協定 (BECA) 締結
	豪、印	相互ロジスティクス支援合意 (MLSA) 締結
	日、印	物品役務相互提供協定 (ACSA) 締結
	日、米、豪、印	4 か国での「マラバール」演習 (13 年ぶり)
2021 年	米、英、豪	AUKUS 設立

(出典) 各種資料を元に筆者作成

置されている。また、2020年にはオーストラリアが日米印との合同海上演習「マラバール」に復帰し、13年ぶりに日米豪印4か国演習となった。

　こうした動きに対して、ロシアはしばらくの間、沈黙を守っていた。そのロシアが旗幟を鮮明にしたのは、2019年以降のことである。例えばセルゲイ・ラヴロフ（Sergei Lavrov）外相は、同年2月にヴェトナムを訪問した際、「インド太平洋という概念は中国封じ込めのために米国が考え出した人工的なものであって、QUADは日豪に続いてインドをも対中軍事ブロックに引き込もうとする試みである」旨の批判を展開した[28]。このようなラヴロフの発言はその後も繰り返され、2021年3月の韓国訪問後には「インド太平洋戦略の枠内で行われていることを注意深く見てみると、それらはブロック化の思考に基づいています。肯定的なプロセスではなく、特定の国々に反対するためのブロックです。この構想の枠内では、特定の国々の抑止が目的として宣言されているのです。これは健全なことではありません」と韓国マスコミとのオンライン・インタビューで述べている[29]。

ロシアの懸念

　このように、インド太平洋戦略やQUADが米中対立の文脈から生まれてきたものであることはロシア側においても（正しく）認識されているし、前述した米国の『インド太平洋戦略』にもロシアに関する言及は一切ない。にもかかわらず、これらの対中抑止イニシアティブに対してロシアが否定的な反応を示すのは何故だろうか。アンナ・キレーエワ（Anna Kireeva）とアレクセイ・クプリャノフ（Alexei Kupriianov）は、この点を次のように説明している。

　第一に、ロシアのアジア太平洋戦略は東南アジア諸国連合（ASEAN）との協力に基礎を置いている。米国が圧倒的な影響力を持つ欧州や北東アジアの政治・経済・安全保障枠組みとは異なり、ASEANはより中立的かつ開放的な枠組みであり、第一次ロシア・ウクライナ戦争以降もロシアを排除しようとしていない。したがって、ASEANは安全保障対話や経済協力の枠組みとしてロシアにとって望ましいものであって、QUADのような米国中心の枠組みがインド太平洋を横断して（つまり東南アジアを経由して）形成されることは

認め難い。しかも 2020 年には、新型コロナウイルス対策に関する協力など
を掲げて QUAD プラス (Quad plus) が立ち上げられ、ニュージーランド、韓国、
ヴェトナム、ブラジル、イスラエルがここに加わった。仮に QUAD プラス
が対中抑止の文脈で拡大・強化されていけば、東南アジアでも米国を中心と
する地域ブロックが ASEAN の存在感を相対化していく可能性があるという
のがロシアの懸念である。ことに長年の友好国であったヴェトナムや、イン
ドとともに BRICs の一角を構成するブラジルが QUAD プラスに加わったこ
とはロシアにとって大きなショックであった[30]。

　また、イーゴリ・デニソフ (Igor Denisov) らは、以上で述べたアジア太平洋
地域の分断が、ユーラシア経済同盟 (EAEU: Eurasian Economic Union) に代表さ
れるロシア主導の旧ソ連再統合構想に悪影響を及ぼすと見なされた、という
側面を指摘している。デニソフらによれば、EAEU が単に保護主義的な旧ソ
連諸国の囲い込みに留まれば将来性が乏しいことを、ロシア政府は認識して
いた。そこでロシア政府が採用したのは、EAEU をイラン、イスラエル、ヴェ
トナム等の拡大ユーラシア諸国と連携させた「EAEU プラス」へと発展させ、
より広い市場と海運へのアクセスを確保することで旧ソ連諸国を引きつけよ
うとする戦略である[31]。この意味では、米中対立の激化によるブロック化の
進展 (QUAD 及び QUAD プラスの活性化) は、ロシアが最大の関心を寄せるユー
ラシアの秩序にも否定的な影響を及ぼすものであったということになろう。

　第二に、これをよりグローバルなレベルで見れば、QUAD の存在感拡大
は、ロシアが推進してきた「多極世界」路線にとって障害となる。米国が圧
倒的な影響力を誇った冷戦後秩序を徐々に解体し、ロシア、中国、インドと
いった地域的大国の声をより反映した新たな国際秩序を形成しようというの
が「多極世界」であるとするならば、欧州と北東アジアに続いて両地域の間
にも米国中心秩序が成立することは当然望ましくない。ロシアにとって特に
気に入らないのは、米国中心秩序が単なる国家間のパワーバランスに関わる
ものではなく、自由民主主義的な価値観の拡大を伴っているという点であろ
う。これはロシアや、その友好国が取る権威主義的な政治体制を弱体化させ、
ひいてはロシアのグローバルな影響力をも低下させる可能性があると見られ

ている[32]。

　第三に、これまでも述べてきた通り、QUAD には対中抑止という側面が濃厚に存在する。ウクライナ危機以降、西側からの孤立を深め、中国への依存をますます強めるロシアとしては、QUAD に対して好意的な姿勢を見せることはできない[33]。

　また、キレーエワは別の論文において、ロシアの QUAD に対する反発には軍事的な側面があることも指摘している。すなわち、QUAD による対中封じ込めがインド太平洋諸国の軍事力強化に結びついた場合、ロシアは極東方面の軍事力をより強化する必要性が生じるが、現在のロシアには欧州と極東の二正面で同時に通常戦力を強化する余裕はない。ことにロシアが懸念しているのはインド太平洋におけるグローバルミサイル防衛（MD）システムと中距離ミサイルの展開であり、欧州と同じような構図を東方でも抱え込むことになりかねない、というものである[34]。

　まとめるならば、米中対立が意図せざる形で「問題としての中国」の側面をロシアに突きつける形になった、というのが以上の議論であると言えよう。

もう一つの側面

　ただし、米中対立はロシアにとってマイナスの側面しかもたらさないというわけではない、とキレーエワは指摘している。アジア太平洋正面で米中の軍事的対立が激化するということは、欧州正面における米国の対露圧力は低下する可能性が存在するためである[35]。

　定量的指標で見た場合、兵力やこれを下支えする軍事支出、同盟ネットワーク等において 2020 年代初頭のロシアは著しい対米劣位にあった（**表6-2**）。これは、米国を中心とする NATO 軍にロシアが通常戦力で対抗するのはまず不可能であることを意味する。それ故に、ロシアの軍事戦略は、大気圏内、宇宙空間、サイバー空間、認知領域等のあらゆる領域（ドメイン）で利用可能な全ての手段を動員し、NATO の戦力発揮を妨害して敗北を引き伸ばすとともに[36]、受け入れ可能な条件で停戦を強要できない場合には先行核使用も辞さないという方針を採用してきた。

表 6-2　米露の兵力、軍事支出、同盟国比較（2022 年時点）

	兵力*	軍事支出*	欧州の同盟国（合計兵力）
米国	約 140 万人	7450 億ドル	28 か国（約 186 万人）**
ロシア	約 90 万人	622 億ドル	2 か国（約 9 万人）*

（出典）* The International Institute for Strategic Studies, *The Military Balance 2022* (Routledge, 2022), pp. 48, 184-185, 192.

　　　** NATO, *The Secretary General's Annual Report 2021* (2021), p. 145.

　しかし、仮に米国が対中抑止のためにより多くの軍事的リソースをアジア太平洋正面に割り当てなければならないとした場合、こうした状況は多少なりとも緩和される。もちろん、これは欧州正面におけるロシアの軍事的劣位を覆すものではないが、通常戦力のみで中露を同時に抑止し、あるいは実際の有事に同時対処するのが不可能であることは米国でも長らく懸念されてきた[37]。したがって、仮に対中抑止が米国の優先課題となった場合、ロシアに対してはある程度まで核兵器に依存する必要性が米国には生じるが、これは（エスカレーションの制御不可能性に関する懸念ゆえに）対露抑止の信憑性が低下することを意味する。

　一方、ロシアにとって最悪のシナリオは、2021 年に成立したバイデン政権が対中「戦略的忍耐」政策に回帰したり、あるいは「新型大国間関係」のような形で和解してしまうことであった。こうなった場合、米国は軍事的リソースをより手厚く欧州正面に割り当てることが可能となる上、「ロシアを追い詰めすぎると中露の過度な接近を招きかねない」といった米国知露派の議論も説得力を失おう。また、このような状況下では、中国がロシアと協力関係を築くインセンティブ自体を低下させる可能性もあった。この意味では、バイデン政権が QUAD への関与をトランプ政権から引き継いだことは、ロシアにとって少なからぬ意義を有していたと言える。

　また、QUAD があくまでも安全保障上の協議枠組みに留まり、NATO のような軍事同盟へと発展しないとすれば、これもまたロシアにとっては全く受け入れ不可能な事態とは言えない。ロシアが批判しているのは「米国主導の秩序」であって、ここに加わった国々との個別の関係には必ずしも当て

はまらないからである。実際問題として、QUADやQUADプラスに加わっ
たインドやヴェトナムはロシアにとってアジアの最友好国にとどまってお
り、この点は今後も変化しないだろう。とするならば、ロシアとしては余計、
QUADを「アジア版NATO」と位置付けることはできず、「批判的だが敵対的
ではない」といった姿勢に留まるほかない。QUADやAUKUSが「アジア版
NATO」に変化するのではないかというロシアでよく見られる懸念[38]は、こ
うした構図の裏返しと見なすことができる。

III　第二次ロシア・ウクライナ戦争の影響

　最後に、以上で見てきた構図に、第二次ロシア・ウクライナ戦争がどのよ
うな影響を及ぼすのかを考えてみたい。
　まず指摘できるのは、ロシアのウクライナ侵略が欧州正面における対露脅
威認識を決定的なものとし、米国の軍事的リソース配分をこの正面で増大さ
せる可能性である。ロシアは米中対立によって生じていた戦略的好機を自ら
損なったのであり、逆にインド太平洋正面における米国の対中軍事圧力はあ
る程度低下する可能性がある。つまり、米国に対する脅威認識では中露はあ
る程度まで一致しつつも、一方に対する米国の軍事的リソース配分が他方に
対するそれの低下を意味するというシーソーゲーム的な構図がここでは改め
て観察できる。
　第二に、ロシアに対する中国の姿勢はこれまでと大きく変化していない。
例えば国連における対ロシア非難決議において中国は棄権を選択したが、こ
れは第一次ロシア・ウクライナ戦争の際と概ね同様の態度である（中国は国連
安全保障理事会におけるクリミア半島強制併合に対する非難決議と国連総会における
ウクライナの領土的一体性に関する決議を共に棄権している）。さらに中国は、ロ
シアに対する経済制裁や国際銀行間通信協会（SWIFT）からの排除に関しても
西側諸国に同調せず、貿易やエネルギー協力は従来通り継続されている。こ
の点は軍事協力も同様であり、第二次ロシア・ウクライナ戦争勃発後も中露
の爆撃機による合同パトロール飛行や合同演習は従来通り実施されている。

　しかし、第三に、中露関係が変化しないということは、すでに指摘されてきた限界がそのまま残るということでもある。中国が積極的にロシアを非難することはないとしても、自国が西側の制裁対象となる危険を冒してまでロシアの立場を擁護することは今後とも考え難いし、まして中露の軍事同盟化はさらに困難である。仮に両国が相互防衛義務を含んだ軍事同盟を締結した場合、中国は第二次ロシア・ウクライナ戦争の当事国となってしまい、ロシアにとっても台湾問題に関する巻き込まれの恐怖が依然として残る。

　第四に、西側諸国によって外貨準備の3分の2を凍結され、石油や石炭といったエネルギー資源市場へのアクセスを遮断されたロシアが、中国への経済的依存をさらに強めるであろうことは想像に難くない。また、西側の対露制裁が経済面に留まらず、広範なデュアル・ユース技術にまで及んだ結果、産業や軍事力を維持するために中国の存在感はさらに高まると考えられる。総じて言えば、第二次ロシア・ウクライナ戦争は中露の関係性の大枠を変えるものではないものの、その枠内における両国のパワーバランスが中国優位に傾いていくという傾向を加速するものと理解できよう。

おわりに

　本章全体を通じての結論は次のとおりである。

　中露は米国との対立というマクロな構図においては戦略的利益を共有する関係であり、このような構図は2010年代以降の米中対立や第一次ロシア・ウクライナ戦争を通じてさらに強化された。しかし、よりミクロなレベルへと分析を及ぼしていくと、両国の利害にはすれちがう部分が多い。それぞれが実際に米国と対決している正面はユーラシア大陸の東西（ロシアの欧州正面と中国のインド太平洋正面）に大きく隔たって存在しており、米国との直接衝突という危険を冒してまで一方が他方の安全保障問題に関与するインセンティブは大きくないためである。中露が公式の軍事同盟結成に踏み込まない理由はこの点に求められようし、第二次ロシア・ウクライナ戦争という画期を経てもこうした構図が近く大幅に変化すると考える根拠は今のところ見当

たらないようである。

　別の言い方をすれば、中露が米国とは異なる政治体制や国際秩序を標榜する限り、米中・米露関係は今後とも一定の緊張を孕んだものであり続けることが予見され、そのことは中露関係に一定の安定性をもたらす、という三角形が描けるのではないだろうか。そこでの中露は、完全な対立も強固な同盟も意図的に回避し、自らの国益を損なわない範囲（特に一方が他方の対米対立に巻き込まれない範囲）では積極的に協力するという関係性を継続すると予想される。つまり、ドミトリー・トレーニン（Domitrii Trenin）がいう「協商」、あるいは「正式な同盟にはならないが、1990年代以来両国を結びつけてきた戦略的パートナーシップよりも緊密な関係」[39] である。こうした中露関係の現状と今後は、大国関係の一つの事例として、国際関係研究に大きな示唆を与えるものであると思われる。

　　＊本章は、小泉悠「米中対立とロシア—安全保障面における「問題としての中国」
　　　と「パートナーとしての中国」—」（『国際安全保障』第50巻第2号、2022年9月、
　　　56-73頁）を加筆・修正したものである。

注

1　三井光夫「露中関係—ロシアからの視点—」『防衛研究所紀要』第1巻第2号（1998年11月）62頁。

2　"На месте шаго-о-м марш!" *Огонёк,* No. 22 (8 June 1997), p. 6.

3　Mikhail Tsypkin, "The Russian Military, Politics and Security Policy in the 1990s," Michael H. Crutcher, ed, *The Russian Armed Forces at the Dawn of the Millennium* (U.S. Army War College, 2000), pp. 35-40.

4　Александр Храмчихин, "Неадекватный 'Восток'," *Независимое военное обозрение,* 23 July 2010.

5　"Активная фаза учений 'Запад-2009' пройдет на полигоне в Беларуси," *РИА Новости,* 29 September 2009.

6　例えばニコライ・キリロフ（Nikolai Kirilov）は、将来の中国が軍事大国化してロシアの脅威となる可能性を指摘する。Николай Кириллов, "Расчеты и просчеты," *Независимое военное обозрение,* 9 December 2005.

7　Lubina, *op. cit.,* pp. 184-185.

8　Paul N. Schwartz, "The Military Dimension in Sino-Russian Relations," Jo Inge Bekkevold and Bobo Lo, eds, *Sino-Russian Relations in the 21st Century* (Palgrave Macmillan, 2019), pp. 87-111.

9　Eugene Rumer, Richard Sokolsky, *Russia's National Security Narrative: All Quiet on the Eastern Front* (Carnegie Endowment for International Peace, 2022), p.7. 内政干渉への不安がロシアの安全保障コミュニティの中で如何に強いものであるかについては以下を参照されたい。Oscar Jonsson, *The Russian Understanding of War: Blurring the Lines between War and Peace* (Georgetown University Press, 2019).; Ofer Fridman, *Russian 'Hybrid Warfare': Resurgence and Politicisation* (C. Hurst & Co. Ltd., 2018).

10　Кириллов, *op. cit.*

11　Анатолий Клименко, "Эволюция военной политики и военной доктрины Китая," *Военная мысль,* No. 4 (2005), pp. 2-17.

12　Александр Мигунов, "О реформе вооруженных сил Китая и развитии российско-китайских отношений," *Военная мысль,* No. 10 (2008), pp. 52-59. 一方、アレクセイ・マルーエフ（Aleksei Maruev）は、世界を四つのブロックに分けた上で、ロシアの国益の観点から中国を中心とするブロックとの関係性を論じた。Алексей Маруев, "Векторный подход к определению геополитических интересов Российской Федерации," *Военная мысль,* No. 12 (2010), pp. 3-13.

13　初期のものとしては軍事科学アカデミー総裁を長らく務めたマフムート・ガレーエフ（Makhmut Galeev）の議論を参照されたい。М. А. Гареев, *Если завтра война?...: Что изменится в характере вооруженной борьбы в ближайшие 20-25 лет* (ВлаДал, 1995), pp. 13-36.

14　Olga Oliker, Keith Crane, Lowell H. Schwartz Catherine Yusupov, *Russian Foreign Policy: Sources and Implications* (RAND Corporation, 2009), p.116-120.

15　Marcel de Haas, *Russian-Chinese Security Relations Moscow's Threat from the East?* (Clingendael, 2013), pp. 45-46.

16　Sergei Blagov, "Russian-Chinese War Game Meant to Boost Bilateral Partnership," *Eurasia Daily Monitor,* 18 August 2005.

17　岩下明浩「プーチン政権下の対中国アプローチとその特徴」『ロシア外交の現在 II』（北海道大学スラブ研究センター、2006 年）20 頁。

18　Виктор Литовкин, "Китайская интрига 'Мирной миссии-2007'," *Независимое военное обозрение,* 1 June 2007.

19　Marcin Kaczmarski, "Russia Attempts to Limit Chinese Influence by Promoting CSTO-SCO Cooperation," *CACI Analyst,* 17 October 2007.

20　Василий Кашин, Александр Габуев, *Вооруженная дружба: как Россия и Китай торгуют оружием* (Московский центр Карнеги, 2017), pp. 11-14.

21　Marcin Kaczmarski, *Russia-China Relations in the Post-Crisis International Order* (Routledge, 2015), pp. 25-27.; Natasha Kuhrt, "Russia and China: Strategic Partnership or Asymmetrical Dependence," Tsuneo Akaha and Anna Vassilieva, eds., *Russia and East Asia: Informal and Gradual Integration* (Routledge, 2014), p. 100.; Mark N. Katz, *Russia and the Shanghai Cooperation Organization: Moscow's Lonely Road from Bishkek to Dushanbe* (Slavic Research Centre, 2008).; Iwashita Akihiro, "Primakov Redux? Russia and the 'Strategic Triangles' in Asia," *Eager Eyes Fixed on Eurasia: Russia and Its Neighbors in Crisis* (Slavic Research Center, 2007).

22　Lubina, 2017, pp. 132-135.

23　Михаил Титаренко, Владимир Петровский, *Россия, Китай и новый мировой порядок. Теория и практика* (Весь Мир, 2016), pp. 216-242.

24　Александр Бартош, "Стратегия и контрстратегия гибридной войны," *Военная мысль,* No. 10 (2018), p. 18.

25　これに関連して、キリル・モロズ (Kirill Moroz) は、アジア太平洋においてロシアは中国と対等な関係を築くことができる唯一の国であり、このような関係性が対中パワーバランスに懸念を抱く日本との関係において有利に働くとの見方を示している。Кирилл Мороз, "Военно-политические аспекты решения курильского вопроса," *Военная мысль,* No. 2 (2018), p. 27.

　　　また、前述のガブーエフとカーシンは、対西側関係の悪化によって中国がロシアにとって「困ったときの友」という側面を強め、対中関係の強化のために依然として先端軍事技術を売却し続けるインセンティブになったという構図を提示している。Кашин, Габуев, *op. cit.,* pp. 17-18.

26　加藤美保子「ロシアから見た安全保障アーキテクチャ」岩下明裕編『北東アジアの地政治　米中日ロのパワーゲームを超えて』(北海道大学出版会、2021 年) 97-122 頁。

27　同上、115-117 頁。

28　Министерство иностранных дел Российской Федерации (МИД России), *Выступление и ответы на вопросы Министра иностранных дел России С.В.Лаврова на Российско-вьетнамской конференции Международного дискуссионного клуба «Валдай», г.Хошимин, 25 февраля 2019 года,* 25 February 2019.

29　МИД России, *Интервью Министра иностранных дел Российской Федерации С.В.Лаврова СМИ Республики Корея, Москва, 23 марта 2021 года,* March 23, 2021.; Михаил Терских, *Индо-Тихоокеанская стратегия США: что нового в азиатской политике Вашингтона?* (Национальный исследовательский институт мировой экономики и международных отношений, 22 February 2022).

30　Anna Kireeva and Alexey Kupriyanov, "Russia and Quad Plus: Is There a Way Forward?" *Journal of Indo-Pacific Affairs,* Special Issue (2020), pp. 220-221.

31　Igor Denisov, Oleg Paramonov, Ekaterina Arapova and Ivan Safranchuk, "Russia, China, and the concept of Indo-Pacific," *Journal of Eurasian Studies,* Vo. 12, No. 1 (2021), pp. 80-82.

32　Kireeva, *op. cit.,* pp. 221-222.

33　Ibid, p. 222.

34　Anna Kireeva, "The Indo-Pacific in the Strategies of the U.S. and Japan," *Russia in Global Affairs,* Vol. 18, No. 3, July-September 2020b, p. 120.

35　Ibid, pp. 120-121.

36　Michael Kofman, "It's Time to Talk about A2/AD: Rethinking the Russian Military Challenge," *War on the Rocks,* 5 September 2019.

37　James Di Pane and Octavian Miller, *U.S. Military Forces Cannot Fight on 2 Fronts* (The Heritage Foundation, 29 March 2022).

38　Василий Головнин, " 'Тихоокеанское НАТО, хочет расширяться за счет Японии?" *ТАСС,* 19 April 2022.; Николай Протопопов, " 'Похлеще, чем НАТО': США создают мощный военный блок к востоку от России," *РИА Новости,* 28 June 2021.

39　Дмитрий Тренин, *Дмитрий Тренин: От Большой Европы к Большой Азии? Китайско-российская Антанта* (Совет по внешней и оборонной политике, 14 May 2015).

コラム⑤

冷戦期における米ソ対立と中国

岡田　美保

　冷戦とは、1945年から1989年にかけて頂点に達し、第二次世界大戦後の世界を二分した、米国を盟主とする資本主義・自由主義陣営と、ソビエト連邦を盟主とする共産主義・社会主義陣営との対立構造と定義されている。東西ドイツの分断線を最前線とするこのグローバルな対立構造は、地域によって異なる時に異なる形で発現した。東アジアにおいても、占領、内戦、革命、戦争を通じ、独自の文脈において冷戦構造が形成され、展開した。なかでも、1949年10月、内戦の果てに中国大陸に登場した共産主義の大国の存在と、そのソ連との関係性は、東アジアにおける冷戦を複雑なものとする一因となった。

　ソ連にとって、東アジアの革命は好機でもあり、リスクでもあった。第二次世界大戦で甚大な犠牲を払ったソ連は、本来、ソ連が最重要と見なす地域以外において、米英との衝突を必要以上に高めるべき積極的な理由を持たなかった。だが、革命から間もない共産主義政権にとっては、自らの正統性を確立するために、内戦や国家建設にソ連を関与させ、その権威を借りることが不可欠であった。ソ連も関与を拒みはしなかった。スターリンの消極的な支持は、朝鮮戦争を引き起こした直接的な要因の一つであり、東アジアの戦略状況を一変させることとなった。

　だが、1956年2月のフルシチョフ党第一書記によるスターリン批判を一つの契機として、中ソ関係は次第に冷却化していった。1960年代半ばまで中ソ対立は、社会主義の路線をめぐるイデオロギー論争のレベルにとどまっていたが、1969年には、ダマンスキー島の領有権をめぐる武力紛争に発展した。こうした中、1971年7月、ニクソン大統領が

訪中計画を発表し、1972年2月に毛沢東中国共産党首席や周恩来国務院総理と会談した。米中接近という冷戦構造の変容に対応し、ソ連は東アジア戦略を再検討する必要性に迫られたのである。

　ソ連政治指導部は、日米中による反ソ的な統一戦線の構築を未然に防ぐべく、対日接近を試みた。この結果実現したのが、1972年1月のグロムイコ外相訪日である。訪日以前、ソ連は、日ソ間に領土問題は存在せず、従って存在しない問題を議題にする交渉もあり得ないとの立場をとっていたが、グロムイコは、同年中に日ソ平和条約交渉を始めるとの言質を与えて帰国した。他方、中国問題について米国と緊密な協議を保ってきた日本政府の衝撃もまた大きかった（いわゆる「ニクソン・ショック」）。だが、この問題をめぐる米国との軋轢を回避することが当面の最重要課題との判断から、ソ連の提案に積極的な反応を示すことなく、日中国交正常化を模索する方針へと転換した。7月に就任した田中角栄首相は、前内閣が踏み込むことができなかった台湾との断交を決断し、9月、首相訪中による日中正常化問題の早期決着を実現した。

　ソ連側は日本との交渉方針について検討し、歯舞・色丹の二島引き渡しに加え、国後・択捉両島に関する追加措置を含めた「予備提案」を8月に作成した。この予備提案は、漁業を中心とする経済的利権の供与と引き換えに、国交正常化に向けた日中の接近に歯止めをかけ、かつ国後・択捉両島に対する領有権主張を日本に放棄させることを狙いとしていた。だが、日本側が中国との国交正常化を優先させただけでなく、日ソ平和条約の締結には四島返還が先決であるとの姿勢を改めて打ち出したことから、領土問題で日本に譲歩を示して日中接近を牽制しようとするソ連の思惑は破綻した。

　10月以降、断続的に日ソ平和条約交渉が行われたものの、ソ連側は予備提案を実際に提示することはなかった。日中共同声明に含まれていた「反覇権条項」や、中国による日本の領土要求支持を見て、ソ連は、日中接近に対する警戒感を高め、日本に対する領土的譲歩を躊躇するに至ったと考えられる。その後の交渉の中で、ソ連は歯舞・色丹二島の引

渡しには前向きな姿勢を示しながらも、国後・択捉両島については実質的なゼロ回答に終始した。そして、田中首相が四島の返還を執拗に迫ると、領土問題に触れない善隣協力協定の締結に軸足を置く方針へと交渉姿勢を後退させた。田中首相の訪ソ（1973年10月）後に発表された日ソ共同声明には、平和条約交渉の継続でソ連と合意に達したことが記されるにとどまったが、日本側は「未解決の諸問題」の中に領土問題が含まれていることを、口頭ながらブレジネフ党書記長に認めさせることに成功したのである。このように、米ソ対立への中国の関与の変化は、日本に多大な影響を与えた。日本はこの変化に対処する中で、自国に有利な言質をソ連から引き出したのである。

　この時期の東アジアの対立構造は、現在とは大きく異なっている。だが、変動する国際環境の中で、各国政府がいかなる認識の下に、いかなる国益をどのように追求しようとしたのか、東アジア国際関係史の再検討を重ね、より体系立てた議論へとつなげていくことは、ロシアのウクライナ侵攻後、予見不可能性を一層増している東アジアの国際秩序の行方を分析する上で、有効な事例研究となるであろう。

参考文献

増田弘編『ニクソン訪中と冷戦構造の変容：米中接近の衝撃と周辺諸国』慶応義塾大学出版会、2006年。
O.A. ウェスタッド『冷戦　ワールド・ヒストリー』（上）（下）益田実監訳、岩波書店、2020年。

第7章

米中対立と朝鮮半島
——米朝関係改善の挫折と対「中ロ」天秤外交への回帰——

堀田　幸裕

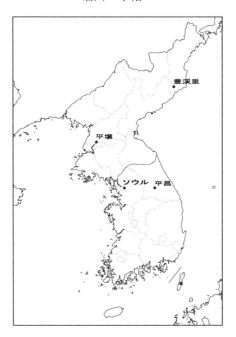

ポイント

- 北朝鮮にとって、最大の安全保障は対米関係改善であるが、それが実現できないうちは米中対立の構造を最大限に活かして、米国を牽制するだろう。
- 北朝鮮の対中・対ロ傾斜は、権威主義国家同士の連帯を強くしている。また日米韓などにとって、新たな対抗軸としてその脅威感が増している。

はじめに

　米中対立が顕在化し始めた 2018 年。この年、朝鮮半島情勢は大きな転機を迎えていた。史上初となる米朝首脳会談が 6 月にシンガポールで実現したほか、3 月には北朝鮮・金正恩政権の誕生後初めてとなる金正恩・朝鮮労働党委員長(当時)の訪中が電撃的に行われた。金正恩は 5 月と 6 月にも、習近平国家主席との会談を重ねている。南北首脳会談もこの年だけで 3 回実施された。

　その後の展開は目まぐるしく、2019 年 2 月にはハノイでの米朝首脳会談が大きな注目を集める中でノーディールに終わったかと思うと、6 月にはドナルド・トランプ(Donald J. Trump)米大統領による Twitter での唐突な呼びかけをきっかけに、金正恩とトランプが板門店の軍事境界線を互いに越えて握手をするという世紀のパフォーマンスが演出された。

　一連の流れは、稀代のポピュリスト政治家・トランプの手のひらの上で北朝鮮が踊らされ、翻弄される中で起きたものであるかのような印象を与えているが、事態の転換を主導したのはむしろ北朝鮮の方であったと言えなくもない。そして興味深いのは、米朝対話に向け動き出す初期の過程において、中国が関与した形跡が窺えないことだ。

　北朝鮮が対米関係と合わせて南北関係、また対中関係をも一気に転換しようとした時期は、米中対立の始まりとタイミングが一致する。しかしながらこれは偶然の符合であるようにも見える。北朝鮮がこれまで進めてきた核開発に一定の目処が立ったため、彼らが最大の脅威と認識する米国との直接交渉を試みたというのが真相に近いのではないか。2017 年 9 月、第 6 回目の核実験後に北朝鮮外務省は声明で「日増しに増大する米国の敵視策動と核の威嚇を抑止し、朝鮮半島と地域に作り出されている核戦争の危険を防止するための手段として超強力熱核兵器を開発し、完成させた」[1]とし、同 11 月の大陸間弾道ミサイル(ICBM)火星 15 の発射実験成功では「国家核戦力完成の歴史的大業とロケット強国偉業が実現した」[2]と宣言している。核及びその運搬手段であるロケット(ミサイル)の技術的成功は、北朝鮮をして米国との

直接協議を決意させるという自信へと繋がったのだ。

　だが米朝協議は、2019 年のハノイでの米朝首脳会談を境に停滞してしまった。その一方で中朝関係は、それまでのぎくしゃくした関係を修復し、緊密化していく形となった。コロナ禍により外交的な動きはやや停滞するが、2021 年に中国は、更新のタイミングを迎えていた中朝友好協力相互援助条約の延長を決めている。この条約は中朝の事実上の同盟関係を規定するものだ。しかし北朝鮮における核開発の進展を受けて、胡錦濤政権下ではこれを破棄するか継続するかで議論も起きていた。習近平政権は両国の同盟関係を継続することで、改めて米国への対抗を含めて北朝鮮の後ろ盾となり、朝鮮半島情勢に関与していく決意を固めたのだろう。この中国の判断には、米中対立が影響していたことが考えられる。そして北朝鮮も、対米関係改善の可能性が失われると、中国に再接近して米国批判の同調者としてふるまうようになった。

　2022 年にウクライナ戦争が始まると、北朝鮮はロシア支持の態度を鮮明にした。2023 年にかけてロシアと北朝鮮の関係は軍事支援を含むものへと深化し、ウラジーミル・プーチン (Vladimir V. Putin) 大統領が軍事技術分野での北朝鮮への協力に言及するまでになっている。中国は北朝鮮ほど直接的にロシアへの軍事協力に踏み込んではいないが、米国の姿勢を批判してロシアに寄り添う形となっている。ただ、かつて冷戦時代には同盟国であり、現在も権威主義的政権である三か国だが、お互いの思惑は完全に一致しているとも言い難い。

　本稿では 2018 年から 5 年間の動きを、主として北朝鮮の立場から対米という観点で考察し、その中で米中対立という大きな流れにあって、北朝鮮が中国やロシアとの関係再構築を進めてきた過程について、その意図を含めて検証していく。

I　朝鮮半島情勢転換の 2018 年

　最初に述べたように、2018 年は北朝鮮から見ると対米関係改善に向けて動き出した年であり、かつ中朝関係も仕切り直しとなった。北朝鮮をめぐる

周辺環境は短期間で急展開したが、その道のりを振り返っておきたいと思う。

高まる北朝鮮の核とミサイルの脅威

　2016年から17年にかけ、北朝鮮の核・ミサイル開発をめぐる状況は緊迫したものとなっていた。2016年1月に 第4回目の核実験（初の水素爆弾実験）を行った北朝鮮は、同年9月に第5回核実験、2017年9月には 第6回核実験（ICBM装着用水爆実験）と非常に短い間隔で核実験を実施している。合わせて、2017年に入ると中・長距離弾道ミサイル実験を相次いで行うようになり、同年11月には米国本土全域を標的にできる「超大型重量級核弾頭の装着が可能な新型ICBM兵器」だと北朝鮮が主張する、火星15の発射実験に成功した。前述したように北朝鮮はこれを国家核戦力の完成だと発表している。

　この時期、トランプが金正恩を「ロケットマン」と揶揄すると、対する北朝鮮の官製メディアはトランプを「老いぼれの狂人」だと切り捨て、米朝は互いに罵り合っていた。両国の言葉の応酬は2018年に入っても続く。金正恩が2018年1月1日発表の新年の辞で「米国本土全域がわが方の核打撃の射程圏内にあり、核のボタンが私の事務室の机の上に常に置かれている」と挑発すると[3]、トランプはその翌日にTwitterで「金正恩の痩せて飢えている政権の誰でもいいが、金正恩に伝えて欲しい。俺も核のボタンを持っているが、金正恩のものよりはるかにでかく、より強力で、いつでも押せる状態だ」と応じてみせた。トランプは2017年8月にも、ミサイル発射実験を強行する北朝鮮に対して「世界が見たこともないような炎と怒りに直面する」と述べており、言葉の上での核恫喝がエスカレートしていた状況だったのである。

緊張から一転、北朝鮮の平昌五輪参加表明

　米朝間で繰り広げられた舌戦[4]は、開戦前夜かと思わせるほど白熱したものであった。だが、強硬姿勢で一貫していた北朝鮮は態度を大きく転換する。北朝鮮は手始めとして韓国に対して宥和的な言葉を投げかけた。米国を強く挑発した2018年の新年の辞だったがその中で、「南朝鮮（＝韓国、筆者注）の政権与党はもちろん、野党、各階層の団体と個々の人士を含めて、誰にも対

話と接触、往来の道を開く」として、同年2月に韓国で開催される平昌五輪へ「代表団の派遣を含めて必要な措置を講じる用意」があると発表したのである。

　韓国政府はただちに呼応し、1月9日に南北高位級（閣僚）会談が実施された。この会談では、北朝鮮の平昌五輪参加と、南北軍当局者会談の開催などで合意する[5]。そして北朝鮮は2月の平昌五輪に選手団を参加させるとともに、開幕式には金永南・最高人民会議常任委員会委員長を団長とする代表団を派遣した。代表団メンバーには金正恩の妹である金与正・朝鮮労働党宣伝煽動部副部長も含まれており、北朝鮮側がこの機会を重視している姿勢がみてとれた。北朝鮮代表団は文在寅・韓国大統領と会見して金正恩の親書を手渡し、文在寅の訪朝を招請した。文在寅は、南北関係発展のためにも米朝対話が必要だと呼びかけた[6]。

韓国の仲介で米朝対話の意思を伝達

　五輪後の3月5日、金正恩政権となってからは初めての韓国政府高官による特使団が北朝鮮を訪問した。金正恩との会見で韓国側の鄭義溶・国家安保室長、徐薫・国家情報院院長らは、非核化と米朝対話の意思があることを直接告げられたのである[7]。特使団の帰国後、韓国政府はただちに北朝鮮訪問の結果を説明するために、鄭義溶らを米国に派遣し、金正恩が米朝首脳会談の開催を提案していることを伝えたところトランプもこれを受諾[8]。米朝は対話のテーブルにつくことを模索し始める。

　北朝鮮の突然の提案に対する米国の対応は迅速で、3月末にはマイク・ポンペオ（Michael R. Pompeo）CIA長官が極秘訪朝して、金正恩と会談を行っている[9]。

　南北の接触から僅か2か月あまり。ポンペオの訪朝直前に敢行された金正恩の電撃訪中まで、中国が米朝対話の動きに関与した気配は窺えない。北朝鮮の意向を韓国が米国に知らせる仲介役となり、それに米国が呼応して事態が動き始めてから、ようやく金正恩は中国へ事実経過を報告に赴いたという順序だ。約7年ぶりの中朝首脳会談の席で金正恩は習近平に対し、自分の初外遊が中国となったことは当然だと述べた。そして、朝中親善は代を継いで

大切に受け継いでいかなければならない義務だとして、中国を重視している姿勢を強調している[10]。だが、金正恩が中国から帰国して僅か3日後に、ポンペオは平壌を極秘訪問しているという経緯を考えると、米朝協議の開始はすでに決まっていて中国には事後報告の形で通告したのではなかろうか。

安保理制裁をめぐる北朝鮮と中国との確執

　では、なぜ北朝鮮は中国を蚊帳の外に置いたまま、米朝対話の実現に向け動き出したのだろうか。2018年の前半は、米国と中国が相互に貿易制裁措置で対抗し合って、緊張が高まりつつあった時期である。このタイミングに北朝鮮は、友好国として中国と歩調を合わせるのではなく、むしろ中国が対立する米国側へすり寄って行く形となったわけだが、そこにはどのような背景があったのか考えてみたい。

　中朝関係は北朝鮮が第3回目の核実験を実施した2013年から、ぎくしゃくした雰囲気となっていた。同年2月の第3回核実験後には、中国の主要銀行である中国銀行、中国工商銀行、中国建設銀行、中国農業銀行が北朝鮮向けの送金業務を停止した[11]。中国は対北朝鮮制裁の履行において、これまでとは違った厳格な対応を取るようになる。同年9月には中国商務部が、国連安保理決議2094号（2013年3月7日採択）や国際原子力機関（IAEA）のガイドライン順守を名目として、軍用へ転換可能な北朝鮮向け輸出禁止品リストを発表している。

　加えて習近平国家主席は政権就任後に、北朝鮮を訪問しないまま韓国を2014年7月に公式訪問している。また、2015年9月に北京で開催された「抗日戦争と世界反ファシズム戦争勝利70周年式典」では、朴槿恵・韓国大統領がプーチンとともに、習近平と極めて近いひな壇に並んだ。北朝鮮の代表団として参加していた崔龍海・朝鮮労働党政治局委員（当時）[12] は、習近平と並んだ朴槿恵とは対照的にかなり端の方に立っていた。外交儀礼上、国家元首とそれ以外で差がつくのは仕方がなかったとしても、こうした中韓関係の蜜月演出に北朝鮮の内心は穏やかではなかったと推察できる。

　習近平・金正恩という新指導者に政権交代しながらも、中朝は首脳会談も

できないままだった。そして 2016 年から 17 年にかけて、国連安保理で採択された北朝鮮に対する制裁は、核・ミサイル開発資金を絶つため鉱物資源などに対する禁輸措置を含むターゲットサンクションとなり、北朝鮮は強く反発していた。これに拒否権を行使せず、一貫して賛成する中国の姿勢に対して、北朝鮮は 2016 年から国営通信社や党機関紙を通じた批判を展開していく。当初は直接「中国」と名指しすることを避けていたが、2017 年 5 月 3 日に「朝中関係の柱を切り倒す無謀な言行をこれ以上してはいけない」という論評を朝鮮中央通信が対外向けに報道すると、翌日の党機関紙『労働新聞』もこれを全文転載し、北朝鮮国内に向けても中国との関係がうまくいっていないことが闡明にされた。

　そして、7 月 4 日と 28 日に発射実験が行われた火星 14 に対する国連安保理決議 2321（8 月 5 日採択）[13] と、9 月 3 日に行われた第 6 回目の核実験に対する国連安保理決議 2325（9 月 11 日採択）[14] を経た 9 月 22 日、朝鮮中央通信は中国メディアの報道姿勢を批判した論評を配信した。その中で世界の声として、「朝鮮を単なる強盗の侵入を防ぐ前庭、『緩衝地帯』とみなして隣家に強盗が押し入っても私の飯だけ守ればよいという政治的食客の思考が実にうっとうしい」という評価を紹介し、「領土は大きくても魂がなく、金銭だけを追求する隣」と語気を強めて中国の姿勢を非難している。

　北朝鮮は一連の制裁に対して、これを解除するよう強く要求しており、2019 年 2 月のハノイ米朝首脳会談でも最大の焦点となった。国連安保理での中国の態度は、米国との関係や自国の安全保障を優先するあまり、自分たちを取引材料としていると北朝鮮には映ったのであろう。中国でさえも、自分たちの思いを代弁してくれないという北朝鮮の対中不審の高まりが、2018 年の転換をもたらす一つの動機となったのと同時に、むしろその過程で中国の関与を遠ざけるという判断につながったのではないか。米国との関係改善に向けた外交の歯車が動き出して、すでに逆戻りができない段階になってからようやく中国に通報するという流れからは、そんな北朝鮮のしたたかさを想像してしまうのだ。

II　中国の焦り

　米中対立は 2018 年、トランプ米政権が対中貿易制裁を乱発し、中国もそれに真っ向から対抗したことによって火ぶたを切る。両国がつばぜり合いを見せる中で北朝鮮としては、自分たちに対する同様の制裁に中国も加担してきたではないかという思いを抱いていたのではないだろうか。

　そんな中で中国は、自らが関与できないまま米朝関係が動き始めているのを見て、朝鮮半島の新たな秩序構築の動きから中国が外されてしまうという焦燥感を募らせていたのではないかと思われる。先述した 2018 年 3 月の中朝首脳会談に続いて、金正恩は 5 月 7 − 8 日にも訪中して大連で中朝首脳会談を実施している。その直後の同 9 − 10 日には、国務長官となったポンペオが平壌を再び訪れた。ポンペオの帰国日にトランプは Twitter で、米朝首脳会談は 6 月 12 日開催で決定したと明らかにした。

　金正恩が中国を訪問してからポンペオと会うのは、3 月と同様の展開であるように見えたが、この時は米国側の反応が異なった。5 月 22 日に行われた米韓首脳会談の冒頭でトランプは記者団に、(中国に)少し失望しているとして、金正恩の態度が 2 回目の中朝首脳会談後に少し変わったからだと指摘している[15]。中国が本腰を入れて、北朝鮮を通じた米朝協議への介入を始めたのだろう。これまで中国は米国とともに、制裁を科してでも北朝鮮の非核化を進めていく「米中 vs 朝」の立場をとってきた。けれども、米朝関係の改善で「中 vs 米朝」になりかねないことを恐れて、米朝それぞれに自己の影響力を行使できる道を模索するようになったのだと思われる。

　トランプは恐らく中国を牽制する意味も込めて、5 月 24 日に米朝首脳会談の開催を中止すると一方的に発表し、北朝鮮に揺さぶりをかけている。

米朝首脳会談後に北朝鮮制裁の緩和を主張し始めた中ロ

　一度は中止が発表されたものの、米朝首脳会談は予定通り 2018 年 6 月 12 日に実施された。同じ日、中国外交部の定例記者会見で「安保理が採択した関連決議では、朝鮮による決議の順守、履行という状況に基づき、必要に応

じて制裁措置の調整を行うべきであり、これには関連の制裁措置の一時停止
または解除が含まれていると規定している」というコメントが登場した。中
国は一貫して北朝鮮に対する国連安保理の制裁を順守していると前置きしつ
つ、その規定の解釈をめぐる説明という形の発言ではあったが、北朝鮮制裁
の一部解除の可能性に公然と言及し始めたのである。

　また中国は言葉だけではなく、北朝鮮制裁の緩和に向けた具体的な行動も
開始する。6 月 28 日、ロシアとともに国連安保理で「安保理の理事国は、北
朝鮮が決議を順守していることを考慮し、北朝鮮への制裁措置を調整する意
志を表明する」という声明案を配布したのである[16]。これは米国の異議で廃
案となったものの、中国とロシアが連携して北朝鮮を擁護するという方向性
が明確になった瞬間だった。

　中ロは 9 月 27 日の国連安保理公開会合でも、北朝鮮への制裁を緩和する
よう主張した[17]。また 10 月 9 日に両国は北朝鮮と外務次官級協議を行い、北
朝鮮が意義のある実践的な非核化措置を取ったことに注目し、「国連安保理
が適時に対朝鮮制裁の調節過程を稼動させる必要性について見解の一致を見
た」として、中ロ朝の三か国で「単独制裁に反対する共同の立場を再度闡明
にした」という共同声明を出している[18]。

習近平の北朝鮮国賓訪問

　2019 年 2 月の米朝ハノイ会談の破局を経て、中朝関係はさらに強化され
ていく。中国国家元首の訪朝は、2005 年 10 月の胡錦濤国家主席の訪朝以来、
実に 14 年近くも途絶えていたが、2019 年 6 月に習近平は政権就任後初めて
の北朝鮮訪問を果たす。江沢民国家主席（2001 年）や胡錦濤（2005 年）の訪朝は
正式友好訪問だったが、今回は国賓訪問という扱いだった。訪朝に先立って
北朝鮮の党機関紙『労働新聞』（2019 年 6 月 19 日付）に習近平が寄稿した文章の
中では、「国際情勢がいかに目まぐるしく変化しようとも、党と政府の同志
的関係や両国の友好協力関係を打ち固め発展させていくという立場を堅持す
ることは不変である」と述べられている。

　そして、6 月 20 日に平壌で実施された首脳会談で習近平は「中国側は朝鮮

側が自身の合理的な安全と発展に関する懸念を解決するため、力の及ぶ限り
の手助けを提供したいと考えている」と発言した[19]。これに対して、6 月 21
日に行われた両首脳の昼食会で金正恩は、「中国側が、朝鮮の党が朝鮮人民
を率いてあくまで社会主義の道を歩むことを支持し、貴重な支援を提供し
ていることに心からの謝意」を表すると応じている[20]。国連安保理制裁の緩
和について、直接には触れていないが、中国は北朝鮮の合理的な発展に関す
る懸念を解消するためとして、支援を行うことを実質的に表明した形である。
習近平の訪朝によって、中朝関係は「新たな章」に入ったことが宣言された。

　習近平は北朝鮮訪問を終えた後、6 月 29 日に大阪で行われた米中首脳会
談で、「米国側が柔軟性をはっきりと示し、朝鮮側と向き合って、朝鮮に対
する制裁を適時緩和することを含め、互いに配慮して解決するやり方を、対
話を通じて見つけ出そう」にと発言している[21]。北朝鮮が望む安保理制裁
の緩和について、習近平自ら米国に直接提案するというのは、北朝鮮に制裁
を科してでも非核化を進めるとしてきたこれまでの方針を変更したことを窺
わせるものだった。

　中国はロシアと歩調を合わせて、2019 年 12 月 16 日にも北朝鮮制裁の緩和
についての決議草案を国連安保理理事国に配布している。その内容は、2017
年に採択された北朝鮮の海産物や繊維製品に対する制裁を見直すとともに、
12 月 22 日までに行うとされていた北朝鮮労働者の帰還凍結、また北朝鮮と
韓国との鉄道・道路連結事業は制裁から除外するといったものであった 。

中朝友好協力相互援助条約の継続

　2019 年に入り行き詰まりを見せていた米朝協議とは反対に、中朝関係は
この年に大きく改善する結果となったが、翌年からのコロナ禍により北朝鮮
は特別防疫措置を講じて国境を封鎖してしまう。そのため両国間の貿易も大
きく停滞するなど、中朝関係の目立った進展はなかった。だが、米中対立が
先鋭化する中で、北朝鮮問題は米国からの対中批判材料としても取り上げら
れるようになる。2020 年 12 月 1 日、アレックス・ウォン (Alex Wong) 米国務
省次官補代理は戦略国際問題研究所 (CSIS) で行った講演の中で、中国が北朝

鮮制裁を骨抜きにしているとして、中国が引き続き 2 万人の北朝鮮労働者を受け入れていることや、制裁対象である北朝鮮産石炭などが中国へ海上輸送されているケースを過去 1 年間で 555 回確認していると指摘した。そして制裁決議で禁じられている密輸や、資金洗浄などに関する情報を提供した者には、最大で 500 万ドルの報奨金を支払うとして、中国を牽制している[22]。

　こうした批判に中国は素早く反応を示し、12 月 2 日に中国外交部報道官のコメントとして、安保理決議の可逆的条項（北朝鮮が非核化に対応した行動を取った場合には、それに応じて制裁を緩和するとしたもの）を遂行することに触れつつ、朝鮮人民の民生を保障する上で、米国はこれまでどのようなことを行ったのかと皮肉った。

　米中対立が緊迫化していく過程で、北朝鮮問題が両国間の駆け引きのような形で利用されていく傾向が顕現しつつある中、2021 年に中朝両国は中朝友好協力相互援助条約の更新時期を迎えていた[23]。

　1961 年に締結されたこの条約は、その第 2 条において、一方が外国ないし多国間連合による攻撃を受けた際に、一方はこれに軍事的な援助を含めた支援をするということが明記されている。これはつまり、北朝鮮（中国）が外部勢力から攻撃を受けた際に中国（北朝鮮）は軍事支援をすることを保証したものだ。中国と北朝鮮はこの条約があることによって、事実上の軍事同盟関係だとみなされている。条約は有効期限について明記していないが、1981 年と 2001 年にそれぞれ更新延長されていて、2021 年はちょうど 20 年ごと 3 回目の更新の節目となっていた。

　中朝友好協力相互援助条約は、米ソ冷戦の真っただ中という国際環境下で結ばれたものである。締結当時は中朝ともに米国は「敵」という存在であったが、米中は 1972 年のニクソン（Richard M. Nixon）訪中を経て、1979 年に正式な外交関係を樹立している。ゆえに中朝が協力して米帝国主義と戦うという前提は、冷戦終結を待つまでもなくすでに失われかけていた。そして北朝鮮の最初の核実験が実施された 2006 年 10 月、中国外交部報道官は両国の同盟関係についてきっぱりと否定する発言を行っている。もし北朝鮮が核保有国となってしまえば、最悪、米国との核戦争になりかねず、中国はそこに巻き

込まれてしまう危険性がある。こうした展開を恐れてか、胡錦濤政権期には
条約の改廃が議論されてもいる。

　習近平政権が引き続きこの条約を延長することを決めた背景として、米中
対立という新たな国際環境が影響したことは疑いない。中国にとって今や米
国は、かつてのように対抗する存在として浮上していた。そのため、北朝鮮
と中国は、再び志を同じくする同志的関係に戻ることができたのである。

朝鮮戦争をめぐる習近平演説から垣間見える北朝鮮の価値

　中朝友好協力相互援助条約更新の前年、2020年10月に開催した朝鮮戦争
への中国人民志願軍参戦70周年記念大会で、習近平は長い演説を行った[24]。
テレビでも生中継されたこの演説で、「朝鮮の人民・軍隊とともに抗米援朝
戦争の偉大な勝利を勝ち取った」として、朝鮮戦争を「帝国主義の侵略・拡
張を抑え、新中国の安全を守って、中国人民の平和な生活を守り、朝鮮半島
の情勢を安定させ、アジアと世界の平和を守った」と評価した。また、朝鮮
戦争により「新中国を揺りかごの中で絞め殺す侵略者のたくらみを粉砕」し
たとして、米国は中国の警告にもかかわらず38度線を越えて戦火を中朝国
境にまで拡大し、米軍機が何度も中国東北地区と接する国境地帯を爆撃した
ことで、中国の安全は重大な脅威に晒されたと批判した。そして、「偉大な
抗米援朝の精神は時空を越えて、時と共にますます新しくなっており、必ず
末永く伝承し、代々発揚していかなければならない」と、現在も戦争当時の
精神を引き継いで奮いたつよう訴えている。

　この演説では、米中関係の現況と直接結び付けて言及しているわけではな
いが、「戦争で戦いを止め、武力によって戦いを止めて、勝利により平和と尊
重を勝ち取る」と述べている言葉からは、朝鮮戦争を想起させて愛国心を喚
起し、米中対立の現状に臨むよう国民に発破をかけているようにも聞こえる。
また地政学上の北朝鮮が、中国の安全保障にとって重要な位置を占めている
ことも、ここでは指摘されている。中国にとり北朝鮮は、過去においてのみ
ならず現在においても、自身の安全を脅かす米国と対抗する上での象徴的存
在となっていった。米中関係が良好な時期において、北朝鮮は緊張を招く厄

介な存在でしかなかったが、米中対立が避けがたい状況となると在韓米軍との緩衝地帯になってくれる北朝鮮の価値が見直された。もっともそれは軍事戦略上で重要というよりは、恐らくシンボリックなアイコンとしてである。

III　米朝協議の破局と中ロの思惑

　さて、北朝鮮としては、恐らく一定の自信をもって臨んだ対米協議であったと思うが、既に述べたように、2019 年 2 月のハノイ米朝首脳会談では双方の主張の溝を埋めることができず決裂した。北朝鮮は寧辺の核施設解体という部分的な非核化と、国連安保理制裁の一部緩和を引き換えにして、米国に段階的な同時行動原則を求めたものの、米国は北朝鮮の全ての核・ミサイル施設の廃棄というビッグディールを要求したためだ。

　北朝鮮の非核化をめぐる定義については、「完全かつ検証可能で、不可逆的な非核化」(CVID) という従来の方針が徹底されないまま、2018 年 6 月に拙速な形でシンガポールでの米朝首脳会談が実現してしまったところから、綻びが生じていた。トランプもこの首脳会談後に行った単独記者会見で、「(CVID が) 共同声明に盛り込まれていないが、時間がなかった」と認める発言をしている[25]。要するに何を持って非核化とするかが、事前に実務者間で擦り合わせできていなかったのだ。ハノイの挫折後も、北朝鮮は米朝協議にしばらくは未練を残しつつも、トランプからジョー・バイデン (Joe Biden) への米政権交代もあって交渉再開を断念した形となっている。

　米朝対話は結果を出すことができなかったものの、北朝鮮にとってはこの交渉過程における副産物として、関係が冷却化していた中国との関係修復が実現したのはむしろ最大の成果だったかもしれない。仮に米朝対話が奏功して、朝鮮戦争の休戦協定を平和協定へと転換した場合に、朝鮮半島情勢を再構築するロードマップを描く過程で自分たちが除外される事態を中国は恐れた。そのため北朝鮮への関与を再び強化する形となり、同時並行で進行していた米中対立は、中朝の蜜月関係をさらに深化させる追い風となったのだ。

米朝対話に未練を残した金正恩

　ハノイ米朝首脳会談後も北朝鮮はこれを完全な決裂とすぐに判断せず、ま
だ期待を捨て切れていなかった。当時、金正恩とトランプの間で交わされた
往復書簡の存在が明らかとなっているが、2019年6月10日付の金正恩の書
簡ではトランプの誕生日を祝いつつ、「私たちの間の深く特別な友情は、私
たちが目指す発展を実現する過程で直面するすべてのハードルをクリアし、
朝米関係の進展を導く魔法の力となると信じています」とトランプに訴えか
けている。これを受けてトランプは6月29日にTwitterで突如、南北軍事境
界線での対面を金正恩に呼びかけた。北朝鮮がこれに応じる形で板門店での
米朝首脳による対面と会談が実現したが、北朝鮮がこだわった非核化の見返
りについて、米国が認めることはなかったのである。

　米国は、2018年6月のシンガポール米朝首脳会談後に、米朝協議が進行
中は米韓合同軍事演習の実施を中断するとして、同年8月に予定していた大
規模図上演習「乙支フリーダムガーディアン」を中止した。また、2019年3
月の「キー・リゾルブ」「フォール・イーグル」も中止して、指揮所演習とい
う形で規模を縮小して行った。だが、同年8月に米韓合同のコンピューター
シミュレーションによる指揮所演習が実施されたことに対して、北朝鮮は強
く反発した。金正恩は8月5日付のトランプに宛てた書簡で、「朝鮮半島南
部で行われている合同軍事演習は、誰に対して行われ、誰を阻止し、誰を倒し、
誰を攻撃することを目的としているのでしょうか？」として、「私は明らか
に気分を害しており、この気持ちをあなたに隠すつもりはありません。本当
に、極めて不愉快です」と、失望と強い憤りを示した。明らかになっている
金正恩・トランプ両氏の往復書簡はこれが最後となっている[26]。

　10月5日にストックホルムで、米国・ビーガン（Stephen E. Biegun）特別代表
と北朝鮮・金明吉首席代表による米朝実務者協議が行われた。しかし北朝鮮
側は協議後に外務省代弁人談話を発表し、「われわれは今回の協商を通じて、
米国が朝米関係を改善しようとする政治的意志を持っておらず、もっぱら自
分らの党利党略のために朝米関係を悪用しようとするのではないかという考
えを持つようになった」として、「今後の朝米対話の運命は米国の態度にか

かっており、その時限は今年の末までである」と切り捨てた[27]。2018年から始まった米朝対話の流れは、結局、双方で折り合いを見つけられないまま中断することになったのである。

米朝対話に見切り

　北朝鮮は2018年4月に開催した朝鮮労働党中央委員会第7期第3回総会で、核の兵器化の完結が検証されたとして、「核実験と中・長距離、大陸間弾道ロケット（＝ ICBM、筆者注）試射も不用となり、それによって北部核実験場（＝豊渓里の地下核施設、筆者注）も自己の使命を果たした」として、今後は社会主義経済建設に総力を集中する戦略的路線へと転換することを宣言していた[28]。つまり核・ミサイル開発に区切りがついたので、これらの実験を中止して経済建設に主眼を置く戦略に転換することを決定していたのである。けれどもハノイ米朝首脳会談を経て行なわれた、2019年4月の最高人民会議第14期第1回会議の施政演説で金正恩は、「核実験と大陸間弾道ロケット試験発射の中止をはじめ重大で意味のある措置を主動的に講じて、朝米敵対関係解消のキーポイントである信頼構築の第一歩を踏み出」したにもかかわらず米国側が実現不可能な主張ばかりしているとして、「今年の末までは忍耐強くアメリカの勇断を待つつもり」だとしながらも、「敵対勢力の制裁解除の問題などにはこれ以上執着しない」と発言している[29]。

　北朝鮮が自ら設けた年内という期限を迎えた2019年12月末、朝鮮労働党中央委員会第7期第5回総会が開催され、守られない公約にこれ以上一方的に縛られる根拠はなくなったとして、米国の敵視政策が続くのなら朝鮮半島の非核化は永遠にありえず、朝鮮半島に平和体制が構築されるまでは「国家の安全のための必須的かつ先決的な戦略兵器の開発を中断することなく引き続き力強く進める」として、再び核開発を続けることを明言した。そして自力更生をもって、制裁を破綻させるための正面突破戦に邁進しなければならないと宣言するのである[30]。

　そして、2022年1月の朝鮮労働党中央委員会第8期第6回政治局会議では、米国を「米帝国主義という敵対的実体」として、「われわれが先決的に、主動

的に講じた信頼構築措置を全面再考し、暫定的に中止していた全ての活動を
再稼動させる問題を迅速に検討することに対する指示を当該部門に与えた」
と発表された[31]。米国を敵と認定して、核実験と中・長距離ミサイル、ICBM
発射実験のモラトリアムについても見直すことを明言し、2018年以来の米
朝対話の流れは完全に崩壊した。

北朝鮮と利害が一致した中ロ

　北朝鮮の非核化の見返りとして具体的な焦点になっていたのが、制裁緩
和の問題と米韓合同軍事演習である。

　前者については中ロが2018年6月以降、北朝鮮が核実験と中・長距離ミ
サイル及びICBM発射実験を凍結しているとして、一部解除を主張するよう
になった。中国はトランプ政権から制裁を含む貿易上の攻勢を受けていたし、
ロシアも2014年のクリミア併合以降は欧米からの制裁下にあった。北朝鮮
が置かれている状況に関しては、両国とも自分たちに対する制裁を不当だと
批判する名目ともつながったのである。

　後者については中国が、2016年から17年にかけて「二つの一時停止」(双暫
停)と「デュアルトラック・アプローチ」(双軌並行)という提案を持ち出して
いる。北朝鮮が核・ミサイル開発を一時停止し、米韓合同軍事演習も一時停
止する。そして、朝鮮半島の非核化実現と平和メカニズムの構築を結び付け
て、各方面の懸念を同時並行的に解決するという主旨だ。米中関係が緊張す
る中で、米韓合同軍事演習の中止は中国自身のためにも、必要な主張となっ
ていたかもしれない。

　前述したように北朝鮮は2022年1月にICBM発射実験の凍結を一方的に
解除し、ミサイル発射を再開した。こうした事態を受け、同年5月には国連
安保理で北朝鮮制裁を強化する制裁決議案の採決が行われたが、2006年の
北朝鮮による第1回核実験以降、関連の決議として初めて中ロが拒否権を行
使した。2023年12月、北朝鮮の新型ICBM火星18の発射実験が行われ、国
連安保理では緊急会合も開かれたが、中ロは北朝鮮を擁護する姿勢を崩さな
かった。2024年3月には、国連安保理の北朝鮮制裁を監視する専門家パネ

ルの任期延長決議案にロシアが拒否権を行使し、中国は棄権した。米国が主導する制裁に対して、中ロはあくまで反対する姿勢を貫いている。

Ⅳ　中ロ朝それぞれの思惑

　以上見てきたように、北朝鮮は2018年より米朝対話を試みたものの、成果を引き出すことはできなかった。そこで接近した相手は、冷戦時代以来の関係を持つ中国とロシアだった。ただしこの3か国それぞれの思惑は様々だ。

米国との関係性

　3か国の中で、現在米国と最も緊張した関係にあるのはロシアだろう。ウクライナ戦争で米ロは、交戦相手（ロシアにとってのウクライナ）とその支援国という形で対峙している。戦争長期化で西側との断絶が進むロシアは、今や米国に次ぐ大国となった中国を何とか味方につけたいという気持ちが強い。

　次に中国だが、貿易摩擦をきっかけに米国との対立を深めていき、2018年10月のマイク・ペンス（Michael R. Pence）米副大統領演説、2020年7月のポンペオ米国務長官演説などを経て、米中関係は経済的な競争にとどまらない根本的な価値をめぐる対立構図であることが明確となっていった。2021年1月のバイデン政権誕生後もその状況は本質では変わっていない。ただし、「新冷戦」と形容される状況にありながらも、米中は首脳会談を含めた外交的な接触は継続しており、経済的な必要性もあって互いを敵として完全に排除するには至っていない。また、中ロは表面的には結束を深めてはいるが、中国はロシアのウクライナ戦争に対する支援のあり方では慎重な態度をとっている。中国はロシアに寄り添い尊重するポーズは示しつつ、開戦時の国連総会における対ロ非難決議にも反対ではなく棄権という判断をした。

　そして北朝鮮は、中ロが米国との対立を深めていた時期にあって、米国との対話に着手するという大転換を決意した。北朝鮮が中ロと決定的に違うのは、建国以来70数年間、一貫して米国との敵対状態を継続してきたという事実だ。朝鮮戦争は休戦状態のままで、戦争は正式には終わっていない。中

ロはいわば大国間関係として米国との関係を調整し、また米国と直接協議も
してきたわけだが、米朝関係はずっと緊張状態であり続けた。北朝鮮にとり
米国との関係改善は、国家の存亡にかかわる最重要課題であり、同時にこの
障壁を克服できてこそ国家の安定と発展につながる。今回の米朝協議の失敗
を受けてその敵対状況が解消されなかったからこそ、自分の身を守るために
は、米国と対峙する中ロに近づかざるを得なかった。北朝鮮は中国と違い、
ウクライナ戦争についてはロシア全面支持の姿勢をとるが、国交すらない米
国へ気兼ねする必要がないからでもある。利害が交差する米中関係とは本質
的に異なり、極論すれば北朝鮮と米国とは互いに敵という関係性しかないか
らこそでもある。

北朝鮮の国際情勢認識

　米中対立の中、分断が進む国際情勢について、2021 年 9 月の最高人民会
議第 14 期第 5 回会議で行った施政演説の中で金正恩は、「根本的な危険は国
際の平和と安定の根幹を崩している米国とその追従勢力の強権と専横」だと
して、「米国の一方的で不公正な組分け式対外政策（＝デカップリング、筆者注）
のせいで国際関係の構図が『新冷戦』の構図へと変化してさらに複雑多端に
なったのが現在の国際情勢の変化の主要な特徴」という認識を示した[32]。

　また、2023 年 6 月の朝鮮労働党中央委員会第 8 期第 8 回総会拡大会議では、
「手の施しようもなく複雑で深刻に変化する朝鮮半島の安全環境」と説明さ
れており[33]、米国の韓国に対する核の拡大抑止強化や日米韓の戦略的連携が
強化されていくことへの不安が端的に吐露されていた。そして、2023 年 12
月の朝鮮労働党中央委員会第 8 期第 9 回総会拡大会議では、「社会主義国の
政権党との関係発展に力を入れ」、「変遷する国際情勢に合わせて米国と西側
の覇権戦略に反旗を翻す反帝・自主的な国々との関係をより一層発展させる」
という方針が改めて示された[34]。

　北朝鮮の中ロ接近は、急速な国際環境の変化にとまどいつつも、自己の生
存戦略のためいかに米国と対抗していくかという苦心の表れである。

おわりに

　北朝鮮はウクライナ戦争で苦戦するプーチンと蜜月関係を演出している。それは単なる外交上の言辞にとどまらず、2022 年以降、戦時下にあるロシアへ砲弾などの軍事支援を行うという積極的な関与へとつながった。2023 年 7 月の朝鮮戦争休戦（北朝鮮は「祖国解放戦争勝利」と表現する）75 周年行事にはロシアのセルゲイ・ショイグ（Sergei Shoigu）国防相が参加し、中国の代表団を差し置いて優遇される姿も目立った。だが北朝鮮のこうした行動は、敵対関係にある米国にどう対処するかという外交戦略の延長線上にあるものであり、ロシアとの接近そのものが目的であるのかは慎重に考える必要があろう。金正恩は 2023 年 9 月のロシア訪問で、「世界的な公共保健事態（＝コロナ禍、筆者注）以降、初の海外訪問としてロシア連邦への道についたのは朝ロ関係の戦略的重要性に対するわが党と政府の重視立場を示す明確な表現になる」と述べたが[35]、2018 年 3 月の中朝首脳会談では自身の政権就任後に行う初めての外国訪問が中国となったのは中朝関係を重視する表れだとしていた。プーチンは金正恩との会談でロケット技術を提供する姿勢を見せており、北朝鮮としては千載一遇のチャンスである。中ロどちらが重要であるかというのも、北朝鮮の都合に合わせて変化する。

　米中対立やウクライナ戦争などにより国際環境が大きく変化する中にあっても、中国やロシアとの間で北朝鮮が立ち回る姿は、冷戦時代の「対中ソ」天秤外交と本質においては変わるところがないようにも見える。先に述べたように、米国との関係において中ロ朝それぞれの思惑には温度差もある。北朝鮮がもし対米関係を改善することができれば、中ロとの連帯は不要となる。また、中国やロシアの対米関係が変化することがあれば、北朝鮮は再び孤立して核・ミサイル開発により執着しつつ、単独で米国に対抗するほかなくなる。前者であれば、北東アジア情勢は別の意味で大変動となろう。後者のケースだと、日本を含めた周辺国の安全保障上の不安定性をいっそう高める事態ともなる。

　対立下の均衡という、冷戦期のような危ういバランスが現在の分断が深ま

る国際環境でも起きていると言えるかもしれない。

注

1　『朝鮮中央通信』2017年9月11日。

2　『朝鮮中央通信』2017年11月29日。

3　『朝鮮中央通信』2018年1月1日。

4　二人のやり取りは「金正恩とトランプ」(朝日新聞デジタル、2018年6月11日)で詳しく整理されている。

5　「北代表団の平昌五輪派遣・軍事当局者会談開催　南北が合意」(聯合ニュース、2018年1月9日)。

6　「正恩氏　文大統領に早期の訪朝要請＝南北改善の意思示す親書伝達」(聯合ニュース、2018年2月10日)。

7　「南北が4月末に首脳会談開催で合意　北『米と対話の用意』」(聯合ニュース、2018年3月6日)。

8　「5月までに初の米朝首脳会談へ　金正恩氏の要請にトランプ氏応える」(聯合ニュース、2018年3月9日)。

9　この訪問は秘密裏に行われたが、4月17日に米政府関係者の情報として報道され、同26日にはホワイトハウスが写真を公開した。

10　『朝鮮中央通信』2018年3月28日。

11　公式には発表されなかったが、朝日新聞、ロイター通信などが報じた。

12　崔龍海は党政治局常務委員会委員に就任していたが、この訪中時は一時的に降格されていたとみられる。新華社の報道でも肩書は「党中央政治局委員・党中央書記」となっている。「紀念中国人民抗日戦争暨世界反法西斯戦争勝利70周年大会在京隆重挙行」(新華網、2015年9月4日)。

13　主な制裁内容は、海産物、石炭と鉛・鉛鉱石の北朝鮮からの輸入禁止、鉄・鉄鉱石を北朝鮮から完全に輸入禁止とする等。

14　主な制裁内容は、北朝鮮への石油製品の年間輸出量を200万バレルまでとし原油は前年同量までと上限を設定、また繊維製品の北朝鮮からの輸入禁止、120日以内に北朝鮮との合弁企業を閉鎖する等の内容が盛り込まれた。

15　「北朝鮮の情報　何が本当なのか」(NHK、2018年6月6日);「トランプ氏、中国主席の駆け引き上手を評価　北朝鮮の態度硬化で」(BBC News Japan、2018年5月23日)。

16　「中露早くも北朝鮮制裁緩和の声明案配布　国連安保理　米国の反対で廃案に」(産経新聞電子版、2018年6月29日)。

17　「米国務長官、対北朝鮮制裁厳守を主張　中ロは緩和提唱」(ロイター、2018 年 9 月 28 日)。

18　『朝鮮中央通信』2018 年 10 月 11 日。

19　「習近平同朝鮮労働党委員長、国務委員会委員長金正恩挙行会談」(新華網、2019 年 6 月 20 日)。

20　「習近平会見朝鮮労働党委員長、国務委員会委員長金正恩」(新華網、2019 年 6 月 21 日)。

21　「王毅：期待朝鮮半島向世界伝逓更多的好消息」(新華網、2019 年 7 月 2 日)。

22　「中国が北朝鮮制裁に違反　米、情報提供に最大 500 万ドルの報酬金」(ロイター、2020 年 12 月 2 日)。

23　詳細は、堀田幸裕「更新された中朝友好協力相互援助条約－米中対立下での中国の思惑－」『中国研究月報』第 888 号 (2022 年 2 月) 11-23 頁を参照。

24　「習近平：在紀念中国人民志願軍抗美援朝出国作戦 70 周年大会上的講話」(新華網、2020 年 10 月 23 日)。

25　『毎日新聞』2018 年 6 月 13 日。

26　引用は「ジョンウンとトランプ 27 通の往復書簡が示すもの」(NHK クローズアップ現代ウェブサイト、2022 年 1 月 26 日)より。英語と朝鮮語の全文については『韓美ジャーナル』第 10 号 (2022 年 9 月) を参照。

27　『朝鮮中央通信』2019 年 10 月 6 日。

28　『朝鮮中央通信』2018 年 4 月 21 日。

29　『朝鮮中央通信』2019 年 4 月 13 日。

30　『朝鮮中央通信』2020 年 1 月 1 日。

31　『朝鮮中央通信』2022 年 1 月 20 日。

32　『朝鮮中央通信』2021 年 9 月 30 日。

33　『朝鮮中央通信』2023 年 6 月 19 日。

34　『朝鮮中央通信』2023 年 12 月 31 日。

35　『朝鮮中央通信』2023 年 9 月 13 日。

コラム⑥

米中対立とＡＩ

荊　元宙
（五十嵐隆幸 訳）

米中 AI 対立の背景

　トランプ政権期に激しさを増した貿易をめぐる米中対立は、バイデン政権に入って科学技術分野が焦点として浮かびあがってきた。2021年4月にバイデン政権は「2021年戦略的競争法」を成立させ、中国のサプライチェーン構築を妨害する動きを見せた。急速に発展する中国のハイテク技術は、将来的に米国本土への脅威を劇的に変化させる要因として米国の国家安全保障問題になっている。

　特に米国は、2017年に中国国務院が「新世代人工知能発展計画」を発表したあと、中国の人工知能（AI）技術の発展に注目している。同計画において、中国は2030年までに AI 分野で世界のトップに立つことを目標として示した。AI チップの発展は、画像認識、音声認識、自然言語処理などの分野で飛躍的な進歩をもたらすことになる。すなわち、AI 技術のデュアルユース性に鑑みると、中国の AI 技術の急速な発展は、軍事・情報能力も格段に向上することを意味している。既に中国共産党は「智能化（インテリジェント化）戦争」の概念を打ち出し、AI 技術を利用した戦争能力の獲得を模索している。米国が中国に対してハイテク技術制裁を課す目的の一つに、中国の軍事力近代化建設を遅らせることが挙げられる。

米国による対中ハイテク技術制裁

　バイデン政権は、早くから NVIDIA や AMD といった大手半導体企業の先進的な AI チップの対中輸出を制限するほか、SMIC や HUAWEI と

いった中国企業が独自に先進的なチップを生産することを防ぐため、半導体製造装置やソフトウェア設計装置の輸出を制限していた。そして2023年8月9日には、米国の安全保障に対して脅威となる技術および製品の取引を規制する大統領令第14105号を発出した。この主な内容は、半導体とマイクロエレクトロニクス技術、量子情報技術、AIといった三分野への投資の制限である。このことは、中国に対する米国の技術制裁が、「輸出規制」から「投資規制」へと引き上げられたことを表している。

2023年10月17日には、半導体の製造に欠かせない材料のひとつであるウエハーについて、米国商務省が中国向け輸出の仕様を厳しく制限した。さらに、BirenやMoore Threadなど中国の半導体設計に関するスタートアップ企業について、貿易上の取引で制限を課すエンティティー・リストに追加した。

また、米国は、対中制裁を強めるのと同時に自国の競争力強化を図っている。例えば、バイデン政権は2023年8月に半導体の国内製造を促進する法律（CHIPS and Science Act）を制定し、米国に拠点を置く半導体製造メーカーに補助金と税額控除を提供することにした。同法の施行後、1,660億ドルの民間投資を呼び込み、50以上の大学に半導体人材育成プログラムを提供することが発表されており、同法によって半導体生産・製造の現地化が促進されている。

米国の制裁が中国に及ぼす影響

中国は世界のウエハー市場の3分の1以上を占めるが、需要の85％以上を輸入に頼っている。2022年に米国が中国に対してウエハーの輸出制限を課した後、中国の半導体輸入量は22％減少し、ウエハー製造装置の輸入も23％減少している。

米国が投資、技術、設備の分野で包括的に規制をかけていることから、中国企業のAIチップ開発は、中国政府の設備投資に依存せざるを得ない。だが、過去に中国の政府系ファンドによる投資モデルは失敗しており、繰り返すかもしれない。

　一方で、2023 年 8 月に HUAWEI が SMIC の 7 ナノメートル（nm）プロセッサーを内蔵した「Mate60Pro」シリーズを発表したことは、中国のチップ産業の強靱性を浮き彫りにした。従来は 1 世代前の 14nm の量産が限界と見られていた。NVIDIA の CEO である Jen-Hsun Huang 氏は、米国による一連の制裁措置が、中国の半導体企業に高性能な AI 開発能力の内製化を実現させてしまったと指摘する。

米中 AI 対立の展望

　米国側は政策の方向性を「デカップリング」（切り離し）ではなく「デリスキング」（リスク回避）へと転換したが、世界の二大経済大国である米国と中国は今後も距離を広げいくことは想像に難くない。トランプ政権以降進んだ米中対立は、サプライチェーン分断という形でグローバルに影響を与え、半導体サプライチェーンのグローバルな分業体制はもはや消滅したといっても過言ではない。そして今後、現在急成長を遂げている文章や画像を作り出す生成 AI の分野において、米中の対立は激しさを増していくことになるであろう。

参考文献

龐宏亮（安田淳監訳）『知能化戦争―中国軍人が観る「人に優しい」新たな戦争―』五月書房新社（2021 年）。

荊元宙「中共人工智能技術在反介入作戦上之運用」『中共解放軍研究学術論文集』第 2 期（2020 年 12 月）113-161 頁。

荊元宙・五十嵐隆幸「中国が目指すインテリジェント化戦争―"A2/AD"作戦をモデルケースとした AI 活用についての考察―」『防衛学研究』第 66 号（2022 年 3 月）3-28 頁。

第8章

米中対立と台湾
──大国間競争の行方を左右する「小国」の選択──

五十嵐　隆幸

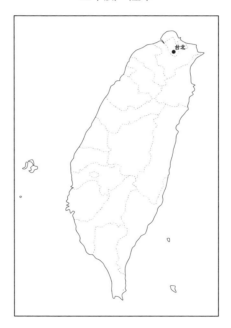

ポイント

・ 厳しい国際空間で生存していくためになす台湾の選択が、米中対立に与える影響は少ない。しかし、米中側から選択が迫られた場合、台湾の対応如何で米中対立に与える影響は大きくなっている。米中対立の行方は、その狭間で今日まで生存を続けてきた台湾の選択が鍵を握っている。

はじめに

　2024 年 5 月 20 日、台湾では民主進歩党（以下、民進党）の頼清徳が中華民国第 16 代総統に就任した。野党・中国国民党（以下、国民党）は、「戦争か平和の選択」を争点化して政権奪還を目指したが、民進党政権の継続を止めることはできなかった。国民党候補として出馬した侯友宜は、中国が「台湾独立勢力」とみなす民進党は「戦争の危険に導く」とし、平和な状態を維持するためには米国との防衛協力を保ちつつ、中国との交流が必要だと訴えていた[1]。これに対して頼清徳は、2024 年 1 月の総統選挙を「民主主義か専制かの選択」と位置づけ、米中対立が国際社会に深刻な影響を与える情勢下、台湾が現状を維持し、民主的で自由な生活方式を維持できるか否かがかかっていると訴えていた[2]。厳しい国際空間に立たされ続ける台湾にとって、「大国」たる米国と中国は将来の行く末を左右する重要なアクターと言っても過言ではない。その米中にとって、「台湾」をめぐる確執は近年より激しさを増している。

　「台湾」をめぐる米中関係については、少なくない研究が米国もしくは中国に分析が傾注している。いわば、国家間の関係をパワーポリティクスとして捉える現実主義的な立場で、究極的には「米中のどちら側につくのか選択を迫られる」とする二極論として説明されることが多い[3]。そのなかで台湾の存在は、米中関係に従属して変化する客体として扱われている。

　また、台湾との二国間関係を分析した研究の多くは、非対称なパワーを前提に議論が進められる傾向がある。米台関係研究の多くは、実質的に非対称同盟の枠組みで説明されている。それは、米国の保護は台湾の存立を左右し、もし台湾が意に沿わない行動を取るのであれば、米国は安全保障の提供を取りやめるか、そのように脅すだけで台湾は屈服するという説明である。現実の同盟関係では、時に小国が大国の意向に逆らうことがあると指摘されているが、むしろ正式な同盟関係にない米台関係こそ、非対称同盟の説明が当てはまる。しかし、仮に米国が台湾の意に沿わない行動を取ろうとした場合、台湾は無条件でそれに追随するのであろうか。米台関係を非対称同盟の枠組みで説明するには、十分な議論が必要である。

　台湾と中国との関係を分析した研究についても、その多くが中国側の視点に立ち、台湾を「統一」の対象として重要な内政問題と見なすと同時に、「対米関係のカード」として論じられる[4]。しかし、中国を「大国」、台湾を「小国」と見なせば、非対称なパワーで説明することができる。台湾は兵力差で 10 倍を超す中国の軍事的圧力に屈していないが、その要因として中国よりも強大なパワーをもつ米国の存在がある。だが、仮に台湾が中国に屈する選択をした場合、米国にそれを止める権利は無い。つまり、小国である台湾にも選択肢があり、その決定は大国である中国や米国の取り得る行動を左右することもある。

　たしかに、台湾にとって中国は、その主体性を脅かし、国際社会のなかでその存在を著しく制約する存在である。他方、台湾にとって米国は、台湾との外交関係を断って中国との国交を選んだ相手ではあるが、その主体性を擁護し、国際社会のなかにその存在を繋ぎ止める存在でもある。ゆえに、台湾の国政選挙では、米国や中国との関係が重要な争点の一つになっている。中国の興隆と米国の相対的衰退というパワーバランスの変化が生じるなか、台湾は米中関係に従属して変化する客体とは言い難く、自律的なプレーヤーとして自らが歩む道を選択可能な存在になりつつあるのではなかろうか。米中の狭間で慎重にバランスを取ることが求められてきた台湾の政治指導者は、両大国の対立をどのように捉えているのであろうか。1972 年の国連「脱退」以降、外交的に脆弱な台湾の政府は、中国の強制的な併呑から逃れるため、どのような生存戦略を描いているのであろうか。また、米中の対立が激しくなるなか、台湾の各政党は、どのように対米・対中政策を調整していくのであろうか。そして、台湾の住民や政府の選択が、今後の米中対立に影響を与えていくことはあるのであろうか。

　本稿では、目まぐるしく変化する情勢に靭やかに対応し、国際社会のなかに「小国」として埋没することなく、その存在感を発揮する台湾の視点で「米中対立の行方」を考察していく。第Ⅰ節では、米中台関係の主要なアクターとなる指導者が出そろう 2017 年 1 月までの過程とその外交政策を概観する。第Ⅱ節ではトランプ政権期、第Ⅲ節ではバイデン政権初期、第Ⅳ節では新型

コロナウイルス感染拡大以降の米中台関係の変化を時系列で読み解き、最後に台湾の選択が東アジア国際政治の将来に及ぼす意義を検討していく。

I　新たな米中"台"関係を築く指導者の登場

中台接近が生み出した蔡英文政権

　2013年2月、国家主席就任直前の習近平は、北京を訪問した台湾の与党・国民党の連戦名誉主席と会見した。前年11月の中国共産党中央委員会総書記就任後、台湾側関係者との初めての会見で習近平は、「両岸関係の平和的発展を引き続き推進し、両岸の平和統一を促進することは新たな中国共産党指導部の責任である」と述べた[5]。

　当時、中台関係の大きな焦点になっていたのは、敵対状態の終結に向けた政治対話であった。しかし、世論調査では、景気の回復を最優先に求める意見が57.5％を占め、中台関係の発展を望む声はわずか1.8％であった[6]。にもかかわらず、馬英九が幾度も中国との「平和協定」を語っていることに台湾の有権者は、敏感に反応し、馬が統一への道筋をつけようとしているのではないかと危惧するようになっていた。また、識者からは、中国資本による台湾メディアの掌握など政治的な危険性を懸念する声が上がっていた。こうした世論を無視するように、馬政権が2014年3月に「両岸サービス貿易協定」を強行採決しようとすると、学生らが立法院を占拠するなど大規模な抗議が展開された（ひまわり学生運動）。高まる不満を背景に、11月の統一地方選挙で国民党は大敗した[7]。勢いに乗った蔡英文・民進党は、2016年1月の総統選挙と立法委員選挙で圧勝し、台湾史上初めて完全な政権交代を成し遂げた。

　習近平政権発足後、台湾の馬英九政権との間で経済交流の拡大が図られてきた。だが、経済規模が異なる中台間の経済交流は、台湾の対中経済的依存度を高め、それは、台湾を経済的に取り込むことで事実上の統一へと近づけていくという中国側の中長期的な戦略にも結び付くものでもあった[8]。その中台の急接近に台湾の有権者は不安を抱き、かえってそれが中国と親和的な国民党に不利に働き、蔡英文・民進党政権を誕生させることに繋がった。

米台接近とトランプ政権の誕生

　2016 年 5 月 20 日、蔡英文は総統就任式典において、中台関係の「現状維持」を堅持する考えを明確にした。総統候補として党公認を受けると、あたかも「面接試験」を受けるように訪米し、米国政府などの要人と意見交換をするのが慣例となっており、1 年前に民進党の総統候補に決まった蔡が訪米した際、米国側は蔡の対中姿勢を前向きに評価していた[9]。いわば、蔡の掲げる対中政策は、米国の「お墨付き」を得たものであった。また、就任演説で蔡は、前政権が進めた対中接近を一転させ、「普遍的な価値観を堅持」を掲げ、日米欧など民主主義国家との関係を深めていく方針を示した。さらに、「金銭外交」と批判されていた援助外交からの転換を表明し、二国間対話を通じて互恵互助を追求する「堅実外交」を打ち出した[10]。

　それから約半年後、米国大統領選挙に当選したドナルド・トランプ（Donald Trump）がツイッターに「今日、台湾の総統から 当選を祝う電話があった。ありがとう！」と書き込み、蔡英文と電話会談を行ったことを明かした。1979 年の断交以来、米国の大統領や次期大統領と台湾の総統とのやり取りが公になったのは初めてのことであった。さらに、12 月 11 日にトランプが「『一つの中国』原則には縛られない。維持していくか否かは中国の対応次第だ」と述べると、中国は強い懸念を表明した[11]。それから間もなく、サントメ・プリンシペが台湾との断交を発表し、中国がサントメ・プリンシペとの国交樹立を発表した[12]。

　トランプ政権の誕生によって台湾では、米台関係発展への期待が高まったが、反対に米台関係の悪化と、それに伴って中台関係が悪化する不安も入り混じっていた。

II　トランプ政権期における米中“台”関係の変化

「断交ドミノ」と米国の対中国・対台湾政策の転換

　大統領選挙後も中国に対して挑発的な言動を繰り返したトランプであった

が、2017年1月20日の大統領就任から間もなく習近平との電話会談が設定
され、4月には習近平をフロリダの別荘に招き、両首脳は北朝鮮の核開発を
共通の問題と捉えて良好な関係を築いていった。ところが、その年末に米国
政府が発表した「国家安全保障戦略」では、中国を「現状変更勢力」と批判し
たうえで、過去の政策が間違いであったとの考えが記された。

　米国政府が中国への警戒感を顕わにするなか、中国外交部は2018年5月
1日、ドミニカ共和国との国交樹立を発表した。24日夜には台湾の外交部が
緊急記者会見を開き、ブルキナファソから外交関係の断絶を通告されたこと
を発表した。台湾が1か月に2か国と断交するのは、李登輝政権下の1998
年以来20年ぶりのことであった[13]。

　「断交ドミノ」が起きた1か月半後、国民党名誉主席の連戦が訪中し、習
近平と会談した。習近平が国民党へのエールとも捉えられる温和な言葉を投
げかけるなか[14]、翌月、蔡英文が中南米諸国歴訪の途中で燃料補給のため米
国に立ち寄った際、歴代総統が為し得なかったほど大きな外交成果を収める
こととなった。往路では、レーガン大統領図書館で講演を行い、帰路では、
連邦政府機関である航空宇宙局(NASA)を訪問したことが大々的に報じられ
た[15]。そして蔡英文が台湾に戻った翌日、中国外交部は、エルサルバドルが
台湾と断交し、中国と国交を樹立したことを発表した[16]。米国と台湾への警
告というタイミングの「報復」であった。

　中国が台湾に外交面で圧力をかけていくなか、米国では中国への強硬意見
が強まっていた。10月4日、マイク・ペンス(Mike Pence)副大統領がハドソ
ン研究所でトランプ政権の対中政策について講演した際、「これまでの政権
が中国にかけてきた期待は実現しなかった」と中国を厳しく批判した[17]。既
に米国議会は3月に米台政府間交流の促進を謳う台湾旅行法を成立させ、12
月には台湾への武器売却促進を含意するアジア再保証推進法を成立させたよ
うに、政権よりも議会が主導する形で、徐々に米国の対中国・対台湾政策の
転換が始まっていた。

「一国二制度」への不信と「台湾」を取り巻く国際環境の変化

　2019 年 1 月 2 日、米中国交正常化を機に鄧小平が発表した「台湾同胞に告げる書」の 40 周年を記念して習近平が重要演説を行い、「一国二制度による台湾統一」を強調すると、蔡英文は僅か 2 時間後にそれを拒否する談話を発表した。このレスポンスが高く評価され、台湾では蔡英文の支持が広がった。習近平の決意表明は、前年 11 月の統一地方選挙で大敗を喫し、次の総統選挙に向けて劣勢に立たされていた蔡英文にエールを送る形となった。

　そして 3 月 31 日には、中国軍機が台湾海峡の中間線を越えた。2017 年 10 月の第 19 回党大会以降、中国軍機による台湾の周回飛行など威嚇的な活動が増え、2019 年に入ってからは更に活発化していたが[18]、事実上の停戦ラインを越えるのは極めて異例の事態であった。

　その後、6 月に香港で「逃亡犯条例」の改正に反対する大規模抗議活動が起きると、台湾の有権者はメディアを通じて映し出される香港に「明日の台湾」を想起した。中国への警戒感の高まりを背景に、世論調査で蔡英文の支持率がトップに上がると、9 月にソロモン諸島とキリバスから相次いで断交が伝えられた。こうした中国の外交攻勢に対し、蔡英文は「中国の金銭外交とは張り合わない」と述べ、「悪質な圧力」と中国を批判した[19]。この頃になると、台湾の外交官からも「金銭援助で国交相手を乗り換える国を繋ぎ止める必要は無い」「価値観を同じくする友好国に外交資源を集中するほうが得策だ」といった声が聞こえた。こうした現場の声を反映したかのように、外交部が各国議会に列国議会プラットフォーム「フォルモサクラブ」の設立を働きかけ、それに多くの国の議会が応じた。また、10 月のドイツを皮切りに、米国、オーストラリアなどの国民から、台湾との国交樹立を求める請願書が各国議会へ提出されたように、「価値観を同じくする友好国」から吹く風も変わり始めていた[20]。

　こうして迎えた 2020 年 1 月の総統選挙では、蔡英文が史上最多得票で再選を決めた。1 年前に劣勢に立たされていた蔡英文・民進党が快勝できた要因は、習近平が「一国二制度による台湾統一」を強調した直後に、その「一国二制度」を適用した香港で、抗議活動が弾圧されたことにあった[21]。そして

何よりも、中国との関係を重視する国民党ではなく、中国の圧力に毅然たる態度を示した蔡英文・民進党を「選択」したのは、台湾の住民に他ならなかった。

新型コロナウイルスの世界的大流行と台湾外交の変化？

2020 年の総統選挙戦が最終盤を迎える頃、台湾の政府は中国で原因不明の感染症が広まっていることを察知して対策を講じた。早期に防疫体制を整え、新型コロナウイルスの感染拡大を抑制することに成功した台湾は、マスクなどを次々と友好国に贈り、国際社会におけるイメージが向上した[22]。一方で、新型コロナウイルスの流行は、中台関係の悪化を決定づけた。中国政府は、台湾籍住民の退避に非協力的な姿勢を示し、台湾の WHO 年次総会への参加も阻止した[23]。人々の生死に関わる局面でも、中国政府は「一つの中国」原則を優先したのである。

また、副総統に当選した頼清徳が 2 月上旬に訪米した際、米国政府は大統領が出席する大規模な朝食会に頼清徳を招き、最前列のマイク・ポンペオ (Mike Pompeo) 国務長官の隣に席を用意した[24]。他方、頼清徳の訪米最終日となる 10 日、中国軍機が再び台湾海峡の中間線を越え、国務院台湾事務弁公室と国防部からは「火遊びをするな」と台湾側に警告を与える声明を発表した[25]。このようにエスカレーションする軍事的な圧力に対し、米国政府も台湾周辺に海軍艦艇や軍用機を派遣して中国側を牽制した[26]。その頃、決裂状態にあった米中の貿易協議は第一段階の合意に達していたのだが、「台湾」をめぐる米中の緊張は高まる一方であった。

米国政府が対中戦略の一環として、様々な分野で台湾との関係の強化を続けるなか、7 月に李登輝元総統が亡くなると、弔問という形で断交以降最高位となる厚生長官や国務次官を台湾に派遣した。米国政府高官の相次ぐ訪問の後、米公共ラジオ局 (National Public Radio) の取材に応じた呉釗燮外交部長は、「現時点では、米国との完全な外交関係を結ぶことを求めているわけではない」と語った。この発言に反論するかのように、国民党が「政府は米国に中国共産党に対する抵抗の支援を要請すべき」と「台米復交」の二案を立法院に提出した。これに民進党なども異議を唱えることなく、速やかに可決され

た[27]。これに中国は強く反発した。同日、国務院台湾事務弁公室は、「責任ある政党は『台湾独立』勢力の挑発的な行動に反対の立場を示すべき」と国民党を批判した[28]。中国との良好な関係を選挙戦略にしていた国民党であったが、党勢を回復するため、中国との関係悪化も厭わない意見が出始めていた。

　トランプ政権の 4 年間で、米国政府の対中姿勢は硬化し、台湾への対応も変化した。一方、中国政府の対米姿勢も挑戦的になり、台湾に対する圧力も強まった。かつての台湾は、対米関係はもとより、中国とも良好な関係を築く必要があった。しかし、米中対立が激化していくなか、その狭間に立つ台湾も、今までとは異なる「選択」が求められていた。

Ⅲ　バイデン政権初期における米中関係の悪化と米台関係の変化

バイデン政権の「台湾支持」表明と台湾の「現状維持」表明

　2020 年 11 月、米国大統領選挙でジョー・バイデン (Joe Biden) 候補の当選が固まると、台湾では、オバマ政権期の副大統領であったバイデンが当時の融和的な対中政策に戻すのではないかと不安が広がった。しかし、バイデン政権発足とほぼ同時に、台湾側の不安は一気に和らいだ。2021 年 1 月 20 日の大統領就任式に、断交以来初めて台湾の実質的な駐米大使が招待された。そして 23 日に国務省は、中国政府に対して台湾への軍事的、外交的、経済的な圧力の停止を求めたうえで、バイデン政権が進める同盟国や友好国との協力に台湾が含まれることを明言した[29]。

　バイデン政権が発足から間もない時期に前政権の対台湾政策を踏襲する姿勢を示したことは、台湾側の不安を払拭させる効果があったが、反対に中国の反発を招くことを意味していた。中国は、バイデン政権発足後も台湾の防空識別圏への侵入を繰り返し続けた。そして 1 月 28 日、中国国防部は定例記者会見において、台湾海峡での活動は外国勢力による干渉や「台湾独立」の挑発への対応であり、台湾海峡の安全と国家主権を守るための必要な行動だと説明し、名指しを避けるもバイデン政権と蔡英文政権を強く批判した[30]。

　2 月 5 日には、アントニー・ブリンケン (Antony Blinken) 国務長官が楊潔篪

国務委員との電話会談において、中国側の「台湾海峡を含むインド太平洋の安定を脅かす試み」に対し、同盟国とともに対応すると説明した[31]。その5日後、バイデンは習近平との初の電話会談において、「台湾を含む地域における中国の攻撃的な行動」に懸念を表明した[32]。

　このように米国の政権交代直後から「台湾」をめぐる米中の緊張が高まるなか、蔡英文は春節前の談話において、「圧力をかけられたからといって屈服はしないし、支持を得られたからといって早まったことをしないのが、台湾の一貫した立場だ」と述べ、「平和の鍵は中国の手にある」と軍事的な威嚇をやめるように求めた[33]。この蔡英文の言葉には、台湾が複雑な国際環境の下で生き抜いてきたなかで導き出された知恵が込められていた。

米中対立の争点から「民主主義と権威主義の戦い」の枠組みへ

　2021年3月7日、全国人民代表大会会期中の記者会見において、王毅外交部長が「『一つの中国』は米中関係の『超えることができないレッドライン』だ」と説明し、バイデン政権に「トランプ政権の線を越え、火遊びをする、危険なやり方」を改めるよう要求した[34]。

　このように中国が米国に対して「警告」を発するなか、23日に上院軍事委員会で次期インド太平洋軍司令官のジョン・アキリーノ（John Aquilino）が、9日に現インド太平洋軍司令官のフィリップ・デービッドソン（Philip Davidson）が「今後6年以内に中国が台湾を侵攻する恐れがある」と示したことを取り上げ、それは多くの人の理解している時期よりも切迫しているとの認識を示した[35]。米軍最高幹部が差し迫る危機に警鐘を鳴らすなか、25日にバイデンは大統領就任後初の記者会見で「習近平には民主主義のかけらもない」と評し、現状を「21世紀における民主主義と専制主義との戦いだ」として「民主主義が機能することを証明しなければならない」と強調した[36]。そして4月に入ると、米国国務省が台湾との政府間交流を奨励する新たな指針を示すほか、ブリンケンは、台湾の防衛を助ける約束をしていると明言した[37]。

　米国大統領選挙後、台湾では「バイデンに見捨てられる」と不安の声も上がっていたが、バイデン政権において、前政権の対中強硬姿勢や台湾への支

持は基本的に継承された。それに加え、単独行動主義を志向していたトランプ政権とは対照的に、バイデン政権は同盟国や友好国との協力関係の強化を通じて、対外拡張的な外交を推し進める中国を牽制し、台湾を支持する姿勢を示した[38]。バイデン政権の発足により、台湾は米中対立における争点の一つから、「民主主義と権威主義との戦い」という枠組みに組み込まれていった。

「価値観を共有する国家」との関係強化

　2021 年 6 月に開催された主要 7 か国首脳会議（G7 サミット）や EU 首脳会議において、「台湾海峡の平和と安定の重要性」を明記した首脳宣言が採択された。欧米諸国で「台湾海峡」への関心が高まるなか、台湾では新型コロナウイルスの感染が急拡大していた。蔡英文が中国の妨害によって海外からのワクチン調達が難航しているとの見解を示すと、日本や米国が無償提供を表明し、それに中東欧諸国が続いた。そのなかでも真っ先にワクチン提供を表明したリトアニアは、台湾と相互に事実上の大使館を開設することを発表し、それに中国が強く反発していた。中国はリトアニアに駐中国大使の召還を求め、駐リトアニア中国大使を召還する方針を示した。大使召還は断交も辞さないという意思表示であり、中国が台湾関連でこれを行ったのは、1981 年にオランダが台湾に潜水艦を売却したこと、1995 年の李登輝訪米への抗議に続いて 3 回目である。リトアニアと中国の関係は悪化を辿っていた[39]。

　こうした中国と中東欧諸国との関係に目を付けた台湾は、10 月に経済貿易投資視察団をスロバキア、チェコ、リトアニアに派遣した。また、同時期にスロバキアのシンクタンクの招きに応じた呉釗燮が、国際会議の基調講演で「台湾における民主主義の発展と中東欧諸国の権威主義からの体制転換には、同様の歴史的背景がある。台湾とスロバキアは、自由、法治、人権という共有する価値観を堅持している」と訴え、スロバキアなどからワクチンが贈与されたことは、民主主義諸国間の「善意の循環」を表していると述べた[40]。

　新型コロナウイルスという人類共通の脅威のほか、中国の人権問題や経済協力への不信を前に、蔡英文の「価値観外交」は中東欧諸国で成果を見せていた。

民主主義陣営の最前線に立つ台湾

　「基本的な価値観の共有」を掲げて諸外国と関係を強化していく台湾であったが、時に中国に強硬な発言を織り交ぜて批判を加えることもあった。6月9日にオーストラリア紙の取材を受けた呉釗燮は、台湾と志を同じくする国々が共有する民主的で自由な価値観と、中国が世界各地に広めている全体主義の間には著しいコントラストがあるとしたうえで、台湾は中国の権威主義拡大の最前線にあると訴えた。ソロモン諸島とキリバス以降、台湾の友好国切り崩しは起きていない。ツバルなど太平洋島嶼4か国と台湾の結束を前に中国の照準は中南米に移り、3月にはワクチン提供の条件としてパラグアイが台湾との断交を迫られていた。

　こうして中国がワクチン外交を展開するなか、12月9日から10日にオンラインで開催された「民主主義サミット」には、台湾から現役閣僚の唐鳳(オードリー・タン)政務委員が参加し、「台湾は常に世界で権威主義と対抗する最前線に立ってきた」と訴えた。しかし、その初日、ニカラグアが台湾との断交を発表した。ニカラグアでは、11月の大統領選挙で現職大統領が4選を決めていたが、欧米諸国はこれを公正な選挙とは認めず、経済制裁を課していた。米国は、台湾と外交関係を持つニカラグアなどをサミットに招待していなかった。

　12月10日、蔡英文はニカラグアとの断交について、「台湾の民主主義が成功すればするほど、国際社会からの支持も強くなり、権威主義陣営からの圧力も強くなる」としたうえで、「言論による攻撃や武力による威嚇であろうと、民主主義と自由を貫いて世界に向かって進み、国際的な民主主義コミュニティーに参加する我々の決意と努力は変わらない」と述べた。一方の中国は、外交部定例記者会見において、「米国流の基準で世界を『民主主義』と『非民主主義』の二大陣営に区分し、公然と分裂や対立を扇動している」と批判した。

　ニカラグアとの断交によって台湾が外交関係を持つ国は14か国まで減った。しかし台湾の外交部は、2021年の外交を振り返り、友好国との協力関

係は目覚ましい成果を上げ、国際社会からの支持は前例にもないレベルに達
したと「堅実外交」の成果を総括した[41]。

IV　新型コロナウイルス感染拡大以降の米中"台"関係

ロシアによるウクライナ侵攻の衝撃と高まる台湾海峡の緊張

　2022 年 2 月 24 日にロシアがウクライナに侵攻を始めると、台湾社会に「今
日のウクライナは、明日の台湾」という言葉が広がり、中国の台湾侵攻へ
の警戒感が高まりを見せた。3 月下旬に行われた世論調査では、「米軍が台
湾の防衛を助けるために参戦すると思うか？」との質問に対し、「すると思
う」が前回 10 月の 65％から 34.5％に急落し、「しないと思う」が 28.5％から
55.9％に急増した[42]。台湾の人々の不安と米国に対する不信感を背景に、バ
イデン政権は「台湾を安心させる」ために前国務長官や超党派訪問団を台湾
に派遣した[43]。

　その後も米国からは、重量級議員が陸続と台湾を訪問し、蔡英文ら要人と
会談を繰り返しているが、中国のみならず国際社会にインパクトを与えたの
は、ナンシー・ペロシ（Nancy Pelosi）下院議長の電撃訪台であろう。アジア歴
訪中のペロシは、8 月 2 日 22 時過ぎに台北に到着、翌 3 日午前に蔡英文総
統など、午後に立法委員と懇談し、夕方には台湾を離れた。ペロシらの離台後、
中国人民解放軍は台湾周辺に向けて 11 発のミサイルを発射し、その一部は
台湾上空を超えて台湾東部海域に着弾したと報じられた。このほか、中国軍
機の台湾海峡中間線越えが激増し、国防部は 5 日までの統計で延べ 68 機が
中間線を越えたと報じた。一方、中国側は、米軍の偵察機が台湾周辺を飛行
したと報じるなど、米中台の間で緊張が高まりを見せた[44]。

　その後、11 月に行われた米国中間選挙後、下院議長に選出されたケビン・
マッカーシー（Kevin McCarthy）は早期に訪台する意向を示していた。しかし
台湾側は、ペロシ訪台時のような緊張を避けるため、蔡英文が中米諸国を歴
訪する際に立ち寄る米国国内での会談を提案した。そして 2023 年 3 月上旬、
マッカーシーがそれを受け入れたことが報じられた。

　この報道に対して中国外交部は8日、米国政府に対して厳重に抗議した。その約1週間後、ホンジュラスのシオマラ・カストロ（Xiomara Castro）大統領が中国との国交樹立に動くよう外相に指示したことを明らかにした。20日、中国は『2022年における米国の民主状況報告書』を発表し、「米国流の基準で世界を『民主主義』と『非民主主義』の二大陣営に区分し、公然と分裂や対立を扇動している」と第2回「民主主義サミット」の開催を前に米国を批判した。

　その第2回サミットにおいて、ホンジュラスは新たな招待国として名を連ねた。カストロが選挙戦で中国との国交樹立を公約に掲げていたこともあり、米国も台湾も繋ぎ止めのために経済協力など進めてきた。ところがホンジュラスは、サミット直前に台湾との断交を発表した。中国から見ると、ホンジュラスとの国交樹立は訪米する蔡英文への懲罰的な意味はあったが、それ以上に民主主義サミットに水を差し、米国の面子を潰す意図が込められていた[45]。

否定できない「親米」路線

　新型コロナウイルスの感染拡大期間を挟み、3年8か月ぶりとなる2023年3月29日からの中米歴訪で蔡英文は、往路に立ち寄ったニューヨークのハドソン研究所で講演を行った。その後、グアテマラとベリーズを訪問した蔡英文は、帰路で再訪したレーガン大統領図書館でマッカーシーと会談し、両氏は200名以上のメディア関係者を前に共同記者会見を行った。

　蔡英文とマッカーシーの会談に対し、中国側は外交部、国防部、全人代外事委員会などが一斉に談話を発表して強く反発した。台湾では、与党・民進党主席で副総統の頼清徳がFacebookに蔡英文の功績を称えるコメントを投稿した。また、野党なども、両氏の会談について米台関係強化を表したものと支持する姿勢を鮮明に打ち出し、中国に対し、強硬な手段で台湾に圧力をかけ、両岸の平和と安定を損なわないように呼びかけた。

　これまで、どの野党も民進党の中国政策を批判し、中国との関係改善を掲げてきた。だが、それを過度にアピールすると、「親中」のレッテルを貼られてしまう。その最たる例が国民党である。2022年6月に国民党は14年ぶりに駐米事務所を再開させ、同党主席の朱立倫が「国民党は親米で民主主義

や平和と安全、繁栄を支持する政党であり続けてきた」と述べ、「親中」のレッテルは誤りだと訴えた。台湾を取り巻く国際環境が依然として厳しいなか、米国と良好な関係を維持していくこと以外に選択肢を見出すのは難しく、政権奪還を目指す野党として、蔡英文の訪米や外交路線を手放しに批判材料とすることはできなかった。

　そして 4 月 7 日に蔡英文が中米歴訪から台湾に戻ると、翌 8 日に中国人民解放軍東部戦区のスポークスマンから、台湾周辺で 3 日間にわたって軍事演習を実施することが発表された。3 日間の演習では、延べ 100 機以上の作戦機が台湾の防空識別圏に侵入し、そのうち 50 機以上が台湾海峡の中間線を越えた。特に注目すべきは、空母「山東」が初めて太平洋へ進出し、台湾の東側海域で J-15 戦闘機の発着艦を繰り返したことである。2022 年 8 月にペロシ下院議長が訪台し、その離台後に行われた演習と比べると、期間、範囲、規模は小さかったが、台湾包囲作戦の総合的なシミュレーションとして位置と評価された。

　この演習を日本などは緊張感をもって観察していたが、その当事者たる台湾社会では、いつも通りの日常が送られていた。台湾の人々は「断交カード」や軍事的圧力に慣れてしまい、既にその効果は低下していた[46]。そのため、総統選挙まで 1 年を切るなか、中国は経済的恩恵による台湾内部の瓦解など、対台湾工作の力点を伝統的な統一戦線工作[47]に移していった。

台湾の将来を決める選挙戦への介入

　2023 年に入ると、台湾の伝統的なメディアやソーシャルメディア上で「政権交代」という言葉が目立つようになった。台湾では民主化以前の一党独裁時代の記憶が残り、初めて政権が交代した 2000 年以降、総統の 2 任期満了となる 8 年で政権交代を繰り返してきたこともあり、長期政権に警戒する声が強い。そのため、民進党政権の失策への追及や不祥事等に対する批判の声が大きくなっていた。特に 10 月以降、野党勢力は、わずか 1 か月の間に民進党関係者 5 名の女性スキャンダルを追及したのだが、そのなかには数年前から証拠を集めていたと見られるものや、明らかな捏造も、牽強付会なもの

もあった。これらが統一戦線工作の一環だという証拠はないが、疑問視する見方はある。選挙が近づくタイミングで立て続けに不祥事が暴露されたことは、民進党のイメージに少なからず打撃を与えた。

　また、選挙戦では、「政権交代」を狙う国民党と台湾民衆党（以下、民衆党）は、民進党の頼清徳に勝てる見込みがないと考え、統一候補の擁立に向けて話し合いを続けてきたが、選出方法を巡って議論が平行線を辿っていた。ところが、11月10日に国民党の馬英九前総統が、民衆党の柯文哲に有利な一本化策を提案し、15日に「野党候補一本化」の合意が発表された。結局のところ、交渉は決裂したのだが、11月上旬に馬英九の側近の蕭旭岑が北京を訪問し、中国共産党幹部と会談したことが報じられており、民進党陣営は馬英九の背後に中国の存在があるとの見方を示している。その証拠は出されていないが、中国がそれを期待していたことは中国の官製メディアの報道からも明らかであり、統一戦線工作のセオリーにも合致する。

　立候補締切日の11月24日、国民党と民衆党がそれぞれ届け出を済ませ三候補者による50日間の選挙戦が始まった。その5日後、中国国務院台湾事務弁公室は記者会見を開き、頼清徳が駐米代表の蕭美琴を副総統候補に指名したことについて、「台湾独立は戦争を意味する。独立派同士の組み合わせは、台湾海峡の安定や台湾の前途にとって害毒となる」と非難した。過去の選挙では、中国が圧力をかけることで台湾社会がそれに反発し、中国にとって望ましくない結果を招いてきた。2024年の選挙戦で中国は表立って強硬な圧力をかけてこなかったが、野党候補一本化が実現しなかったことで苛立ちを隠せなくなっていた[48]。

　選挙まで1か月を切った12月15日、中国商務部は民進党政権が行っている中国からの2,500種以上の輸入規制を「貿易障壁」と認定し、対抗措置に言及した[49]。国民党は、経済政策の柱として「中国に対する開放政策」を主張している。民進党政権が台湾経済を悪化させていると印象付け、経済的圧力を強めることで、中国はあからさまに民進党政権の継続を阻止する行動に出た。

　一方で同日、米国政府は、台湾に対して総額3億米ドルの武器売却を承認したことを発表した。バイデン政権が台湾への武器売却を承認するのは、約

3 年目で 12 度目となる[50]。民進党政権の防衛政策に協力する姿勢を示すことで、米国は民進党政権を援護する行動に出ていた。台湾の将来を決める選挙戦を舞台に、米中の「綱引き」が繰り広げられていた。

おわりに

　近年、権威主義的な政治体制を採る中国の国力が上昇を続け、民主主義の盟主を自負する米国との対立が顕在化し、「台湾」をめぐる米中の確執も以前にも増して深刻になっている。

　バイデン政権発足前、台湾では「米国に見捨てられるのではないか」という不安が渦巻いていたが、それも杞憂に終わった。蔡英文は、米中の対立を手放しに「歓迎」を表明できないものの、米国の対中強硬姿勢を支えとし、中国に断固たる態度を示している。「民主主義と権威主義との戦い」を掲げるバイデン政権にとって、台湾は中国の権威主義拡大の最前線に立ち、民主主義が機能することを証明する「ショーケース」の役割を担うようになっている。

　台湾の外交戦略にも変化が見られる。1972 年の国連「脱退」以降、台湾は国際機関から排除され、生命に深刻な影響を及ぼす伝染病が全世界に拡大しても地理的な空白になっている。台湾が外交関係を持つ国は、2024 年 5 月 20 日の頼清徳政権発足の時点で 12 か国に減っている。今後も中国が台湾の外交関係を持つ国を切り崩していくことは想像に容易いが、以前に比べて「断交」の衝撃力が低下している。外交関係の多寡に拘らず、「価値観を同じくする友好国」との関係を深めていくことが、台湾が中国の強制的な併呑から逃れるための生存戦略となっている。

　また、1979 年の断交以降も実質的に安全保障を米国に依存している台湾にとって、各政党は政権を担うためには米国から信頼を得なければならず、一方で経済的な関係が深い中国と良好な関係を保つことも求められている。いわば、政権を担う能力を持つ政党が対外政策で違いを出すことが難しい環境に置かれている。だが、中国は選挙という政党間競争を利用して台湾の内

部分裂を画策し、かつて内戦を繰り広げた「政敵」の政党活動を支えている。

　今日、厳しさを増す国際空間で生存していくためになす台湾の政府の「選択」が米中対立に与える影響は依然として少ない。しかし、米中側から台湾の歩む道について「選択」が迫られた場合、台湾の対応如何で米中対立に与える影響は今まで以上に大きくなっている。戦後 70 年以上、東アジアの「小国」である台湾は、厳しい国際環境のなかで、靭やかに生き抜いていく術を身につけてきた。強大なパワーで国際社会を巻き込む米中対立の行方は、その狭間で今日まで生存を続けてきた台湾の「選択」が鍵を握っているのかもしれない。

　＊本章は、五十嵐隆幸「米中対立と台湾―大国間競争の狭間に立つ「小国」の選択―」（『国際安全保障』第 50 巻第 2 号、2022 年 9 月、74-92 頁）を加筆・修正したものである。なお、本稿の見解は筆者個人のものであり、筆者の所属組織の公式見解ではない。

注

1　「侯友宜批民進党引戦 将台湾導向戦争辺縁」（自由電子報、2023 年 11 月 28 日）。

2　「頼清徳：美中対抗持続 台湾将在民主先制間做正確選択」（中央廣播電臺、2023 年 6 月 14 日）。

3　Michael A. Witt, "Prepare for the U.S. and China to Decouple," *Harvard Business Review*, June 26, 2020; Yan Xuetong, "Bipolar Rivalry in the Early Digital Age," *The Chinese Journal of International Politics*, Vol. 13, Iss.3 (Autumn 2020), pp.313-341; Khong Yuen Foong, "Looking to 2020: Southeast Asian Countries to choose between US and China," *NUS News* (January 23, 2020).

4　松田康博「台湾にとっての米中関係―構造変化から蔡英文政権期を展望する―」『国際秩序動揺期における米中の動勢と米中関係―米中関係と米中をめぐる国際関係―』（国際問題研究所、2018 年）197 頁。

5　『人民日報』2013 年 2 月 26 日。

6　『聯合報』2013 年 5 月 14 日。

7　竹内孝之「2016 年台湾総統選挙、立法委員選挙―国民党の大敗と蔡英文次期政権の展望―」（アジア経済研究所、2016 年 2 月）。

8　松本はる香「馬英九政権期における中台関係の進展をめぐる諸問題」川上桃子、

松本はる香編「馬英九政権期の中台関係と台湾の政治経済変動（調査研究報告書）」（アジア経済研究所、2017 年）10 頁。

9　松田「台湾にとっての米中関係」201 頁；佐橋亮『米中対立―アメリカの戦略転換と分断される世界―』（中央公論新社、2021 年）120 〜 123 頁。

10　「就職演説」（中華民国総統府、2016 年 5 月 20 日）；「總統啟程前往巴拿馬及巴拉圭友邦訪問」（中華民国総統府、2016 年 6 月 24 日）。

11　"Trump says U.S. not necessarily bound by 'one China' policy," *Reuters* (December 12, 2016).

12　『人民日報』2016 年 12 月 27 日。

13　五十嵐隆幸「台湾に対する懲罰か？米国に対する挑戦か？―ホンジュラスと国交を樹立した中国の狙い―」『NIDS コメンタリー』第 259 号（2023 年 5 月 11 日）。

14　『人民日報』2018 年 7 月 14 日。

15　「雷根図書館公開談話 蔡総統：自由和未来不能妥協」（中央通訊社、2018 年 8 月 14 日）；「蔡総統訪 NASA 太空人讃嘆従太空看台湾很美」（中央通訊社、2018 年 8 月 20 日）。

16　五十嵐「台湾に対する懲罰か？米国に対する挑戦か？」、3 頁。

17　"Vice President Mike Pence's Remarks on the Administration's Policy Towards China," Hudson Institute (October 4, 2018).

18　林哲全・李俊毅主編『2019 評估報告 印太区域安全情勢』（国防安全研究院、2019 年）24 〜 25 頁。

19　「針対與索羅門群島終止邦交発表重要声明」（中華民国総統府、2019 年 9 月 16 日）；「総統針対中華民国與吉里巴斯共和国断交発表重要声明」（中華民国総統府、2019 年 9 月 20 日）。

20　五十嵐隆幸「中国のシャープパワーと台湾のレジリエントパワー」『交流』No.963（2021 年 6 月）11 〜 12 頁；同「『権威主義との戦い』の最前線に立つ台湾―台湾を取り巻く国際環境の変化と『民主主義サミット』への参加―」『交流』No.971（2022 年 2 月）9 頁。

21　小笠原欣幸「総統選挙と立法委員選挙」佐藤幸人・小笠原欣幸・松田康博・川上桃子編『蔡英文再選―2020 年台湾総統選挙と第 2 期蔡政権の課題―』（アジア経済研究所、2020 年）11 〜 47 頁。

22　福岡静哉「新型コロナウィルスの封じ込めで増した台湾の存在感」東大社研現代中国研究拠点編『コロナ以後の東アジア―変動の力学―』（東京大学出版会、2020 年）141 〜 154 頁。

23　松田康博「台湾のコロナ対策成功で変わる台湾海峡の力学」同上書、163 〜 176 頁。

24　「頼清徳出席美国祈祷早餐会 與川普及彭斯同場」（中央通訊社、2020 年 2 月 7 日）。

25 「共機擾台曾逾越海峡中線 F-16 昇空駆離」(中央通訊社、2020 年 2 月 10 日);「国台弁：奉勧民進党当局不要玩火」(中共中央台湾工作弁公室・国務院台湾事務弁公室、2020 年 2 月 10 日)、http://www.gwytb.gov.cn/xwdt/xwfb/wyly/202002/t20200210_12241054.htm;「国防部：正告民進党当局不要玩火」(中華人民共和国国防部、2020 年 2 月 28 日)、http://www.mod.gov.cn/jzhzt/2020-02/28/content_4861261.htm。

26 "Guided-Missile Cruiser USS Chancellorsville Transits Taiwan Strait," *USNI News* (February 16, 2020).

27 五十嵐「中国のシャープパワーと台湾のレジリエントパワー」、13 頁。

28 「国民党党団提所謂 "請求美国協助抵抗大陸"、"台美復復 '邦交'" 有関決議案、国台弁回応!」(環球網、2020 年 10 月 6 日)、https://taiwan.huanqiu.com/article/40B-5id8JeR3。

29 五十嵐「『権威主義との戦い』の最前線に立つ台湾」、10 頁。

30 「国防部："台独" 的泡沫又能翻得起几朵浪花」(中華人民共和国国防部、2021 年 1 月 28 日)、http://www.mod.gov.cn/jzhzt/2021-01/28/content_4878152.htm。

31 "Secretary Blinken's Call with PRC Director Yang," U.S. Department of State (February 5, 2021).

32 "Readout of President Joseph R. Biden, Jr. Call with President Xi Jinping of China," The White House (February 10, 2021).

33 「召開国安高層会議 総統四項指示：国安団體春節持続守護国家」(中華民国総統府、2021 年 2 月 9 日)。

34 『人民日報』2021 年 3 月 8 日。

35 "Defense of Taiwan Vital to Regional, National Security, Admiral Says," *DOD News* (March 23, 2021).

36 "Remarks by President Biden in Press Conference," The White House (March 25, 2021).

37 "New Guidelines for U.S. Government Interactions with Taiwan Counterparts," U.S. Department of State (April 9, 2021); "Blinken: U.S. has a serious commitment to Taiwan being able to defend itself," *NBC News* (April 11, 2021).

38 水村太紀「第 2 次蔡英文政権下の中台関係・米台関係を振り返る」『交流』No.964(2021 年 7 月)14 頁。

39 門間理良「バイデン政権、台湾に対し初の武器売却」『東亜』No.651(2021 年 9 月)41 ～ 42 頁。

40 「外交部長呉釗燮応斯洛伐克智庫『全球安全論壇』(GLOBSEC)」(中華民国外交部、2021 年 10 月 26 日)。

41 五十嵐「『権威主義との戦い』の最前線に立つ台湾」、12 ～ 13 頁。

42　「俄烏衝突、兩岸危機與台湾民主」(財団法人台湾民意基金会、2022 年 3 月 22 日)、https://www.tpof.org/ 精選文章 /2022 年 3 月「 俄烏衝突、兩岸危機與台湾民主 」/。

43　"U.S. stands firm behind commitment to Taiwan, delegation says," *Reuters* (March 2, 2022); "U.S. former top diplomat Pompeo arrives in Taiwan, calls it 'great nation'," *Reuters* (March 2, 2022).

44　五十嵐「台湾に対する懲罰か？米国に対する挑戦か？」、6 頁。

45　五十嵐隆幸「2024 年総統選挙の「脇役」が繰り広げる前哨戦—現実路線を歩む現総統の訪米と「中華民国の夢」を追い求める前総統の訪中」『交流』No.987 (2023 年 6 月) 8 〜 12 頁。

46　同上。

47　「統一戦線工作」については、しばしば「中台統一」問題と混同されるが、「統一戦線」とは 1949 年の中華人民共和国建国前、すなわち台湾海峡分断前から中国共産党が民意を掌握するために用いてきた概念である。詳しくは、江藤名保子「習近平政権の世論誘導」(東京財団政策研究所、2014 年 10 月 9 日) を参照。

48　五十嵐隆幸「多様化する選挙介入の手法—台湾内部の分裂を導く統一戦線工作への回帰—」『東亜』No.679 (2024 年 1 月) 74 〜 81 頁

49　「商務部公告 2023 年第 54 号 商務部関於就台湾地区対大陸貿易限制措置進行貿易壁塁調査最終結論的公告」(中華人民共和国商務部、2023 年 12 月 15 日)、http://www.mofcom.gov.cn/article/zcfb/zcblgg/202312/20231203460950.shtml。

50　"DEFENSE/ U.S. announces US$300 million arms sale to maintain Taiwan's C4 capabilities," *Focus TAIWAN* (December 16, 2023).

第 3 部　誰が世界秩序を担うのか？

第9章

担わない欧州？
——多極化と戦略的自律——

小林　正英

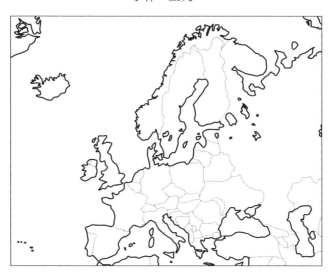

ポイント

- 米中対立は、結局、欧州からは距離があることは否めない。が、ユーラシア情勢や米国の変容を通じて、距離の割には影響を受けているとも言える。
- 欧州は米国とともにリベラルな秩序を担うかに見えた。ただ、大国間協調なしには成し得ないようだ。そのようななか、自律/自立の模索が見られる。

はじめに

　2023年春のエマニュエル・マクロン (Emmanuel Macron) 大統領発言は、米中対立での欧州の立ち位置に疑念を抱かせることとなった。同発言が衝撃を与えたのは、いわゆる西側としての連帯が期待されていたなかで、あたかもフランスが（そして欧州が）、台湾問題で局外中立を保つかのような発言だったからである。急いで補足すれば、どの程度、フランスが欧州の立場を代表するかは次章以降でも見ていく。いずれにせよ、「きょうのウクライナは明日の台湾」として両問題を重ね合わせる論調が見られていたなか、冷水を浴びせる発言であった。

　問題の発言は、2023年4月6日から7日までの訪中の帰路の機内で飛び出した。「台湾情勢について『最悪なのは米国のペースと中国の過剰反応に欧州が合わせるべきだと考えることだ』」とし[1]、「われわれのものではない危機」に捕まって戦略的自律性構築を妨げられることの危機感も述べた[2]。その後、4月20日に実施された米仏両大統領電話会談後の発表でも、米仏両国間に中国や台湾に関して微妙な温度差が見られた。フランス側は台湾問題への直接の言及を避けつつ、中国がウクライナ問題で一定の役割を果たすことに期待を表明していたのである[3]。

　緊張は続いた。NATOの東京事務所開設問題でも、フランスの対中配慮とも見られる姿勢が物議を醸した。マクロン大統領は、NATOとしての対中牽制ともとられかねない本件について、「NATOのストルテンベルグ事務総長に反対の意向を伝えた」と発表されたのである[4]。実際に同案件は以後検討が進んでいる様子が伺えない。2023年7月のNATO首脳会議後の記者会見でも、あらためてフジテレビの質問に答え、NATOとしてグローバルにパートナーを持つことは有意義としつつ、NATOは北大西洋地域に集中すべきとした[5]。

　このようなフランスの、あるいは欧州の姿勢は、米中対立のなかで、果たしてどのような立ち位置を定めようとするものなのか。次節以降で検討していくが、その前に、米中対立について再整理しておきたい。

　アメリカと中国の対立関係は、今日、国際社会の最大の懸案のひとつであ

る。中国の経済力および軍事力の増大と、それに伴う政治的、経済的主張の強化は、現時点でも軍事的、経済的に最大の大国と考えられるアメリカとの間に軋轢を生んでいる。

　さらに、中国が人権、民主主義、通商政策などの面で必ずしもアメリカと価値を共有していないことが、その軋轢を深刻なものとしている。この深刻さは、国際秩序のあり方についての主張の相違によって加速されている。

　特に、中国側について見ると、習近平の権力掌握以降において、政治的、経済的主張の強化が顕著となったようである。習近平の総書記選出が 2012 年 11 月、国家主席就任が 2013 年 3 月であり、「一帯一路」構想が表明されたのは、陸路については 2013 年 9 月にカザフスタンにて、海路については 2013 年 10 月にインドネシアにてであった。これらは中国と欧州を結ぶものであり、欧州に直接的な影響を及ぼした。

　他方で、アメリカが静かに国際社会における存在感を縮小しつつあることも、この対立関係の重要な副旋律となっている。2013 年のバラク・オバマ (Barack Obama) 大統領の「アメリカは世界の警察官ではない」との発言は象徴的なものであったし、その後のドナルド・トランプ (Donald Trump) 大統領の「アメリカ第一主義」とジョー・バイデン (Joe Biden) 大統領の「ミドルクラス外交」も、その延長線上にある[6]。

　アメリカは、世界への関与を縮小しつつあるだけでなく、その主たる関心を欧州からアジア太平洋に転じつつある。オバマ大統領による、2009 年の「アメリカの最初の太平洋大統領」発言によって、「アジアへのピボット」が鮮烈に打ち出された[7]。

　このようなアメリカのグローバルなプレゼンス縮小とアジア・ピボットは、欧州にとってダブルパンチとなった。その後、バイデン政権成立で国際協調路線回帰が期待されたにも関わらず、同政権は一方的にアフガニスタンから撤退し、カウンターパンチをも食らわせることとなった。

　これらの背景にはシリアにまで到達して泥沼化した「アラブの春」への対応、それに伴う欧州難民危機、さらには COVID-19（いわゆる新型コロナ）危機対応をめぐるさまざまな米中および米中欧の摩擦もあるが、そのすべてを論

じることは本章の課題を超える。以降、米中対立の中での欧州について考え
ていく。その際、まず「欧州」とは誰か、何を見れば「欧州」の立ち位置につ
いて見たことになるのかについて再考し、それをふまえて、米中対立の中の
欧州について検討する。その際、安全保障政策を軸に見ていくこととしたい。
ただし、欧州各国個別の政策について詳細に見ることは紙幅から許されない
ので、基本的には様々な枠組みを中心に見る。

I　異次元多層の欧州安全保障秩序と米中対立

　特に国際安全保障のありかたに軸足を置くと、「米中対立と欧州」として
論じるべき「欧州」とはなにか、一筋縄ではいかない。欧州の安全保障構造は、
異次元多層とも言うべき構造となっているためである。

　欧州の安全保障分野では、冷戦期を通じて NATO が中心的役割を果たし
てきたことは論を俟たない。北大西洋条約五条に明文の集団防衛条項を持
ち、高度に機構化された国際事務局と統合軍事機構を有する北米両国と欧州
29 か国からなる軍事同盟は、冷戦期を通じて欧州の安全保障の要石であっ
た。冷戦後においても、様々な議論はあったものの、現実的な安全保障課題
に対応できる唯一無二の軍事機構として機能し続けている。また、旧東側諸
国、それに中東・北アフリカ諸国から日本を含むインド太平洋諸国までを含
むパートナーシップを構築している。事実上、アメリカが最大かつ決定的な
発言力を有する枠組みでもある。

　他方で、「米中対立と欧州」を論じるとすれば、各国の次元も決して看過
できない。これも「欧州」である。いかに国際統合が進んでいるとはいえ、
主権国家が国際社会の基本的構成要素であることは（まだ）変わっていない。
国民の生命と財産に最終的に責任を負うのはそれぞれの主権国家である。

　そして、EU も欧州の外交・安全保障政策の担い手としての存在感を確保
しつつある。既に NATO や各国といった安全保障主体があるなかで、外交・
安全保障政策に独自の立ち位置を確保していかなければならなかった EU は、
冷戦後的な民軍融合的な危機管理任務を中心に担っていくこととなった。ま

た、独仏和解を中核とする不戦共同体を構築することを掲げて進められてきた欧州統合ゆえ、あるいは現実的な安全保障課題が米欧軍事同盟たる NATO と主権国家によって担われていることとの棲み分けとして、高度な規範性を標榜することとなった。結果的に、国連中心主義を掲げてもいる。

　このように、特に安全保障の側面から見ると、「欧州」といっても米欧同盟としての NATO、欧州各国、それに EU という異次元多層な構造となっている。各層は、欧州各国という共通の基盤を持つものの、時として戦略的に、時として結果的に、連動したり、しなかったりする。このような理解を踏まえ、米中対立の中の「欧州」について考えてみることとする。

Ⅱ　NATO の次元と欧州各国の次元

NATO の次元[8]

　2022 年、米欧同盟たる NATO は、その基本文書において、中国を脅威認識の文脈で初めて言及した。2022 年 6 月 29 日に開催された NATO 首脳会合で採択された NATO 戦略概念で、NATO の戦略概念として初めて中国に言及したのである。確かに、ここに至る方向性は、2010 年代終盤以降次第に明確化しつつあった。NATO が中国問題を本格的に取り上げたのは、2019 年のロンドン首脳会合に遡る。「同盟として対応すべき機会と挑戦」としてであった。2017 年のアメリカ国家安全保障戦略が中国を「長期的な戦略的競争相手」としたのを受けたものとされる。のち、2021 年 6 月に発表された NATO 事務総長による報告書「NATO 2030」（2019 年 12 月に NATO 事務総長に検討が託されていたもの）で、特に中露連携への懸念が示されることとなった。つまり、2017 年のアメリカの方針が、2019 年に NATO の基本方針となり、2021 年の報告書を経て、2022 年に戦略概念に書き込まれた、ということになる。

　現時点での到達点とも言える、2022 年の NATO 戦略概念における中国への言及は、「内容の濃いもの」と評価される[9]。とはいえ、同戦略概念の中ではロシアが「脅威（threat）」として言及されたのに対し、中国は「挑戦（challenge）」

にとどまった。さらに言えば、具体的行動が予見されてもいない[10]。

　このような、NATOとしての対中認識について、三段階に分けて考える説得的な指摘がある[11]。咀嚼すれば、グローバル、地域間的、地域的と言ってもいいだろう。第一に、グローバルのレベルでは、予見しうる将来において国際システムに挑戦をもたらしうる存在は中国のみとして警戒する。そのような挑戦に際し、NATOは当事者であるが、脅威は直接的ではない。次に、地域間のレベルでは、ユーラシアなどの欧州とアジアの中間的な領域において、あるいはサイバーや海洋といった欧州とアジアにまたがる、あるいはつなぐ領域において、地理的あるいは質的に間接的ながら、現実的な脅威をもたらしつつある。最後に、地域のレベルでは、インド太平洋地域で中国は現実的かつ直接的な軍事的脅威をもたらしつつあるが、欧州・大西洋地域からは地理的に遠い。

　このような分析は、NATOとして、中国を次第に「挑戦」として認識しつつあるなかで、しかしながら対応のあり方については各国間に温度差が生じていることを説明しうる。現時点で直接的な軍事的脅威ではなく、とはいえ一定程度の脅威認識があることで、各国ごとに程度の異なる脅威認識が生じるのである。

　NATOは事実上米国主導の枠組みであり、さらに昨今ではロシアによるウクライナ軍事侵攻に伴って欧州での現実的な軍事的脅威が高まっていることから、重要性が再前景化している。米中対立の観点から言えば、中立的な立ち位置はありえない。しかしながら、NATOとして実際に米中対立のなかでどのような具体的な対応があり得るかといえば、現時点で非常に幅のあるものとなる。本章冒頭のマクロン発言は、この「幅」の中で捉えるべきものである。

欧州各国の次元

　欧州各国の次元で見ると、2012-13年の習近平の権力確立期と時を同じくして「蜜月」とも呼ばれる時期があったものの、2016年頃以降は、そのような「黄金時代」も陰りを見せていった[12]。これ自体はEU次元でも欧州各国次

元でも同様の動きが見られるが、特に中国から欧州への窓口となった中東欧諸国の対中関係は大きく揺れ動いた。そこには米中対立という要素をはっきりと見出すことができる[13]。

　中東欧諸国の中国との関係を特徴づけるのは、「16+1」である。「16+1」は中国主導の中国と中東欧諸国との協力枠組みであって、強いて言えばその中核は毎年開催される定例首脳会合であるが、公式サイトでは「事務局」のようなものも置かれていることが確認できる。同サイトでの公式名称は中国・中東欧諸国協力 (Cooperation between China and Central and Eastern European Countries) ということになるようだが、通称は「16+1」である。ただし、協力枠組みの設立を決めた会合の参加国は 14 であったし、そののち 16 か国で最初の首脳会合が開催された後、参加国が 17 か国まで増加した時期もあった。今日ではバルト三国が不参加に転じて欧州側の参加国は 14 となっており、非常に曖昧な枠組みである。

　「16+1」は、しかしながら好調な滑り出しの後、先行きが不透明化しつつある。その要因の一つとして米中対立も指摘できる。「2008 年のヨーロッパ金融危機および 2010 年のユーロ危機 (中略) の後、EU は危機に陥った中・東欧諸国に対し、十分な支援を行うことができなかった」状況の中、一帯一路構想とも連動しつつ構築された「16+1」は、中国から中東欧諸国への大規模インフラ投資などをもたらした。だが、今日では、ハンガリーやセルビアといった例外はあるものの、「16+1」は「緩やかな死 (Slow Death)」を迎えつつあるとする論調もある[14・15]。その要因として指摘されているのが、中国からの投資およびその効果の評価についての疑念、EU が「連結性戦略」などの対抗策を講じたことの他、特にトランプ政権のアメリカからの中国離れの圧力である。アメリカは、中東欧諸国にとっての軍事的脅威の度合いを増しつつあるロシアに対抗しうる軍事的安全保障を、主に NATO 東翼での増派として提供したり、あるいは三海域イニシアチブ (TSI: Three Seas Initiative) 協力枠組みを「16+1」に代替しうる協力枠組みとして提供するなどして、中東欧諸国と中国との協力関係の関係構築を相対化させつつあるとされる[16]。

III EU の次元

EU の次元：経済

　EU は中国との間で包括的投資協定（CAI: Comprehensive Agreement on Investment）を 2020 年に基本合意したものの、以後、「凍結状態になっている」[17]。同協定は「トランプ時代に傷ついた米欧関係の立て直しを掲げ、中国に関する米欧協力にも積極姿勢を示していた」アメリカのバイデン政権発足の機先を制するかたちで、中国による米欧分断の懸念がある中、欧中間で合意されたものであった。ただし、米中基本合意や RCEP といった他国の対中経済関係構築への欧州のキャッチアップの試みとの指摘もあり、米中関係の中でのEU の立ち位置の理解の手がかりとするには評価が難しい[18]。

　同協定を強力に推進したのはドイツとされているが、推進力は失われつつある。このようなドイツの姿勢の根底には、同国の対外政策の特色のひとつである「接近による変容」との思惑もあったとされる。同協定はアンゲラ・メルケル（Angela Merkel）首相（当時）の下で進められたが、メルケル政権末期の時点で、既に対中関係の構築は既に微妙な舵取りが求められる状況になっていた[19]。また、その後の社民党を中心とした連立政権への交代に伴って、厳しい対中姿勢を取る緑の党が外相ポストを獲得している。

　ただし、EU の対中経済関係は、「デリスキング」概念を打ち出し、一定の落ち着きどころを見出した感はある。「米国の一部で主張された『ディカプリング（decoupling）』を回避するため」ではありつつも、関係断絶が現実的でないとすれば「重要な分野で対中依存を減らしたり、輸出管理や投資の規制を強化したりする」ものとされる「デリスキング」は、アメリカ対中経済政策の新たなキャッチワードになる「Small Yard, High Fence」にも符合する[20・21]。

EU の次元：戦略的自律性

　安全保障では、米中対立の中にあって、EU は一定の自律性を確保しようとしている。いわゆる戦略的自律性である[22]。特に近年、多極化という国際情勢認識の補助線が引かれるようになった。

戦略的自律性は「すぐれてフランス的な概念」とされる[23]。用語としては1994年の同国の国防白書が初出だが、概念自体は20世紀前半の大戦の経験に根ざしたもので、フランス外交の基軸とされる。

EUにおける戦略的自律性とはなにか。一般に参照されるのは、2016年の欧州理事会結論文書での表現、「必要なとき、必要な場合に、可能な限りパートナーとともに、自律的に行動する能力（its capacity to act autonomously when and where necessary and with partners wherever possible）」である[24]。

EUでの戦略的自律性言説の初出は、確認できる限りで2013年の委員会のコミュニケーション「防衛・安全保障部門の競争力と効率性向上に向けて」である[25]。ただし、委員会の文書ということもあってか、ここでの「戦略的自律性」は防衛産業に軸足をおいたものとなっている[26]。

振り返れば、EUの軍事的安全保障政策の出発点となった1998年の英仏サン・マロ宣言でも、EUが「自律的行動のための能力（capacity for autonomous action）」を持たねばならないとしていた[27]。同宣言以降、EU独自の安全保障についての議論が注目されるようになる中で、2002年に「戦略的自律性」という用語を最初期に用いたハワースとケーラーは以下のように述べる。「『自律性』は誤解の多い言葉である。われわれは、EUが、アメリカからの支援が限定的、もしくは支援のないなかで、軍事力の展開（projection）を伴う行動（initiative）を決定し、発動できる政治的および軍事的能力という意味で用いる」[28]。

EUにおける「戦略的自律性」については、四つの時期に区分する議論がある[29]。この議論によれば、第一期は、1990年代、アメリカの欧州からの離脱の懸念に伴う欧州の軍事能力に関する議論として提起された時期である。第二期は、2010年代にリビアやシリア、さらにはウクライナでの経験から欧州近隣地域の厳しい安全保障状況にあらためて直面した時期とされる。結果として、2016年に採択されたEUの欧州安全保障戦略文書「EUグローバル戦略（EUGS）」には「適切な水準の戦略的自律性」を希求する文言が入った。第三期は、アメリカにトランプ政権が誕生して同国の欧州関与に疑念が生じ、同時に中国の一帯一路構想がEUの外交政策の幅を狭めつつあった時期

で、第四期は 2020 年のパンデミックを契機とし、第三期とともに「戦略的自律性」の議論がなおいっそう政治経済的な文脈で語られるようになった時期としている。

このように展開してきた「戦略的自律性」の議論において、さらにそのバリエーションあるいは発展形とも考えられるのが、「欧州主権」言説である。英国 EU 離脱が決定から 1 年、2017 年春の仏大統領選挙で親欧州的勢力を糾合して大統領選を勝利したマクロン新大統領は、英国 EU 離脱後の欧州統合再発進を視野に入れ、同年 9 月 26 日にソルボンヌ大学で演説を行った[30]。同演説は「主権的で民主的な欧州のためのエマニュエル・マクロンの演説 (Discours d'Emmanuel Macron Pour Une Europe Souveraine, Unie, Démocratique)」と題されたもので、真の主権性はいまや欧州としてしか確保し得ないことを訴えた。

EU の次元：多極化のなかの戦略的自律性

このような「戦略的自律性」ないし「欧州主権」言説をさらに加速させているのが多極化認識である。この認識の出現は EU の戦略文書で確認することができる。

EU は、1990 年代の発足後、2000 年代になって独自の安全保障戦略文書を発表するようになった。2003 年の欧州安全保障戦略 (以下、ESS と略)[31]、2016 年の EU グローバル戦略 (以下、EUGS と略)[32]、そして 2022 年の EU 戦略コンパス (以下、戦略コンパスと略)[33] がそれである。振り返ると、次第に緊張を増してゆく脅威認識を読み取ることができる。

ESS が冒頭で示した「欧州は、いまだかつてないほどの繁栄と安全と自由を享受している。20 世紀前半の暴力は、欧州史に前例のない平和と安定に道を譲った」との情勢認識は、EUGS では「われわれは実存的な危機のただ中にある。前例のない平和、繁栄と民主主義をもたらした欧州のプロジェクトは、疑問符を付されている」との認識に変わった[34]。さらに戦略コンパスでは、「欧州に戻ってきた戦争は、(中略) われわれのビジョンを促進し、利益を擁護する能力は挑戦を受けている」となった。付言すると、NATO 戦略概念でも、EU 戦略文書の空白期だった 2010 年改訂版では「今日の欧州大西

洋地域は平和で、NATO 領域に対する通常兵器による攻撃のリスクは低い。これは歴史的成功である」とされていたものが、2022 年版では「欧州大西洋地域は平和ではない」となった[35]。

　安全保障環境が厳しさを増しているという認識の変遷の中で、2022 年の戦略コンパスで初出となった語彙が、「多極 (multipolar)」である。戦略コンパス本文には、「多極世界 (multipolar world)」として登場する。曰く「このような闘いの場としての多極世界 (In this contested multipolar world) では、EU はその市民を保護し、利益を守り、価値を広め、より安全でより正しい世界に安全を提供するためにパートナーと協働するために、もっと積極的なスタンスをとらなければならない」とする。

　そして、多極世界ないし多極化という認識は、EU の外相とも言うべきジョセップ・ボレル (Josepp Borrell) 外交・安全保障上級代表兼欧州委員会副委員長も頻繁に示すようになっている。同上級代表の発信の中で繰り返される論理構成は、最近のブログポストのタイトルにもなっている「多国間主義なき多極性」に最も端的に言い表されている[36]。特に多極化と多国間主義、それに (直接に名指しはしていないが) リベラル国際秩序について述べた内容としては、以下のようなものがある。すなわち、「次第に多くの国々が、政治的主権主義 (political sovereignism) に立ち返ることを主張している。米国だけでなく中国、ロシア、それにトルコなどである。これらの国々が主張する多国間システムの再編のあり方はそれぞれだが、いずれも第二次世界大戦後に構築されてきた世界についてのリベラルなビジョンから退こうとしている。これはポピュリズムのあらわれであり、すべてのポピュリストの指導者はアンチ多国間主義者である」[37]。そのうえで、(多国間主義と戦略的自律性は)「コインの裏表」であって、「できるかぎり多国間主義的に、そして必要な場合に限って自律的に」あるべきとしている[38]。

　多極化のなかの戦略的自律性については、EUGS の起草者ナタリー・トッチ (Nathalie Tocci) も 2021 年に論じている。「欧州の戦略的自律性は、多極化時代、それは米国が独自の内政的・外交的課題にかかりきりになっていて、中国やロシアが脅威や挑戦をもたらし、欧州の周辺地域の真空が、EU が EU のグ

ローバル戦略で示したような欧州の利益とあからさまに一致しないような地域的あるいはグローバルな勢力で満たされようとしているような多極化時代において、構造的なパワーを維持するために必要である」[39]。欧州近隣地域における地域的勢力の影響力拡大については、ボレル上級代表も「アスタナ化(astanisation)」として警戒を示している[40]。多極化認識との明瞭な連結が見られる点は注意を要するだろう。

　同時に、多極化言説はEUのみならず中国(というより中露両国)にも見られる一方で、アメリカの認識からは排除されている点も興味深い。米国務省のサイトで、国務長官発言を含む公文書の検索をかけても、「多極(検索語としては"multipol"を使用)」は皆無である。かろうじてみつかるのは外国要人の発言(インドとシンガポール両国の外相)か、核兵器関係かICC関連であり、むしろロシアのディスインフォメーションの分析のなかで出現する[41]。中国側は、多極化推進側であり、欧州を「多極世界を構築する上で重要な戦略的合意を共有する」パートナーとすら見ていたことが指摘されている[42]。さらに、2023年3月の中露首脳会談共同声明でも多極化言説は頻出した[43]。

EUの次元：自律的な軍事活動から自立的な産業基盤へ？

　EUの戦略的自律性の主張が多極化認識と結合しつつある中で、現実の施策としてはどうか。実は、EUとしての実際の部隊展開は2010年前後を境に停滞しつつある。その一方で、ロシアによるウクライナ軍事侵攻などに直面する中で、新たな動きも見られるようになっている。

　EUは、2000年代に入ってその共通外交・安全保障政策のなかで大規模な部隊展開を実施してきた。旧ユーゴにおけるNATO部隊の後継しかり、アフリカにおける民軍融合的な部隊展開しかりである。これらは、米欧同盟の部分稼働としての性格を持ち、NATOとして活動しない場合でも欧州としての自律的な活動を実施できるようにしたものであった。

　他方で、2010年に「アラブの春」に際しての部隊展開が実現できなかった以降は、大規模な部隊展開はぱたりと止んでいる。これは、主に中露両国が、リビアでの経験から、国連安保理による「保護する責任」を根拠とする強制

的な、すなわち軍事的な措置を基本的に容認しない姿勢に転じて以降である。EU としての部隊展開が、原則として国連安保理による授権確保を前提としてきたことによる。

　同時期以降、EU の中心的な部隊展開は、特にソマリア沖海賊対策や南大西洋の西アフリカ沿岸ギニア湾における、EU 各国による有志連合艦隊である。安保理による授権を必要とせず、海洋展開であるがゆえに EU 諸国における戦力の遠方展開能力不足の傾向に足を引っ張られにくく、しかも有志連合的な展開とすることで柔軟性を確保している。2016 年のパリ同時多発テロに際し、欧州連合条約 42 条 7 項に定める集団防衛条項が初めて発動された際も、その発動形態がきわめて二国間的だったのは象徴的だった。そのようななか、「欧州安全保障では EU 次元での停滞という認識のもと、英仏を軸とした遠征任務関係での各国間協力の次元での活発化が見られる」のであり、特に顕著なのは英国主導のいくつかの枠組みである[44]。

　さらに、2022 年 2 月 24 日のロシアによるウクライナ軍事侵攻以降、特に欧州正面では NATO としての軍事的防衛体制がいっそう前景化することとなった。「NATO を下支えする EU 安全保障」という構図はそれ以前から既に現れはじめていたが、隣接地域での核大国による一方的な軍事侵攻は、冷戦期的な軍事的安全保障の切実さを再認識させた[45]。

　軍事的安全保障における EU の後景化と NATO の前景化のなか、EU の理解する多極化世界での戦略的自律性とは実態としてどのようなものがありうるのだろうか。2022 年以降の EU の動向には着目すべき展開がある。

　2022 年 3 月 10-11 日に開催されたヴェルサイユ EU 非公式首脳会合で、具体的に EU のとるべき対応として合意されたのは、防衛能力強化、エネルギー依存脱却、堅牢な経済基盤構築の三点であった。ここから着実にいくつかの経過を経て、2023 年 10 月 9 日の理事会による「共同調達による欧州防衛産業強化のための要素（EDIRPA）」採択へとつながっていく[46・47]。これ自体は EU 各国によるウクライナに対する装備や消耗品の提供に際し、それに伴って不足しかねない自国の装備や消耗品の調達について、多国間の枠組みを前提としつつ、EU 予算による支援を実施しようとするものである。従来、EU

はその基本条約である EU 条約第 41 条第 2 項の規定を根拠に、軍事関連の拠出を禁止されていると理解されてきた。ただ、正確に同条項の文言は「軍事的および防衛的活動から生じる費用（傍点引用者）」への拠出を禁じているに過ぎない。EU の規範性もあって、これまで抑制的に運用されていたものが、昨今の状況から積極運用に変わったのである[48]。

　既に EU の対外援助の文脈で、欧州平和ファシリティ（EPF）という、共同基金を通じても防衛装備はウクライナに提供されている。EPF が補填するのは提供物品の費用の一部であり、かつ EU 予算枠外の各国拠出金であって、EDIRPA は各国の装備や消耗品の共同調達に EU 予算から支援するものである。EU では常設構造化協力（PESCO）という装備関連の共同予算も英国 EU 離脱後に発動されているが、こちらは基本的に研究開発に軸足をおいており、短期的な消耗品の共同調達を主眼とする EDIRPA とは性格を異にする。もちろん、装備の提供については NATO の枠組みでも調整されたが、NATO での調整は各国の契約を束ねたもの、EPF での支援はいったん各国の拠出をプールして配分するもの、EDIRPA と PESCO は EU 予算からの支援である[49]。

　このような方向性は、中長期的なウクライナ安全保障に関しても、重視されているのは EU からの支援であることと符合する[50]。2022 年 9 月、ウクライナのアンドリー・イェルマーク（Andriy Yermak）国防相とアナス・フォー・ラスムスセン（Anders Fogh Rasmussen）元 NATO 事務総長を共同議長とする「ウクライナの国際的な安全保証についての作業部会」がキーウ安全保障協約案をまとめた。ここで実際的な支援のアイディアとして筆頭に打ち出されているのはウクライナの防衛力強化であり、その際に中心的な位置づけを与えられているのは EU による支援である[51]。

おわりに

　米中対立の中にあって、欧州諸国が価値や規範の次元で米国の側に立つことは間違いないのだが、マクロン発言に見られるように、米欧同盟たる NATO として、いわゆる西側の連帯のようなものが、単純に見出されるわ

けではない。欧州諸国は、中国との「黄金時代」を高らかに謳い上げたような時代は過去のものとしているが、「デリスキング」の議論に見られるように、米国の対中姿勢とは若干の温度差もある。他方で、本章では割愛したが、英仏独蘭など各国別のレベルでは個別にインド太平洋戦略を打ち出しており、特に英国は米豪英の軍事装備協力枠組み「AUKUS」や環太平洋パートナーシップ協定「CPTPP」に参加し、フランスも南太平洋地域に世界有数の排他的経済水域を有するとともに 100 万人規模の住民を抱える、この地域の当事者である。

　ただし、NATO として、あるいは各国としてという次元とは別に、欧州として、すなわち（若干の留保はありつつも）EU としての米中対立の中での立ち位置ということになった場合、もちろん EU としてのインド太平洋戦略の打ち出しはあるものの、多極化という国際情勢認識の中、地球の裏側でのオペレーションの展開はやや現実味を低下させている。むしろ防衛産業基盤の自立性を確保したうえで、ノン・オペレーショナルな、すなわち実際の EU 部隊の展開などは伴わないかもしれないが、能力構築や兵站などを通じた支援などを実施する能力の確立を目指しているように思われる。

　戦略的自律性は EU の宿願である。そしてそれを目指す動きは、米中対立とはやや異なる文脈であらわれる。「多国間主義なき多極化」のなかで、EU の戦略的自律性のための戦略は、静かに転換しつつある。

　＊本章後半の議論は国際政治学会 2023 年度研究大会国際統合分科会報告「大国間競争の中の EU 安全保障政策」を、会場での討論などをふまえて大幅に改稿したものである。

注

1　『日本経済新聞』2023 年 4 月 11 日。

2　*Politico,* April 9, 2023.

3　Elysée, President Macron spoke by phone with U.S. President Joe Biden, April 20, 2023; The White House, Readout of President Joe Biden's Call with President Emmanuel Macron of France, April 20, 2023.

4　『朝日新聞』2023 年 7 月 8 日。

5　France 24, "Emmanuel Macron lors du sommet de l'Otan à Vilnius: 'Notre soutien à l'Ukraine est durable'," Youtube, July 13, 2023, https://www.youtube.com/watch?v=d-2QV28MMSAU.

6　The White House, "Remarks by the President in Address to the Nation on Syria," September 10, 2013.

7　The White House, "Remarks by President Barack Obama at Suntory Hall," November 14, 2009.

8　François Heisbourg, NATO 4.0: The Atlantic alliance and the rise of China, *Survival* (April-May 2020), pp. 83-101.

9　鶴岡路人「2022 年戦略概念に見る NATO の対露・対中戦略」日本国際問題研究所『戦禍のヨーロッパ―日欧関係はどうあるべきか―』（日本国際問題研究所、2023 年 3 月 31 日）21 頁。

10　同上、22 頁。

11　Luis Simón, "NATO's China and Indo-Pacific conundrum," *NATO Review* (November 22, 2023).

12　小林正英「EU の外交・安全保障政策と対中認識」『東亜』No.622（2019 年 4 月）92 〜 99 頁。

13　中東欧諸国と中国との関係、ないし中東欧諸国に注目したうえでの EU としての対中関係については、以下が詳しい。東野篤子「ヨーロッパと中国・台湾」広瀬佳一・小久保康之共編著『現代ヨーロッパの国際政治』（法律文化社、2023 年）219 〜 234 頁。

14　東野「ヨーロッパと中国・台湾」225 〜 229 頁。

15　Daniel Kochis, "Europe Must Put China's 16+1 Format Out of Its Misery," Heritage Foundation, Commentary Asia (August 10, 2022), https://www.heritage.org/asia/commentary/europe-must-put-chinas-161-format-out-its-misery.

16　Damian Wnukowski, "Central and Eastern Europe in the belt and road initiative and other EU-Asia connectivity strategies," *Responding to the Geopolitics of Connectivity: Asian and European Perspectives* (2020), pp. 75-85, https://www.kas.de/en/web/politikdialog-asien/panorama/detail/-/content/responding-to-the-geopolitics-of-connectivity.

17　伊藤さゆり「変わる EU の対中スタンス（2022 年 7 月アップデート）」『ニッセイ基礎研究所報』Vol. 66（2022 年 7 月）、https://www.nli-research.co.jp/files/topics/71735_ext_18_0.pdf。

18　鶴岡路人「EU・中国投資協定―問われるのは中国との関係の将来像―」『国際情報ネットワーク分析 IINA』（2021 年 2 月 4 日）、https://www.spf.org/iina/articles/

tsuruoka_15.html。

19　例えば、「自由貿易と開かれた国際経済の原則を毀損しないように配慮しながらも、同時に安全保障やインフラに関する部分は守り、中国との互恵関係を構築していくという難しい課題に対応していかなければならない」。森井裕一「理念と現実の狭間で揺れる独中関係」『東亜』No.625（2019 年 7 月）92 〜 100 頁。

20　鶴岡路人「変容する EU の対中戦略」独立行政法人経済産業研究所『RIETI Discussion Paper Series 23-J-037』（2023 年 10 月）6 頁。

21　Jake Sullivan, "The Sources of American Power: A Foreign Policy for a Changed World," *Foreign Affairs*, Vol.102 (November/December 2023), p. 8.

22　戦略的自律性（Strategic Autonomy）について、「『自ら律する』という意味ではない」として、自律ではなく自立とすべきとの指摘もある。渡邊啓貴「ヨーロッパの『グローバル戦略』の中のユーラシア外交」公益財団法人日本国際フォーラム編『ユーラシア・ダイナミズムと日本』（2022 年）228 頁。他方で以下のような整理もある。「『自律』と『自立』は、日本語では同音となるが、無論、それらのニュアンスは同一ではない。概念としては類似するものであると言えるだろうが、おおよその区別として、『自律』は他者の影響から自由であることが観念され、『自立』では他者に依存せずに自らの力で立つことが観念される」。溜和敏「現代インドの対外戦略における『自律』・『自立』の思想」『安全保障研究』第 3 巻第 3 号（2021 年 9 月）13 頁。自律と自立は意味合い的に重なるところも多く、そもそも原語を離れた訳の問題でもあるので断言は難しいが、自立の対義語が依存であり、自律のそれは他律であることから、あえて言えば、前者は存立の問題であり、後者は決定権の問題に軸足を置くものとして峻別できる。問題は、自律について、「律する」が必ずしも制約性を含意せず、第一義的に自己決定の問題として捉えてよいかどうかであろう。また、渡邊啓貴によるドイツ国際安全保障戦略研究所（SWP）の報告書での定義の紹介によれば「単独ないし共同で外交安全保障政策に優先順位をつけたり、決定を行ったり、制度・政治・物質的要求を満たす能力」「ルールを維持、発展あるいは創設すること、並びに自らを無意識裡に他国のルール下に置かないようにすること」である。渡邊「ヨーロッパの『グローバル戦略』の中のユーラシア外交」228 頁。

23　宮下雄一郎「フランスと『戦略的自律』をめぐる政治」遠藤乾編『戦禍のヨーロッパ』（日本国際問題研究所、2023 年）71 頁。

24　Foreign Affairs Council, *Council Conclusions on Implementing the EU Global Strategy in the Area of Security and Defence* (November 14, 2016).

25　European Commission, "Communication from the Commission to the European Parliament, the Council, the European Economic and Social Committee and the Committee of the

Regions: Towards a more competitive and efficient defence and security sector", COM (2013), 542 final.

26　さらに経済分野に特化すれば「開かれた戦略的自律」言説も見られる。「開かれた戦略的自律」言説については例えば以下。Luuk Schmitz and Timo Seidl, "As open as possible, as autonomous as necessary: Understanding the rise of open strategic autonomy in EU trade policy," *Journal of Common Market Studies*, Vol.61, Iss.3 (May 2023), pp. 834-852; Joan Miró, "Responding to the global disorder: the EU's quest for open strategic autonomy", *Global Society* (August 2022), pp. 1-21. 日本語では以下の Web 上の解説がわかりやすい。鈴井清巳「EU の『開かれた戦略的自律 (Open Strategic Autonomy)』について (前編)」京都産業大学『国際関係教員によるニュース解説』https://www.kyoto-su.ac.jp/faculty/ir/2023_lir_109.html。 同 (中編) https://www.kyoto-su.ac.jp/faculty/ir/2023_lir_114.html。山田哲司「EU は戦略的自律を高めることができるのか―欧州半導体法と反威圧措置 (ACI) の視点から―」『地経学ブリーフィング』No.175 (2023 年 10 月 11 日) https://apinitiative.org/2023/10/11/51002/。

27　*Joint Declaration on European Defence, Joint Declaration issued at the British-French Summit* (Saint-Malo, December 4, 1998).

28　Jolyon Howorth and John T. S. Keeler, *Defending Europe: The EU, NATO and the Quest for European Autonomy*, (Palgrave, 2003), pp. 5-6.

29　Ville Sinkkonen and Niklas Helwig, "Strategic Autonomy and the EU as a Global Actor: The Evolution, Debate and Theory of a Contested Term," *European Foreign Affairs Review*, Vol.27 (Special), 2022.

30　動画、トランスクリプト、レジュメは以下を参照されたい。仏大統領府サイト, *Initiative pour l'Europe - Discours d'Emmanuel Macron pour une Europe souveraine, unie, démocratique*, September 26, 2017, https://www.elysee.fr/emmanuel-macron/2017/09/26/initiative-pour-l-europe-discours-d-emmanuel-macron-pour-une-europe-souveraine-unie-democratique.

31　Council of the European Union, *European Security Strategy, A Secure Europe in A Better World*, 2003.

32　European Union, *Shared Vision, Common Action: A Stronger Europe, A Global Strategy for the European Union's Foreign and Security Policy*, 2016.

33　EEAS, *A Strategic Compass for Security and Defence, For a European Union that protects its citizens, values and interests and contributes to international peace and security*, 2022.

34　EUGS の副題は「共有されたビジョン、共同の行動」であり、戦略コンパス冒頭の「ビジョン」という言及はこれを受けていると考えられる。

35　NATO における脅威認識の変化については、以下を参照されたい。鶴岡路人「2022 年 NATO 戦略概念 米欧同盟の現段階」日本国際問題研究所『国際問題』第

715 号（2023 年 10 月）30 〜 31 頁。

36　Josep Borrel Fontelles, "Multipolarity without Multilateralism," *HRVP Blog*, September 24, 2023, https://www.eeas.europa.eu/eeas/multipolarity-without-multilateralism_en.

37　Josep Borrel Fontelles, The EU in the multilateral system, Speech by the High Representative/Vice-President Josep Borrell at the UNited for a New, Fair and Inclusive Multilateralism online International Conference, September 18, 2020, https://www.eeas.europa.eu/eeas/eu-multilateral-system_en.

38　Josep Borrel Fontelles, "Building multilateralism for the 21st Century," *HR/VP Blog* (February 17, 2021), https://www.eeas.europa.eu/eeas/building-multilateralism-21st%C2%A0century_en.

39　Nathalie Tocci, "European Strategic Autonomy: What It Is, Why We Need It, How to Achieve It," IAI, 2021.

40　Josep Borrel Fontelles, "Why European strategic autonomy matters," *HR/VP Blog* (December 3, 2020), https://www.eeas.europa.eu/eeas/why-european-strategic-autonomy-matters_en.

41　ロシアの多極世界認識については以下を参照。兵頭慎治「ロシアから見た中露戦略的パートナーシップ」日本国際問題研究所『主要国の対中認識・政策の分析（平成 26 年度外務省外交・安全保障調査研究事業）』（2015 年 3 月）。

42　林大輔「欧州の中国認識と対中国政策をめぐる結束と分断―規範と利益の間に揺れ動く EU―」日本国際問題研究所『中国の対外政策と諸外国の対中政策（平成 31 年度外務省外交・安全保障調査研究事業報告書）』（2020 年 3 月）。

43　益尾知佐子「2023 年中ロ共同声明と世界の分断」日本国際問題研究所『米中関係を超えて：自由で開かれた地域秩序構築の『機軸国家日本』のインド太平洋戦略（令和 4 年度外務省外交・安全保障調査研究事業）』（2023 年 3 月）。

44　詳細については拙稿「英国 EU 離脱後の欧州安全保障」臼井陽一郎・中村英俊共編『EU の世界戦略と「リベラル国際秩序」のゆくえ』（明石書店、2023 年）155 〜 180 頁。

45　ロシアによるウクライナ軍事侵攻を受けた EU・NATO 関係については以下も参照されたい。田中亮佑「戦略的競争における欧州―国際秩序と地域秩序の相克―」増田雅之編『大国間競争の新常態』（防衛研究所、2023 年）。

46　REGULATION (EU) 2023/2418 OF THE EUROPEAN PARLIAMENT AND OF THE COUNCIL of 18 October 2023 on establishing an instrument for the reinforcement of the European defence industry through common procurement (EDIRPA), OJ L, (October 26, 2023).

47　なお、略称が最終的な採択題目と一致しない EDIRPA となっているのは、合

意形成過程での委員会提案の略称によるものと考えられる。European Commission, Proposal for a REGULATION OF THE EUROPEAN PARLIAMENT AND OF THE COUNCIL on establishing the European defence industry Reinforcement through common Procurement Act, COM (2022), 349 final (July 19, 2022).

48　これまでも欧州統合の最先端のひとつである安全保障政策では委員会に代表される共同体的側面と理事会に代表される各国間的側面が、主導権争いをしながら活動領域を拡大し、結果的に統合を推進してきたことと考え合わせると非常に興味深い。防衛産業基盤に焦点が当たった（当てた）ことで、「共同体のターン」が訪れていると見られるからである。

49　NATO支援調達局（NSPA）が打ち出した装備調達の取りまとめは、パトリオット・システムの迎撃弾について、独蘭西ルーマニア等の欧州諸国の調達契約を一本化したものである。現時点では契約の安定性を担保した以上のものではないが、米欧州商工会議所からEDIRPAの運用に関して警戒的なコメントが出ていることにも留意すべきである。NSPA, NSPA SUPPORTS A COALITION OF NATO NATIONS WITH CONTRACT FOR PATRIOT MISSILES (January 3, 2024); American Chamber of Commerce to the European Union, European Defence Industry Reinforcement through Common Procurement Act (EDIRPA), (October 24, 2022).

50　"Andriy Yermak and Anders Fogh Rasmussen jointly present recommendations on security guarantees of Ukraine," (September 13, 2022), https://www.president.gov.ua/en/news/andrij-yermak-ta-anders-fog-rasmussen-prezentuyut-rekomendac-77729; 鶴岡路人「ウクライナの『安全の保証』―『キーウ安全保障協約』は対露同盟に向かうのか」『フォーサイト』2022年9月22日。

51　特に2023年3月にはEPFを活用してのウクライナへの弾薬提供の強化が合意された。これは「向こう1年間で百万発分」とも報じられたが、3/4年を経過した同年12月の時点での実績は半数以下にとどまっている報道もある。ただし、同報道によれば、当初の見通しの実現のため、まだ様々な手法が模索されているともされる。また、独防衛大手ラインメタル社がウクライナ現地に進出し、弾薬や戦車の現地製造に乗り出しているといった動きも注目される。Council of the European Union, Delivery and joint procurement of ammunition for Ukraine (March 20, 2023); Andrew Grey, "EU countries order only 60,000 shells for Ukraine via new scheme – sources," Reuters (December 7, 2023), https://www.reuters.com/world/europe/eu-countries-order-only-60000-shells-ukraine-via-new-scheme-sources-2023-12-06/; Rheinmetall, "Rheinmetall to supply Ukraine with more artillery rounds | Rheinmetall," (December 4, 2023), https://www.rheinmetall.com/en/media/news-watch/news/2023/12/2023-12-04-rheinmetall-wins-artillery-ammunition-order-for-ukraine; Sarah Marsh, "Rheinmetall to pro-

duce first armored vehicles in Ukraine in 2024 -report," Reuters (December 2, 2023), https://
www.reuters.com/business/aerospace-defense/rheinmetall-produce-first-armored-vehi-
cles-ukraine-2024-report-2023-12-01/.

デレク・ソレン

コラム⑦

米軍の対中国シフト

　東アジアでは米軍の任務がアメリカの同盟国に対する中国による攻撃、またはアメリカの国益に対する中国による侵害を抑止・阻止することである。アメリカは台湾を防衛する法的義務はなく、台湾を守ると明確に誓約したこともないが、米中国交正常化以来の40年間に渡り、台湾に対するアメリカの支持は一貫している。したがって、中国が台湾への侵略を試みた場合にはアメリカは介入すると、ワシントンでは一般的に考えられている。

　米軍が抱える東アジアでの問題は戦略縦深の欠如と言える。冷戦時代、米軍はNATO軍と一体となりワルシャワ条約機構軍と対峙してきた。NATO諸国は、当時の共通した世界観と目的を共有しており、軍事作戦の後方地域としてそれぞれの領土を提供してきた。現在、米軍が東アジアで直面している状況は政治的にも地理的にも異なっている。アメリカは東アジアに複数の同盟国を擁しているが、それらの国々を束ねるNATOのような機構は存在しておらず、中国に対する共通認識もない。また、台湾だけでなく日本も中国と隣接しているが、西ドイツの環境とは違い海に囲まれている。

　中国軍がこの環境をうまく利用できれば、必ずしも戦場で米軍を撃ち負かす必要はない。中国軍は2つの段階を考えている事だろう。米軍には東アジアで展開できる基地が少ないため、中国軍は第1段目として、それら基地を無力化し米軍が部隊を送り込んで戦闘準備する場所を減らそうとする。そして第2段目として、米軍が戦域への追加部隊を展開してくることを阻止しようとする。中国軍がこれらを達成する為に用いら

れるのは弾道ミサイルと巡航ミサイルだ。米軍は中国軍に立ち向かうとき、これらミサイルに対処することが主要課題となる。

　軍事評論家は武器の開発・配備状況を注目しがちだが、軍事分野でもっとも重要なことは、部隊と兵器の運用要領の変化である。米軍は上述の課題に対処するために分散型作戦ができるよう変革している。アメリカの陸海空軍と海兵隊は遠征能力を高めつつも、部隊の規模を大規模から単独で作戦できうる最小単位の規模へと再編を試みている。こういった部隊は東アジアの米軍基地から離れた場所に展開でき、また再展開も繰り返せる。部隊規模を縮小し、分散展開をすることによって、中国軍はいくつかの基地に火力を集中したとしても、米軍を麻痺させることは難しく、太平洋を渡ってくる米軍の追加部隊への打撃も難しくなるだろう。

　分散展開は部隊の生存性を高めるが、その一方で部隊の連携と「戦力の集中」を難しくする。「戦力の集中」は戦争での普遍原則であるが、米軍はさらに広大な空間や戦闘領域（陸、海、空、サイバー空間）の間でも戦力を集中させようとする。通信技術や人工知能の最新の発達を利用すれば分散された部隊の行動を効率よく調整でき、戦力の集中にも期待されている。米軍はさらに各軍種の部隊能力を多様にしている。例としては陸軍と海兵隊の部隊に対艦巡航ミサイルを、また空軍輸送機に巡航ミサイルを搭載しようとしている。この作戦構想では、海軍艦艇より空軍輸送機、或いは離島に展開した地上部隊によって、状況に応じた効率的な手法で敵艦艇を攻撃できるだろう。分散型作戦は米軍の生存性を高めるだけでなく、中国軍が対処しなければならない脅威対象をも増やす効果もある。このように米軍は、中国軍のミサイル射程範囲内での軍事作戦に取り組みつつある。

　米軍の統合参謀本部は2012年に分散型の作戦コンセプトを打ち出したが、米軍の軍事ドクトリンはしばらく数年も変わっていなかった。しかし米陸軍が2017年に分散型作戦を踏まえた「マルチドメイン戦」というドクトリンを打ち出して以来、他の軍種も独自のドクトリンに分散型作戦を導入してきた。この分散型作戦の成否には次のような論点がある。

まず、分散型作戦が開発途上のAIを取り入れた指揮統制システムに依存している点がある。この技術的ハードルに加え、政治的なハードルがある。米軍は日本など周辺諸国と密接に協力しながら行動せねばならず、東アジアにNATOのような機構が存在しない為、分散型作戦は政治的ハードルに振り回されるかもしれない。これに乗じて、中国はアメリカを中心とする同盟国間の連携に楔を打ち込み、或いは国際政治の領域において米軍の分散型作戦を無効化しようとするであろう。

参考文献

United States Department of Defense, *Joint Operational Access Concept*, (Washington DC United States Department of Defense, 2012).

Robert D. Blackwill and Ashley J. Tellis, *Revising U.S. Grand Strategy Toward China*, (New York: Council on Foreign Relations, 2015).

Thomas J. Christensen's, *The China Challenge: Shaping the choices of a rising power*, (New York: WW Norton & Co, 2016).

第10章

インド太平洋のパックス・アングロ・サクソニカ体制と米中対立
──現代中国と戦前日本の対米挑戦及び国際秩序の展望──

山﨑　周

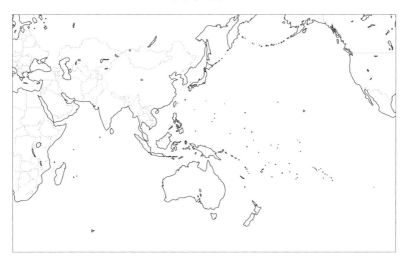

ポイント

・ 米中対立はインド太平洋の地域秩序に多大な影響を及ぼしているが、両国を取り巻く情勢を俯瞰すると米国の方が中国に対して優位にあろう。

・ インド太平洋地域での米中対立は国際秩序にも大きな影響を与えており、この先も冷戦後の国際秩序の不安定化の根源であり続けよう。

はじめに

　外交史家の細谷千博は、戦間期の国際秩序と東アジアの地域秩序の特徴を
パックス・アングロ・サクソニカ体制 (Pax Anglo-Saxonica system) と捉えながら、
かつて第一次世界大戦の戦勝国として世界の一等国であった日本が後年に同
体制の変革に乗り出し、最終的に太平洋戦争に突入した歴史について論じた。
国際政治における力の視座を土台に置くと、そのパックス・アングロ・サク
ソニカ体制は米国と英国双方を合算した他に追随を許さない圧倒的な海軍
力、ニューヨークとロンドンが支配する国際金融、貿易、戦略物資の確保と
いった領域での両国の突出した地位や影響力によって特徴付けられる。第一
次世界大戦後に英国を頂点とするパックス・ブリタニカ (Pax Britannica) の時
代は過ぎ、第二次世界大戦後の米国が覇権を握るパックス・アメリカーナ (Pax
Americana) はまだ到来していなかったものの、それらの2つの秩序の中間地
点が戦間期におけるパックス・アングロ・サクソニカ体制であったと細谷は
説いた。そして、当時の日本は、特に東アジアにおける米英優勢のパックス・
アングロ・サクソニカ体制の変革を目指したのであった[1]。

　本章の目的は、次の2つの問いに答えることにある。一つは、なぜ米中対
立が激化しているのかという根本的な問いである。いま一つは、この先「誰
が世界秩序を担うのか？」という本書の第3部の問いへの回答である。

　これらの問いの解明にあたり、本研究は、とりわけてインド太平洋の地域
秩序の特質が先述のパックス・アングロ・サクソニカ体制にあると見据えな
がら、同地域における米中対立に着眼する。パックス・アングロ・サクソニ
カ体制は現在のインド太平洋の地域秩序の根幹であり、米中対立はそのよう
な環境下で展開している。以下で論じる通り、パックス・アングロ・サクソ
ニカ体制は過去の遺構ではないのである。また、米中対立が最も激しい地理
的空間であるインド太平洋地域において米中両国のどちらが優勢であるのか
を浮かび上がらせることによって、この先いずれの大国が国際秩序を主導す
る可能性が高いのかを判断できるだろう。

　本稿における現行のインド太平洋のパックス・アングロ・サクソニカ体制

を定義付けると、それは「米英を中心としたアングロ・サクソン諸国（とその他の連携国）の物理的な力、二国間ないしは多国間での制度的な枠組み、共有する価値体系によって担保される地域秩序」となる。

　以後、本章においては次の議論を行う。米中対立はパックス・アングロ・サクソニカ体制下のインド太平洋地域の中で進行しており、中国がその秩序に挑む構図にあることから両国間での角逐が熾烈化している。また、中国と競り合う日本もパックス・アングロ・サクソニカ体制を支える独特な役割を担う。中国は米国のみならず、その他のアングロ・サクソン諸国との関係においても多様な問題を抱えているが、中でも英国との関係の重要性は過小評価されるべきではない。現在の中国は戦前の日本と似た道を辿っており、その類似性は向後の米中対立や国際秩序に重大な含蓄がある。中国が米国に取って代わって国際秩序及びインド太平洋の地域秩序を主導する筋書きは考えにくく、むしろ米国やパックス・アングロ・サクソニカ体制の優位性が存続する可能性の方が高いであろう。それに重ねて、米中対立は世界史の観点から見ても非常に重要な事象であると思われる。

　本章の構成は次のようになる。第Ⅰ節において、インド太平洋の地域秩序の本質がパックス・アングロ・サクソニカ体制にあると説明する。第Ⅱ節は、なぜ台頭する中国がパックス・アングロ・サクソニカ体制と相容れることができないのかを考察する。第Ⅲ節では、米国以外のアングロ・サクソンの4か国（カナダ、豪州、ニュージーランド、英国）と中国の個別関係を概観し、後者を取り巻く国際環境が厳しさを増しつつあると述べる。第Ⅳ節においては、今の中国が戦前日本と似た境遇下にあり、同国が国際秩序やインド太平洋地域の覇権国として君臨する未来は考えにくいと主張する。最後の結論部では、米中対立をいかに巨視的に鳥瞰できるのかに言い及ぶ。

Ⅰ　インド太平洋の地域秩序とパックス・アングロ・サクソニカ体制

米英とインド太平洋のパックス・アングロ・サクソニカ体制

　米中対立やウクライナ戦争が進行する状況下、米国と英国は将来の国際秩序形成を主導する動きに着手している。2021年6月に米国と英国が発表した『新大西洋憲章（The New Atlantic Charter）』は特定の国名に触れていなかったが[2]、中国やロシアを念頭に置いて両国の協力関係を深化させる意向から同憲章が発出されたことは明白であった。そして、2023年6月に米英が新たに公表した『大西洋宣言（The Atlantic Declaration）』は、両国が直面する国際的な安定への挑戦として権威主義国家である中国とロシアに直接言及しているように[3]、両国が取り組む大きな課題の一つとして中国問題が明示されたのである。

　インド太平洋の地域秩序の根底には、その米英主体のパックス・アングロ・サクソニカ体制がある。冷戦後のインド太平洋の地域秩序の構造を俯瞰すると、そこには冷戦期から劇的な変動は生じておらず、第二次世界大戦後に設立されたアングロ・サクソン諸国中心の二国間または多国間の枠組みが存続してきたのである。米英両国に加え、カナダ、豪州、ニュージーランドといったアングロ・サクソン諸国から成る機密情報共有の仕組みであるファイヴ・アイズ（Five Eyes）、1971年に結成された英国を中心とする豪州、ニュージーランド、マレーシア、シンガポールの5か国防衛取極（FPDA）、1951年署名及び1952年発効のサンフランシスコ講和条約を契機として結ばれた米国と域内諸国との二国間同盟（日本、韓国、豪州、タイ、フィリピン）がその柱であり、ソ連崩壊を例外とした冷戦構造がそのまま現代のインド太平洋に残っていると論じても過言ではない[4]。米中対立と中国の台頭によって、インド太平洋地域で休眠状態にあったパックス・アングロ・サクソニカ体制が覚醒しつつある。

　パックス・アングロ・サクソニカ体制の盟主に当たる米国にとり、アングロ・サクソン諸国との連携は同盟国に対する自国の覇権を維持すると同時に、自

らの地位を脅かしかねない深刻な脅威の現出を防ぐための手段でもある。また、英国の一部の政治支配層の中には、かつての大英帝国のような覇権的な地位を取り戻したいという懐古主義があり、アングロ・サクソン諸国の中でも特に米国との協同によって往日の国力や影響力を回復することへの期待感がある。米英間の繋がりは依然として強固であり、それゆえに両国は緊密な関係を保持しているのである[5]。この米英の協調関係は、インド太平洋地域のパックス・アングロ・サクソニカ体制の礎でもある。

　インド太平洋地域のパックス・アングロ・サクソニカ体制を色濃く反映するのが、2021 年 9 月に創設された豪州、英国、米国から成る安全保障協力を趣旨とした AUKUS である。米英豪各国の対中関係の悪化、中国による海洋進出、同国を巡る人権問題等といった諸問題もあり、それらのアングロ・サクソン諸国は対中牽制のために AUKUS を立ち上げた。AUKUS の新設は、米英豪の提携によってインド太平洋地域における中国の影響力伸長に対抗し、それらの国々の国際秩序や地域秩序における優位性を確保するための現実政治（realpolitik）の方策でもある[6]。

　その上、中国と激しく競い合う米国は日本、韓国、豪州、タイ、フィリピンといった諸国との正式な同盟関係を依然として保っており、日韓両国には大規模な米軍の兵力が配備され、かつインド太平洋地域の各地に基地や軍用施設を有する。これらの正式な同盟国以外の域内諸国との連携も深める方針を打ち出しながら、米国はインド太平洋における対中戦略的競争に臨む意思を顕わにしている[7]。

パックス・アングロ・サクソニカ体制下の機軸国家としての日本

　パックス・アングロ・サクソニカ体制に関して見過ごすことができないのが、インド太平洋地域の機軸国家（pivotal state）である日本の役割である。機軸国家としての日本は、インド太平洋地域において地域秩序の形成を率先する態勢を強めるとともに、域内及び域外諸国との提携を推し進めてきた。中国はインド太平洋の機軸国家である日本との関係を拗れさせてきた結果、米中対立の文脈において劣勢に置かれており、日本を同盟国とする米国が中国

に対して優位に立つ状況が現出している[8]。

　インド太平洋地域の機軸国家に当たる日本は、パックス・アングロ・サクソニカ体制を支える機能を果たしている。例えば、2023 年 6 月の日本、米国、英国、カナダ、豪州、ニュージーランドによる明らかに中国を念頭に置いた「貿易関連の経済的威圧及び非市場的政策・慣行に対する共同宣言」は[9]、日本のアングロ・サクソン諸国及びパックス・アングロ・サクソニカ体制向けの側面支援の一例である。

　インド太平洋の地域秩序の形成や統合に加え、中国に対する牽制を目的とする日本の自由で開かれたインド太平洋（FOIP）構想は、米国主導の国際秩序の在り方を持続させる効果を伴う。即ち、欧米に由来する自由、法の支配、市場経済といった価値に基盤を置く日本の FOIP は、欧米諸国が主体の国際秩序の維持を訴えかける政策である。日本の FOIP は、自らの価値や言説を広めようと努める中国の動きとは対照的な様相を呈しているのである[10]。

II　パックス・アングロ・サクソニカ体制と中国──両者の齟齬の原因──

　本節で取り上げる 3 つの要因から、中国はパックス・アングロ・サクソニカ体制とは両立し難い存在である。それら 3 つの要因は、それぞれ国際関係論における現実主義（realism）、自由主義（liberalism）、構成主義（constructivism）の理論と相通じる。

　一つ目は、中国の勃興によってインド太平洋地域で休眠状態にあったパックス・アングロ・サクソニカ体制が「再起動」し始め、米英が中国を本格的に抑え込む姿勢に転じたことである。既述の通り、冷戦後も米国中心の二国間同盟網は解消されず、英国が冷戦期に設けた多国間での枠組みも残存してきた。そして、台頭するにつれて強硬な対外姿勢を示威するようになった中国に対抗する目的から、米英を軸とした連携や枠組みが活性化しており、軍事、外交、経済といった物理的な面でのパックス・アングロ・サクソニカ体制が再度出現している[11]。また、既出の 2021 年に新しく発足した AUKUS はパックス・アングロ・サクソニカ体制の再来を象ると言える。

　二つ目は一点目と関連するが、中国がパックス・アングロ・サクソニカ体制という制度体系の外部に存在することである。インド太平洋の中でも特に東アジアに焦点を当てると、同地域には大別して 2 種類の地域制度がある。一つは、東南アジア諸国連合（ASEAN）を中心とする 1990 年代以降に活動が活発化した地域制度である。その地域制度の特色は、中心的な役割を担う ASEAN が北東アジアの日中韓やその他の国々との地域協力を推進する構図である。いま一つの地域制度は、米国を主軸として広がる日本、韓国、豪州、タイ、フィリピンとの二国間同盟である。米国の同盟国ではない中国はこの同盟網の外部に位置しており、米国及びその同盟国を中枢とした地域制度とは相容れない国家でもある。米国による対中包囲網の形成を危惧する中国にとって、後者の米国主導の地域制度は共存し難いものであるため[12]、同国とパックス・アングロ・サクソニカ体制の間での綻びが生じてきた。

　三つ目は、中国がリベラルな国際秩序（liberal international order）ならびにパックス・アングロ・サクソニカ体制における主要な民主主義や人権といった規範を全面的には受け入れていないことである。中国は必ずしもリベラルな国際秩序における主流な規範を完全に拒否している訳ではなく、国際的な規範の再定義や新たな解釈を推し進めながらも、その秩序に適応しようとしてきた。しかしながら、欧米諸国から人権問題を巡って非難されている中国がとりわけ米国への反発を強めている通り[13]、それらの国々とは人権や民主主義を違う形で捉える同国にとって、パックス・アングロ・サクソニカ体制が規範の面でも相反することは確かである。

　以上のように、インド太平洋地域のパックス・アングロ・サクソニカ体制は米中両国にとって異なる意味合いを持っており、その相違が両国の対立を助長させる大きな要因であると考えられる。特に、中国によるパックス・アングロ・サクソニカ体制への挑戦は米中対立がインド太平洋地域で激化する主因であろう。

Ⅲ　インド太平洋地域への関与を深める CANZUK 諸国と中国の関係

　本節では、CANZUK とも呼ばれるアングロ・サクソン諸国のカナダ、豪州、ニュージーランド、英国と中国の近年における二国間関係を見る。

カナダと中国

　先進国のカナダは G7 の一員であると同時に北大西洋条約機構（NATO）の加盟国でもあり、米国やその他のアングロ・サクソン諸国と緊密な関係を保持している。また、以前はカナダと中国の関係が人目を集めることはほとんどなく、両国は安定した繋がりを保っていた。だが、最近では米中対立がカナダと中国の関係にも波及するようになっており、両国関係もそれを受けて変質している。

　その象徴は、2018 年 12 月に中国の通信会社華為技術（HUAWEI= ファーウェイ）の副会長兼最高財務責任者（CFO）であった孟晩舟がカナダ当局によって逮捕された事件である。米国政府からの要請に応じてカナダ当局が孟を拘束して以降、中国は両国に対して激しく反発するようになった。その後、カナダの動きに報復するかのように中国側はカナダ人 2 名を国内で拘束し、カナダと中国の関係が険悪化した[14]。

　対中関係が冷え込む最中の 2022 年 11 月、カナダ政府が『カナダのインド太平洋戦略（Canada's Indo-Pacific Strategy）』を発表した。同文書は中国を「益々の破壊的なグローバル国家（an increasingly disruptive global power）」と表現し[15]、カナダが同国を意識してインド太平洋地域への関与を強める姿勢を示したのであった。

　カナダは実際に軍事的にインド太平洋に関与しており、2021 年 10 月に同国海軍のハリファックス級フリゲート艦が米国海軍のアーレイバーク級駆逐艦と共に台湾海峡を通過したことが明らかになると、中国側が両国を非難した[16]。外交面においても二国間での不和が続いている。2023 年 5 月、香港居住で中国の人権侵害を批判したカナダの野党保守党議員とその家族が中国当局による脅しを受けているとの理由から、カナダ政府が同国に駐在する中国

人外交官を国外追放し、中国側がそれを糾弾した[17]。同年 11 月、カナダ軍のヘリコプターが南シナ海で中国の人民解放軍の戦闘機による妨害行動を受けたとする声明を同国の国防省が出すと、中国国防部の報道官はカナダ軍側の対応に問題があったとして批判を交えながら反論した[18]。カナダがインド太平洋地域での活動を推進する状況下、台湾や南シナ海問題も同国と中国の関係に影響をもたらすようになっている。

　なお、新疆ウイグル自治区の人権問題に関連した制裁をカナダ政府は中国に対して実施しており[19]、両国間では人権を巡る摩擦も生起している。

　対中関係が錯綜する中、カナダはインド太平洋地域で米国との外交や安全保障面での連携を深めており、同国もパックス・アングロ・サクソニカ体制の一員として中国と対峙しつつある。

豪州と中国

　以前の豪州と中国は深まる経済的な繋がりを背景として安定した関係を築いていたが、2017 年頃から両国間での軋轢が目立ち始めるようになった。また、米中間での戦略的競争が熾烈化するに従って、中国が硬軟双方の政策を交えながら豪州を米国側から取り込もうとする一方、米国も豪州との同盟強化によって中国を牽制しようとしている[20]。2000 年代後半から日本と豪州の間でも安全保障協力が開始されたが、中国の強硬な姿勢が目立つようになったこともあって両国の対中脅威認識が高まり、日豪間での紐帯が準同盟（quasi-alliance）という形を取ってこれまで以上に強まっている[21]。

　2020 年に入ってからの新型コロナウイルスの感染拡大の煽りを受けて、豪中関係は 1972 年の国交樹立以来最悪の状況を迎えた。2020 年 4 月にスコット・モリソン（Scott Morrison）首相が新型コロナウイルスの発生源や中国当局の初期対応に関する独立調査の実施を求めた後に中国側がそれに猛反発して以来、両国間での非難の応酬に加えて、外交や経済面での軋轢も顕著になった[22]。

　そして、豪州にとっての勢力圏である大洋州地域において豪中間での地政学的な争いが勢いを増している。2022 年 4 月、豪州から地理的に近いソロモン諸島と中国が安全保障協定を締結したことが明らかになる等、大洋州地

域における豪中間での駆け引きが激しくなっており、豪州側の警戒心が高まっているのである。同年 6 月、日本、豪州、米国、英国、ニュージーランドが大洋州地域の域内諸国との協力を行うための「ブルーパシフィックにおけるパートナー（Partners in the Blue Pacific）」の実務者会合が初めて米国で開かれ、9 月には域内諸国の政府高官も参席した外相会合が行われた。豪州は大洋州地域における中国を意識した取り組みを強化しており、豪州と中国の間での同地域を巡る争いが激化している[23]。

　2020 年以降の中国の対豪政策は、豪州を米国に接近させる要因となっており、米豪同盟の結び付きが一層強まった。加えて、豪州は日本やインドとの関係強化にも乗り出して日米豪印戦略対話（QUAD）の協力が加速した他、2021 年には豪州が米国及び英国と AUKUS を設立するに至った。豪州への強権的な対応のため、中国は自らを対外的に難しい立場に追いやることになったのである[24]。

　豪州は、パックス・アングロ・サクソニカ体制の下で米国や英国との結び付きを強めながら中国の影響力の伸長に抵抗しようとしており、かつ日本やインドとの関係も活用しながらインド太平洋地域において活発な対外行動を見せている。

ニュージーランドと中国

　冷戦期からその他のアングロ・サクソン諸国とは異なる独自の対外路線を取ってきたニュージーランドは、米国と中国との間で等距離を保とうとしてきたが、米中対立の激化もあってその方針の継続が徐々に難しくなっており、対外政策の選択肢の幅が狭まりつつある[25]。

　中国との関係については、2008 年に両国が自由貿易協定（FTA）を結んだように経済面での結び付きを深めており、ニュージーランドにとって中国は輸出入のいずれでも最大の貿易相手国になっている。ニュージーランドと中国は、外交、経済、民間交流といった多面的な領域で協力を進めながら安定した関係を保持してきた。それでも、両国間に懸念材料がない訳ではなく、むしろ近年は摩擦も散見されるようになっている[26]。

　特に、中国の大洋州地域における活動に対するニュージーランド側の警戒心が高まっている。豪州と共に大洋州地域を勢力圏とするニュージーランドにとって、中国の同地域での影響力の増大は自国の安全保障環境を不安視する主因であり、米国や英国、豪州、そして日本との協力によってその動きに対抗しようとしている。加えて、南シナ海問題に関するニュージーランドの中国への懸念も深まっている[27]。

　2023 年 8 月、ニュージーランド政府が初の国家安全保障戦略に関する文書を公表した。同文書は、中国の台頭がインド太平洋の地政学的な変化をもたらす主要な原動力であり、同国の対外姿勢が強硬さを増して既存の国際的な規則や規範に挑戦しようとしていると記述し、その例として南シナ海問題、他国への経済的威圧の実施、サイバー問題を挙げている。更に、同文書は急速に進む中国の大洋州地域への進出に触れ、米国や豪州、日本、インド、AUKUS、英国といった同志国との連携が強まる見込みにも言及している[28]。

　その他、ニュージーランド外務省が 2022 年 7 月と 9 月にそれぞれ香港[29]と新疆ウイグル自治区[30]の人権状況を憂慮する声明を発出した通り、同国と中国の関係においても人権問題はやはり無縁ではないのである。

　次第に強まるニュージーランドの中国に対する危機感は、同国の米国、豪州、英国といったアングロ・サクソン諸国への接近を促す源泉である。インド太平洋地域全体や大洋州地域を巡る諸般の情勢から判断すると、今後ニュージーランドと中国の関係が急変し、両国関係の様態が大きく変わる可能性も皆無ではないだろう。

英国と中国

　2015 年に英国と中国は両国関係が黄金時代（golden age）を迎えたと喧伝し、同年には中国の習近平国家主席による訪英も実現する等、両国政府は経済分野を中心とした実利的な協力を深めてきた。しかし、2019 年からその翌年にかけての香港における抗議活動以降の両国間での不和、中国の新疆ウイグル自治区の人権問題、軍事面も含む英国のインド太平洋地域への関与の強化、通信分野を主とした中国企業による対英投資に係る摩擦もあり、ここ数年の

英中関係は悪化の一途を辿っている[31]。そして、2022年11月にリシ・スナク（Rishi Sunak）首相が英中間の黄金時代は終わったと宣言し、続けて「中国が我々の価値や利益に体制的な挑戦をもたらしている」との認識を示したように[32]、英国は対中政策の方針転換を進めるようになったのである。

2016年6月の国民投票の結果を受けて、英国は2020年に欧州連合（EU）から離脱したが、その一方でグローバル・ブリテン（Global Britain）の標語を掲げながらインド太平洋を主とした世界の各地域に関与する姿勢を誇示するようになっている。2021年3月に英国政府が発表した『統合的な再検討（Integrated Review）』と題する報告書は、中国を「体制的な競争相手（systemic competitor）」として描き、対中協力の意義に触れながらも、同国の国力の増大や強硬さが2020年代に最も重大な地政学的要素になりうると記した[33]。2023年3月に発表された改訂版の『統合的な再検討』のスナク首相による序言はウクライナ侵攻を続けるロシアを英国にとって最大の脅威とする一方、台湾や南シナ海問題を挙げながら中国による強硬な姿勢が国際秩序を揺るがしていると言及した[34]。更に、中国は国際秩序に「時代を画する体制上の挑戦（epoch-defining and systemic challenge）」を突き付けているとその序言が論じている通り[35]、2021年版と比較すると同報告書は全体的に同国に対して厳しい評価を下している。

また、英国は米国との間でのいわゆる特別な関係（special relationship）を更に深化させようとしており、両国が結束して国際秩序における優越性を維持ならびに強化する目標のため、中国に対抗する意思を隠さないようになっている。それを象るのが、既出の『新大西洋憲章』と『大西洋宣言』という英国と米国による意思表明である。前述のように、英国は米国と豪州とAUKUSを結成し、アングロ・サクソン諸国同士の協調を通じて中国を牽制する態勢をインド太平洋地域において整えようとしている。

実際の行動の面でも英国はインド太平洋地域で外交や軍事的な活動を展開しており、2021年には英国の新造空母「クイーン・エリザベス（Queen Elizabeth）」を中心とする多国籍の艦隊がインド太平洋地域の海域を航行して南シナ海を通過する等、英国は海洋進出に邁進する中国を意識した軍事活動に従事している。加えて、FPDAを主導する立場にある英国は同枠組みの再活性

化にとどまらず、日米と共にインド太平洋地域の海洋秩序の安定化のための協力を推進してきた[36]。

　英国は日本との連携を深めており、両国間でも日豪関係と同様に準同盟が形成されている。2035 年までの正式配備を視野に入れる日英とイタリアによる新たな戦闘機の共同開発が代表する防衛分野での協力の進展は、その準同盟関係の更なる進化を意味する[37]。

　細谷千博は、太平洋戦争の深層原因は日米ではなく、むしろ日英関係や日英米の 3 か国関係に求めることができるのではないかと論じたことがある。戦前の中国大陸で英国は米国より多くの実益を有していたため次第に日本と対立を深めるようになり、更に日英間での危機が最終的に軍事衝突に繋がっていくことになる。太平洋戦争勃発までの経緯を探ると日米よりも日英間での実益を巡る争いに行き付くことから、太平洋戦争の真の対立軸は日英戦争であった言えるのではないかという問いを細谷は提起したのである[38]。

　この点に関しては更なる詳しい考察が必須だが、細谷による問題提起が暗示するように、近年のパックス・アングロ・サクソニカ体制と中国との間での確執の導因が米中関係より英中関係や米英中関係にあると考えることもできるかもしれない。

　米中対立や中国のパックス・アングロ・サクソニカ体制への挑戦の文脈において、英中関係の重要性は軽視されるべきではなかろう。

　本節で見た通り、米国のみならず、アングロ・サクソン諸国である CANZUK の各国も中国を意識してインド太平洋での諸々の取り組みを強化していることから、同国を取り巻く対外環境は厳しい状況を迎えている。

IV　現代中国と戦前日本の類似性
——「誰が世界秩序を担うのか？」への　回答——

現代中国と戦前日本の類似性

　ここまでの議論から連想されるのは、現在の中国と戦前の日本が似たよう

な経験をしつつあるということである。換言すれば、太平洋戦争終結までの
時代に日本がパックス・アングロ・サクソニカ体制に挑んだ歴史が再現され
つつあり、今の中国も同様の道を歩んでいると言えるのである。

　これまでも現在の中国と戦前の日本の類似性が指摘されてきたが、太平洋
戦争の歴史を顧みながら米中対立について考察するとその点が尚更浮かび上
がる[39]。

　何より、中国自身が戦前の日本を意識しながら対外進出に注力している節
があり、その好例が本章で言及してきたアングロ・サクソン諸国と中国の間
での戦略的競争が激化する大洋州地域である。

　防衛大学校の名誉教授である田中宏巳は、中国の大洋州地域への進出に関
連する興味深い逸話を紹介している。1980年頃、中国の政府関係者と見ら
れる人物が東京都千代田区の神保町で太平洋戦争時の日本軍の戦史に関する
叢書本を購入していたと田中は証言する。その背後関係について、近代以降
のアジアにおいて単独で欧米諸国と対決した国家は日本だけであり、後代の
アジアの国家が同様にそれらの諸国と競い合う先例を探すとなると自ずと太
平洋戦争の歴史に辿り着くはずであることから、その歴史的教訓を学ぶため
に太平洋戦争に関する叢書本を中国当局の関係者らしき人物が買ったのでは
ないかと田中は推測する。そして、かつての日本による大洋州や南シナ
海への対外拡張は、2000年代以後の中国による海洋進出の模範例になった
であろうと説き[40]、特に中国による南シナ海の軍事拠点化に関しては、「日
本軍とあるところを中国軍に置き換えて読めば、問題点を把握し、教訓を抽
出[41]」できたのではないかと追記する。

　また、田中は近年の中国の海洋進出については国際政治学の視座から解き
明かそうとする分析が多いと指摘しつつ、長期的な歴史の視点から中国が政
策立案に取り組む傾向に鑑みると、

　　「日本と中国が起こした行動には半世紀以上もの間隔があるが、対象
　　国がアメリカという最も肝心な点で一致し、アメリカの太平洋支配に打
　　撃を加わるにはどこに力を加えれば良いかという課題でも完全に一致し、

　　中国にとっては日本軍の半世紀以上前の作戦であっても、まさに格好の
　　事例であろう[42]」

として、中国が大洋州への進出に際して戦前日本の歴史を参考にした可能性
を強調しながら、歴史学や戦史を基にした考察の方が妥当であることを示唆
する。

　田中による説明は、現代中国と戦前日本が歴史的に同じような流れで米国
と対立するようになったことを明瞭にしており、ある程度の説得力を持って
いると思われる。

　あるいは、今の中国の対米認識にも戦前の日本と似た部分がある。冷戦後
の中国は、米国が自国を封じ込めるために対中包囲網を築いて地政学的な圧
力を強めようとしているのに重ね、欧米由来の文化や社会的な価値を自国内
で拡散させて中国共産党を頂点とする政治体制を内部から瓦解させようと
画策していると捉えてきた[43]。この認識は、戦前の日本の ABCD（米国、英国、
中華民国、オランダ）包囲網への警戒心に加え、英国と米国が文化や経済を他
国への侵略手段として利用しているとして「英米本位」の国際秩序への不満
を論じた近衛文麿の論考を想起させる[44]。

　現在においては日中の立場が反転しており、戦前は当時の中華民国が米国
や英国と日本に対して共闘したが、今日は日本が米英といったアングロ・サ
クソン諸国との提携を進めながら中国を牽制している。即ち、今度は、日本
がパックス・アングロ・サクソニカ体制を補佐するインド太平洋の機軸国家
として中国との確執を深めているのである。

「誰が世界秩序を担うのか？」への回答

　それでは、以上までの議論から、本書の第 3 部の「誰が世界秩序を担うの
か？」という問いに対していかなる返答が可能であろうか。

　本章は、中国が米国の地位を奪取し、国際秩序全体やインド太平洋におい
て覇権を築く筋書きは考え難いと回答する。ここでは、まず日米中関係に主
眼を置いてその理由を説明したい。

　日米中間の三角関係について肝要なのは、日中対立が国際秩序とインド太平洋における米国の覇権維持に繋がることである。インド太平洋は国際政治全体の縮図であると共に、米国が国際秩序の中で覇権を保つ上でも最重要な地域である。現実的に起こりうる可能性は極めて低いが、もし世界屈指の経済力を誇る日本と中国が接近して対米牽制を目的とした協商関係を結ぶことになれば、国際秩序ならびにインド太平洋の地域秩序の勢力均衡や勢力図が激変し、結果的に米国の覇権が弱まる恐れがある。しかし、日中が争い合っている以上、そのような変化が生じることはありえず、むしろ日中両国は互いを牽制する目的で米国に接近して自国の優位性を高めようとする。米国としても日中両国の和解は自らの覇権衰退の原因になりかねないことから、日中対立は望ましい状態でもある。地域大国である日本と中国の対立は、国際秩序ならびにインド太平洋の両面における米国の覇権維持に貢献することになるのである[45]。

　これに加えて、インド太平洋地域の現状を踏まえても、中国が覇権国になるという可能性はほとんどないと考えられる。インド太平洋地域において中国は経済的には強大な影響力を擁するが、米中対立下にある同国は日本やインド、韓国等といった域内諸国との関係において数多くの問題を抱えている。中国と対立関係にあるインド太平洋の域内諸国は、軍事力を示威する中国からの圧力に対抗するために必然的に米国に頼ろうとし、米国側も自らの覇権を確保する思惑からそれらの国々を支援する。軍事力を主とした物理的な国力と規範的な魅力の面で米国が著しく衰退しない限り、中国が米国に取って代わってインド太平洋地域で覇権を掌握する事態は想定できないのである[46]。

　その上、米中対立に勝利するために中国は他の大国と共に米国の覇権に挑む必要があるが、現実世界を見渡すとその候補はロシアのみに限定される。また、中国にとって唯一の同盟国である北朝鮮との関係の安定化は容易ではなく、中朝関係は表向きとは異なって必ずしも盤石ではない。米中対立が続く最中、中国を取り巻く国際環境は悪化しており、米国の方が中国に対して戦略的に有利になりつつある[47]。

　上記のように、インド太平洋地域は国際秩序や国際政治全体の縮図であり、

この地域で優位にある大国こそが国際秩序を先導する地位を確立できると言える。要約すると、「誰が世界秩序を担うのか？」という問いへの回答に関しては、中国による単独での覇権の掌握という見通しを立てることはできず、むしろパックス・アングロ・サクソニカ体制が残り、米国やその他のアングロ・サクソン諸国主体の国際秩序とインド太平洋の地域秩序が継続する可能性の方が高いであろう。

おわりに

　本章においては、導入部で前出の 2 つの問いに答えるために主に次の議論を進めてきた。一つは、パックス・アングロ・サクソニカ体制が再活性化する環境下、中国による同体制への挑戦もあって米中対立が激化していることである。もう一つは、本書の第 3 部の「誰が世界秩序を担うのか？」という問いについて、中国が米国に替わって覇権を握る将来は想像し難く、パックス・アングロ・サクソニカ体制が存続し、これからも米国を軸とした国際秩序及びインド太平洋の地域秩序が当面の間続く遠望について論じた。

　最後に、紙幅の事情もあって本稿の議論の範疇を越えるが、米中対立を世界史規模の観点からどのように捉えることができうるのかについて簡潔に論及したい。

　かつて論壇で物議を醸した林房雄の『大東亜戦争肯定論』は、西欧列強の脅威に直面した幕末から終戦までの日本が自国を含む東アジアの植民地化を防ぐために立ち上がり、「東亜百年戦争」を戦ったという論旨で知られている。大東亜戦争（太平洋戦争）は、日本が東アジアの盟主として西欧列強による同地域の植民地化を防ぐためのおよそ 100 年間にわたる闘争であったという歴史観を提示しながら、1945 年の終戦によって日本はその歴史的使命を喪失したと林は主張した[48]。

　同書の中で忘れ去られていると思われるのが、戦前の日本の意志を継いだ国家が存在するという記述である。林は、「私が語りたかったのは中華人民共和国という新帝国の運命である。日本による『東亜百年戦争』は終ったが、

まだ東亜問題は残っている」とし、1960年代当時の中国と米国及びソ連との対立を引き合いに出しながら「日本の『東亜百年戦争』を期せずして中共が継承したことになる」と付記しつつ、戦後の中国が戦前日本の使命を継いだと書いているのである[49]。その上、「もし近い将来に東洋に戦争が起こるなら、その主役は、もう日本帝国ではなく中共帝国である[50]」と林は予測していたが、まさにその見通しが今に至って米中対立という図式で現実味を帯びるようになっている。

　林の議論を基にすれば、現在の米中対立は世界史全体の中で大きな位置を占める出来事になる潜在性を秘める。そして、戦前日本と現在の中国の類似性は、最悪の場合米中対立が戦争へと発展しうるという悲観的な前途を予感させる。

　＊　本章は、JSPS科研費JP23H00791及び青山学院大学総合研究所一般研究Bユニット「国際秩序変容の構造とメカニズム：ネットワーク・アプローチによる実証分析」の研究助成を受けた。

注

1　細谷千博『両大戦間の日本外交：1914-1945』（岩波書店、1988年）1〜18頁。

2　"The New Atlantic Charter," *White House* (June 10, 2021): https://www.whitehouse.gov/briefing-room/statements-releases/2021/06/10/the-new-atlantic-charter/.

3　"The Atlantic Declaration: A Framework for a Twenty-First Century U.S.-UK Economic Partnership," *White House* (June 8, 2023): https://www.whitehouse.gov/briefing-room/statements-releases/2023/06/08/the-atlantic-declaration-a-framework-for-a-twenty-first-century-u-s-uk-economic-partnership/.

4　Timothy Doyle and Dennis Rumley, *The Rise and Return of the Indo-Pacific* (New York: Oxford University Press, 2020), p.48.

5　Andrew Gamble, "The Anglo-American Worldview and the Question of World Order," in Ben Wellings and Andrew Mycock, eds., *The Anglosphere: Continuity, Dissonance and Location* (New York: Oxford University Press, 2019), p. 189.

6　Alessio Patalano, "AUKUS as a Realpolitik Minilateral Framework and its Significance for the Indo-Pacific Security," in *China's Increasingly Assertive Maritime Expansion in the Midst of the Great Power Competition* (Tokyo: Research Institute for Peace and Security, 2022), pp. 12-15.

7　*Indo-Pacific Strategy of the United States* (Washington D. C.: The White House, 2022), p. 9.

8　山﨑周「インド太平洋地域における『機軸国家』の重要性と中国：日本及びインドネシアとの関係を事例として」『国際関係研究』第 3 号（2023 年）1-22 頁。

9　「貿易関連の経済的威圧及び非市場的政策・慣行に対する共同宣言」『外務省』（2023 年 6 月 9 日）：https://www.mofa.go.jp/mofaj/press/release/press1_001487.html。

10　Kei Koga and Saori N. Katada, "The Enduring Dilemma of Japan's Uniqueness Narratives," in Daniel Deudney, G. John Ikenberry, and Karoline Postel-Vinay, eds., *Debating Worlds: Contested Narratives of Global Modernity and World Order* (New York: Oxford University Press, 2023), p. 136.

11　Doyle and Rumley, *The Rise and Return of the Indo-Pacific*, p.48.

12　Yuen Foong Khong, "East Asia and the Strategic 'Deep Rules' of International/Regional Society," in Barry Buzan and Yongjin Zhang, eds., *Contesting International Society in East Asia* (New York: Cambridge University Press, 2014), pp, 144-166.

13　Rosemary Foot, "Positioning Human Rights in China-U.S. Relations," in Christopher Sabatini, ed., *Reclaiming Human Rights in a Changing World Order* (Washington D. C.: The Brookings Institution, 2023), pp. 31-49.

14　Stephen Nagy, "Canada-China Relations: Balancing Risks and Opportunities is Getting More Difficult," *China-US Focus* (June 9, 2023): https://www.chinausfocus.com/finance-economy/canada-china-relations-balancing-risks-and-opportunities-is-getting-more-difficult.

15　Government of Canada, *Canada's Indo-Pacific Strategy* (Ottawa: Government of Canada, 2022), p. 7.

16　「2021 年 10 月 18 日外交部発言人趙立堅主持例行記者会」『中華人民共和国外交部』（2021 年 10 月 18 日）：https://www.fmprc.gov.cn/web/wjdt_674879/zcjd/202110/t20211018_9578871.shtml。

17　「外交部発言人宣布加拿大駐上海総領館一名外交官為『不受歓迎的人』」『中華人民共和国外交部』（2023 年 5 月 9 日）：https://www.mfa.gov.cn/web/gjhdq_676201/gj_676203/bmz_679954/1206_680426/fyrygth_680434/202305/t20230509_11073780.shtml。

18　「国防部新聞発言人張暁剛就加拿大艦載直升機挑釁答記者問」『中華人民共和国国防部』（2023 年 11 月 4 日）：http://www.mod.gov.cn/gfbw/xwfyr/fyrth/16264432.html。

19　"Canadian Sanctions Related to People's Republic of China," *Government of Canada* (August 21, 2023): https://www.international.gc.ca/world-monde/international_relations-relations_internationales/sanctions/china-chine.aspx?lang=eng.

20　Robert Ayson and Rory Medcalf, "Australasia: Australia, New Zealand, and the Pacific Islands," in David Shambaugh, ed., *International Relations of Asia* [Third Edition] (Lanham: Rowman & Littlefield, 2022), pp. 309-335.

21   佐竹知彦『日豪の安全保障協力：「距離の専制」を越えて』（勁草書房、2022 年）。

22   Ayson and Medcalf, "Australasia," in Shambaugh, ed., *International Relations of Asia* [Third Edition], pp. 312-313.

23   Bruce Jones, *Temperatures Rising: The Struggle for Bases and Access in the Pacific Islands* (Washington D.C.: Brookings Institution, 2023).

24   Charles Miller, "Explaining China's Strategy of Implicit Economic Coercion: Best Left Unsaid?" *Australian Journal of International Affairs*, Vo. 76, No. 5 (2022), pp. 517-518.

25   Nicholas Ross Smith, "New Zealand's Grand Strategic Options as the Room for Hedging Continues to Shrink," *Comparative Strategy*, Vol. 41, Issue, 3 (2022), pp. 314-327.

26   Tim Beal and Yuanfei Kang, eds., *China, New Zealand, and the Complexities of Globalization: Asymmetry, Complementarity, and Competition* (New York: Palgrave Macmillan, 2016).

27   Ayson and Medcalf, "Australasia," in Shambaugh, ed., *International Relations of Asia* [Third Edition], pp. 321-335.

28   New Zealand's Government, *New Zealand's National Security Strategy 2023-2028* (Wellington: New Zealand Government, 2023), pp. 5-6.

29   Hon Nanaia Mahuta, "Hong Kong National Security Law," *New Zealand Government* (July 1, 2022): https://www.beehive.govt.nz/release/hong-kong-national-security-law.

30   Hon Nanaia Mahuta, "Deep Concern at UN Report on Human Rights in Xinjiang," *New Zealand Government* (September 1, 2022): https://www.beehive.govt.nz/release/deep-concern-un-report-human-rights-xinjiang.

31   Patrick Triglavcanin, "End of the Golden Era: Sino-British Relations Enter Difficult Period," *China Brief*, Vol. 21, Issue, 23 (2021), pp.22-27.

32   "PM Speech to the Lord Mayor's Banquet: 28 November 2022," *GOV.UK* (November 28, 2022): https://www.gov.uk/government/speeches/pm-speech-to-the-lord-mayors-banquet-28-november-2022.

33   HM Government, *Global Britain in a Competitive Age: The Integrated Review of Security, Defence, Development and Foreign Policy* (London: Cabinet Office, 2021), p. 26.

34   HM Government, *Integrated Review Refresh 2023: Responding to a more Contested and Volatile World* (London: Cabinet Office, 2023), p. 2.

35   Ibid, p. 3.

36   Sidharth Kaushal, John Louth and Andrew Young, *The Exoskeleton Force: The Royal Navy in the Indo-Pacific Tilt* (London: Royal United Services Institute for Defence and Security Studies, 2022).

37   Philip Shetler-Jones, "UK-Japan Relations and the Indo-Pacific Tilt: The Cornerstone," *The RUSI Journal*, Vol. 167 (2023), pp. 44-52.

38   細谷千博「『講演』太平洋戦争とは日英戦争ではなかったのか」細谷千博著作選

集刊行委員会編『歴史のなかの日本外交：細谷千博著作選集　第 1 巻』(龍渓書舎、2012 年) 195 〜 211 頁。

39　例えば、松浦正孝「中国と英国の秩序を超えようとした日本」細谷雄一編『世界史としての「大東亜戦争」』(PHP 研究所、2022 年) 44-58 頁。現在の中国と戦前の日本の比較については次の研究が詳しい。Barry Buzan and Evelyn Goh, *Rethinking Sino-Japanese Alienation: History Problems and Historical Opportunities* (New York: Oxford University Press, 2021).

40　田中宏巳『真相：中国の南洋進出と太平洋戦争』(龍渓書舎、2021 年) 23 〜 24 頁。

41　同上、25 〜 26 頁。

42　同上、26 頁。

43　山﨑周「中国の対米脅威認識におけるパワーの変動と国内政治体制の要因：米中間でのパワー・トランジションへの含意」『青山国際政経論集』第 97 号 (2016 年) 193 〜 212 頁。

44　近衛文麿「英米本位の平和主義を排す」『最後の御前会議　戦後欧米見聞録：近衛文麿手記集成』(中央公論新社、2015 年) 329 〜 337 頁。

45　Evelyn Goh, "East Asia as Regional International Society: The Problem of Great Power Management," in Buzan and Zhang, eds. *Contesting International Society in East Asia*, p. 185.

46　T. V. Paul, "The Rise of China and the Emerging Order in the Indo-Pacific Region," in Huiyun Feng and Kai He, eds., *China's Challenges and International Order Transition: Beyond 'Thucydides's Trap'* (Ann Arbor: University of Michigan Press, 2020), pp. 71-94.

47　山﨑周「同盟理論における結束戦略から見た中朝関係と米国要因：米中対立の将来的展望への示唆」『防衛学研究』第 68 号 (2023 年) 113 〜 132 頁。

48　林房雄『大東亜戦争肯定論』(中央公論新社、2014 年)。

49　同上、368-369 頁。

50　同上、369 頁。

コラム⑧

米軍式の軍隊を目指す中国人民解放軍

相田　守輝

　2000年前後からの中国の高度経済成長に伴い、人民解放軍(PLA)が増強していく様子は常に国際社会の注目となり続けている。2016年のPLA軍改革は、米国のゴールドウォーター・ニコルス法に類似した国内法の制定によって共産党指導部への権力が集中された後に、断行されていった。党の絶対的領導とともに「戦える軍隊」への変革を求められたPLAは、統合作戦能力を向上させることによって「世界一流の軍隊」になることを目指した。このような文脈のなか、近年、PLAが米軍を模倣しているのではないかとの声も聞こえてくる。

　たしかに、米軍装備を模倣したかのような兵器がPLAに配備されはじめている。例えば、PLA陸軍兵士の個人装備は米軍のように洗練され、PLA海軍の726型エアクッション揚陸艇にいたっては米海軍が運用するLCAC-1級エアクッション型揚陸艇と瓜二つである。さらに開発中のJ-35戦闘機も、あからさまに米軍のF-35ステルス戦闘機に酷似している。

　しかしながら、新兵器だけを捉えてPLAが米軍のような軍隊を目指しているとする議論はいささか表面的であろう。何故ならば、軍隊の実態はその体制や軍事現代化の過程を踏まえながら総合的にみていかねばならないからである。

　そもそもPLAは、伝統的にロシア(ソ連)の影響を大いに受けながらロシア軍のドクトリン、部隊編成、装備などを模倣してきた。したがって、PLA空軍のJ-11戦闘機やPLA海軍の潜水艦などといった主力兵器は、今でも厳然としてロシアの技術によって支えられている。また、中国とロシアが同じ大陸国家であるが故に、軍の役割や戦略思想にも親和性が

ある。このことは、軍の成り立ちがその国の政治体制や社会からの影響を受けている以上、当然のことなのである。

　近年、PLA が 7 個軍区から 5 個戦区の体制に移行し、統合作戦を可能とする指揮系統を構築しつつある側面だけを捉えれば、米軍のような運用方式にシフトしつつあるとの指摘も一考の価値はあるかもしれない。しかしながら、この軍改革自体がロシアの軍改革の模倣であって、PLAの部隊編成や指揮系統も厳然としてロシア軍方式のままであることを留意しなければならない。また、ジブチに限定的な海外基地はあるものの、PLA は米軍のようなグローバル展開が可能な体制は未だ確立できておらず、依然として「積極防御」戦略の下、国外だけでなく国内の脅威にも目を向けざるを得ない状況にある。

　一方で、PLA の軍事現代化という視点は今後、最も注目していかねばならない。1970 年前後の中ソ対立の結果、これまで依存してきたソ連からの技術提供を期待できなくなった中国は、米中接近に乗じて米国との科学技術交流を次第に深め、多くの軍事技術を吸収していった。1989年の天安門事件以降では欧米から経済制裁を受けていたものの、日本やフランスなどからの民生技術の供与は、結果としてデュアルユース技術を軍事面にスピンオンさせ、着実に PLA 現代化を支えてしまったのである。2000 年以降に至っては情報通信技術（ICT）の飛躍的な発達により、中国は産業スパイ活動やサイバー活動を通じて海外の高度科学技術情報を入手し、それらをリバースエンジニアリングすることによって新しい国産兵器を生み出してきた。

　つまり、中国は伝統的に海外の科学技術を手段問わずして積極的に取り込み、また模倣することによって早いテンポで軍事現代化を成し遂げてきたのであって、その長年の成果が米軍を模倣したかのような兵器の出現に繋がっているのである。

　このことから PLA が米軍式の軍隊を目指しているのか否かの議論は、単に新兵器から推測するだけでなく、軍事体制や軍事現代化が今後どのように変わっていくのかといった視点を踏まえながら評価していくべき

であろう。

　さて、2022年から続くウクライナ紛争では、予想以上に苦戦するロシア軍をみて中国の戦略家たちは驚き、また落胆していることだろう。もしかすると PLA はロシア軍方式で培ってきた経験と決別し、米軍式の軍隊を全面的に目指していくのかもしれない。その場合、機微技術に関する米国からの制裁に影響を受けながらも、PLA は独自の路線を模索しつつ、智能化戦争を想定した「中国の特色ある軍隊」に変貌していくことになるのだろう。

参考文献

郭寿航『鄧小平国防現代化思想研究』国防大学出版社（1989年）。

江沢民国防科技工業建設思想研究課題組『江沢民国防科技工業建設思想研究』電子工業出版社（2005年）。

Tai Ming Cheung, "Innovation in China's defense technology base," Edited ByRichard A. Bitzinger, James Char, *Reshaping the Chinese Military*, Routledge, 2018.

第 11 章

米中対立の行方と日本の進む道

古賀　慶

ポイント

① 「米中対立がインド太平洋地域・日本に与えている影響」

　米中対立の激化によって、インド太平洋の地域アーキテクチャに変化をもたらしている。それと同時に、日本の戦略的オプションも狭まってきている。

② 「インド太平洋地域と日本が国際秩序に与えている影響」

　日本の戦略的選択は、インド太平洋の地域秩序の今後を左右する。米中対立の管理は重要課題となっており、今後、重い選択を迫られる可能性もある。

はじめに

　現在、日本は戦略的な岐路に立たされている。冷戦終焉後、唯一の超大国であり、そして日本の安全保障の要でもあるアメリカが、中国の台頭という大きな挑戦に直面しているためだ。中国は1979年の「改革開放」の名の下にその経済システムを発展させ、1990年以降、さらなる経済力・軍事力の強化を遂げてきた。2000年代に入ってもその進化は継続され、2008年のグローバル経済危機によってアメリカが弱体化したことを契機に、より強硬的な対外姿勢を見せるようになってきている。

　もちろん、グローバルな勢力均衡から戦略環境を俯瞰すれば、中国の軍事・経済力はアメリカのそれに及ばず、中国にとって世界規模でアメリカと対峙することは得策ではない。なぜなら、経済力・軍事力が高まっているとはいえど、中国は日本やインドといった地域大国との間に国境・領有権などの安全保障上の問題を抱えており、アメリカと比べ周辺地域の戦略環境は厳しいからだ。そのため、ある識者は、現世界においてアメリカの優位性を覆すほどの力を持つ国家は未だ存在していないと述べ、また一部の学者は、アメリカに追いつくどころか中国の成長はすでに陰りを見せており、最大の懸念は近い将来、中国が今ある能力を行使して紛争を起こす可能性があることだと論じている[1]。

　しかし、このような論理は主として統計的に見た物理的パワーの比較からくるものであり、他の非物理的な要素は考慮されていない。「非物理的な要素」とは、国家の「意思」や「戦略文化」といった無形の変数を指すが、国家の戦略形成において最も重要な変数の一つが、「認識」の概念である。なぜなら、物理的に優位な立場にない国家が、「認識」によって特定の地域において大きな影響力を持つことが可能となり、さらには地域秩序の形成に重要な役割を果たすことができるからである[2]。つまり、今後の米中競争、特にインド太平洋地域における競争を見据えるにあたり、地域諸国の「認識」およびその認識を左右する米中両国による地域への戦略的コミットメントの安定度といった視座が極めて重要になってくる。

　ただ、そういった要素を組み入れることによって分析の解像度は高まるが、その計算はこの上なく複雑なものとなる。現在の国際環境において日本が国家戦略を描くことも、それと同様のことが言える。これは、アメリカの東アジア地域における軍事・経済的能力と、地域に対するコミットメントが不安定化するにつれ、地域諸国の認識も変化し、複雑性がかつてなく増していくからである。冷戦後の日米両国は、日米同盟の堅持、民主主義等の価値観の共有、市場経済と経済自由化を標ぼうした経済相互依存の深化、両国の政策調整や協力の制度化を通し、東アジア地域におけるアメリカの外交的・軍事的プレゼンスを確保した。日米協力は、そのようにして冷戦期・ポスト冷戦期の地域安定の礎を築いたが、現在の中国の台頭は、この基盤を大きく揺さぶっている。

　このような環境下において、日本にはいかなる戦略オプションを持ち、いかなる選択ができるのであろうか。結論から言えば、高まる米中対立を背景とした流動的な戦略環境においては、日本に確固たる最適解はない。しかし、東アジア地域では大国間の緊張が高まりつつあっても紛争段階までには発展しておらず、日本にはいくつかの戦略オプション、特に環境の変化によって戦略をシフトさせる「段階的戦略」という選択肢がある。すなわち、まず既存の地域制度の強化と、中小国との間で地域枠組みの形成を進め、制度間の役割分担を明確にし、米中対立の管理に貢献できるメカニズムの構築を目指す。しかし、これらの地域枠組みのみでは大国間競争を管理しきれない場合、日米同盟を中心とした同志国との戦略連携を強化し、勢力均衡型の戦略へ主軸を移す、というものである。ここでのカギは、初期段階で純粋な勢力均衡政策に完全に舵を切らないよう、インド太平洋地域、特に東アジア地域における新たな地域安全保障アーキテクチャの迅速な再構築に貢献することである。

　本章ではこの論旨を説明するためにまず、米中対立を中心とした戦略環境の現状を概観し、つぎに近年の日本の戦略転換の変遷を分析、最後に変わりゆく国際政治における現状と展望、そして日本の対応を分析する。その後、日本が持つ 3 つの戦略オプションを提示し、最後に今後の日本の国家戦略に

ついての議論を行う。

I　米中対立をとりまく国際戦略環境の現状

　米中対立の激化は、2010年前後のオバマ政権時にその片鱗を見せ始めた。それ以前のアメリカは、中国を欧米中心の国際秩序の枠組みに組み入れ、その台頭を管理するという発想から、関与政策を続けてきた。しかし、その戦略は、経済面・軍事面においてアメリカが思ったようには進まなかった。結果としてトランプ政権下の2017年、国家安全保障戦略において中国を明確に「現状変更勢力」(Revisionist Powers)と位置づけ、旗幟を鮮明にしたのである[3]。ただ、長年の関与政策を通し、米中経済関係は相互依存が深化していたため、すべての分野で中国との関係を断ち切ることは難しく、バイデン政権下においては米中経済の「デカップリング」(分断)ではなく、ヨーロッパ諸国から提示された「ディリスキング」(リスク低減)を目指し、対中関係を管理していくようになった。

　他方、中国は習近平国家主席が政権を握った2012年以降、「韜光養晦」政策を反転させ、強い中国を主張する戦略を採るようになっていった。2013年には「一帯一路」構想を打ち出し、アジア・ユーラシア諸国への経済開発支援を中心に関与政策を進め、地域での影響力を高めた。それと同時に、海軍力や海警力を高め、東シナ海、南シナ海、インド洋を中心とした海洋プレゼンスも向上させていった。また、国際通貨基金(IMF)、世界銀行といった欧米中心の国際機関に頼らず、自らの経済力と影響力を行使できるアジアインフラ投資銀行(AIIB)、新開発銀行(NDB)等の新たな機関を設立し、また上海協力機構(SCO)やBRICSといった欧米諸国を含まないグループを用いて特定地域への影響力拡大していった。国内では、習近平の権力基盤を安定させるため、国家主席の任期であった10年(1期5年で連続2期まで)を2018年に改正し、事実上、任期なしで主席の立場に居続けることを可能にした。結果として、中国の政治システムは、民主的政治からより一層乖離するようになっていった。

　このように米中対立は徐々に悪化の一途をたどっていったが、根本的な原因は国際関係の構造上の問題にある。具体的には、「中国の台頭」と「アメリカの相対的衰退」の二つの要素から起こった東アジア地域における勢力均衡の変化が、大国間の緊張を高まらせた。冷戦終焉後、ソ連の崩壊に伴い、アメリカは他を寄せ付けない圧倒的な経済力・軍事力を誇るようになり、国際システムは一極体制となった。実際、1990 年におけるアメリカの軍事支出は 6750 億ドルにも上っており、この支出額は日本の約 15 倍、中国の 29 倍に当たり、また国内総生産 (GDP) でいえばアメリカが 9.8 兆ドルである一方、日本は 3.51 兆ドル、中国も 1 兆ドルと大きな差があり、他を圧倒していた[4]。さらにアメリカは、北大西洋条約機構 (NATO) という多国間同盟、アジアにおける「ハブ・アンド・スポーク」という二国間軍事同盟網を有しており、アジア、ヨーロッパという経済的・軍事的重要地域の情勢を常に把握できるメカニズムを設けていた。このように圧倒的な力を用いて、アメリカは冷戦後の世界秩序の再構築を目指した。経済面では市場経済・自由貿易を促す「ワシントン・コンセンサス」の下、経済相互依存関係を強化させ、政治的には国連といった国際機関を通して民主主義制度を根付かせるという、いわゆる「カントの三角形」を世界秩序構築の戦略に組み込んだのである[5]。

　アメリカ一極体制は冷戦後、世界各地で勃発した内戦や紛争波及などすべての国際問題を管理するほど完全なものではなかったが、国家間関係におけるアメリカの影響力は他の追随を許さなかった。もちろん、中国の経済力や軍事力の成長率は 1990 年代に入ってから加速度的に高まり、地域レベルでアメリカとの物理的能力の差は徐々に埋まっていった。しかし、それらはアメリカの優位性を揺るがすまでには至らなかった。さらに中国は、世界貿易機関 (WTO) への加盟などに見られるよう、欧米諸国を中心とした国際機関への関与姿勢も見せていたため、アメリカは特に強い警戒心も持つこともなかったのである。むしろ、欧米主導の国際システムに組み込まれることによって中国政治の民主化も進み、現状維持勢力として台頭していくと楽観視していたのであった[6]。

　しかし、2001 年の同時多発テロ直後、アメリカはアフガニスタンやイラ

クへ軍事介入を行い、「長い戦争」に引きずり込まれ、戦略的焦点が中東地域に偏るようになった。他方、中国は自らの経済力・軍事力を着実に強化すると共に、東南アジア、中央アジア、東ヨーロッパ、アフリカ等、発展途上国・新興国が密集する地域への外交活動を活発化させ、国際的なプレゼンスを高めていくようになった。物理的な観点から見れば、2008年の時点でもアメリカの軍事支出は中国の7倍、GDPは2.6倍と両国間の差は未だあった。しかし、その差は徐々に狭まっており、軍事活動・経済活動を通して周辺地域での中国の影響力は確実に高まっていった。例えば、東南アジア地域における中国の存在感は、1997年のアジア経済危機を境に急激に増した。これは、中国がASEANの枠組みに対して外交的・経済的関与を強化したり、南シナ海での行動を抑制したりした結果でもあり、両者の関係はかつてなく深まっていったのである[7]。

　こういった状況下、2008年のグローバル経済危機が起こった。アメリカ経済が一気に停滞すると、中国はそれを契機に経済力・軍事力の積極的行使を一気に加速させていくことになった。もちろん、経済力・軍事力に関してアメリカの優位は変わっておらず、グローバルな視点から見れば勢力均衡が急激に変化するということもなかった[8]。しかし2010年の時点で中国の6倍もあったアメリカの軍事支出は、2017年には3倍を切っており、他方で中国のGDPは2010年に日本を追い抜き世界第二位に、そして2017年の時点でアメリカの1.5倍を切っていた[9]。中国の戦略的焦点が一貫してアジア地域を中心としていることを考えると、その相対的影響力も確実に高まっていったのである。

　このようなことから、アジア地域では、アメリカの「相対的衰退」が起こり一極体制の時代が終わりつつある、という認識が高まっていった。事実、東南アジア諸国は、中国の戦略的影響力はアメリカのそれを凌いでいくとの予想している[10]。パワーシフトは、物理的な力のバランスの変化と共に、認識面での性質も深く絡んでおり、各国の勢力均衡変動の見積もりに大きな影響を与えていたのであった。

　また、現在の物理的な「パワー」でさえも、IoT、ビッグデータ、人工知能（AI）

といった新しいテクノロジーによって変化する。つまり、伝統的な経済指標や軍事指標のみで将来の力の配分を予測することは極めて難しく、多くの中小国はバランシングとバンドワゴニングのリスクを最小化しようと「ヘッジ戦略」を採っている[11]。現在の環境下では冷戦期のように旗幟を鮮明にしてマクロレベルで国家連携を強化し、さらには勢力ブロックを構築・拡大していく戦略を探ろうとする国家は少なく、より柔軟にイシュー毎に連携グループをつくり、自らの国益を確保していくという、複合的な勢力均衡が確立されていっているともいえる。

　さらに、アメリカ一極体制に陰りが見えてきているという認識には、アメリカの地域へのコミットメントの欠如、そして「相対的衰退」からくる力の分散がその原因として挙げられる。アメリカという覇権国家の存在によって冷戦後、ヨーロッパやアジアといったアメリカの強いプレゼンスがある地域においては、国際環境の安定が担保された。しかし、全地域に同レベルの戦略的コミットメントを確約することはほぼ不可能であり、その陰で現状に不満を持つ中国やロシアといった国々が、欧米諸国とは異なる勢力グループを各地で醸成していった[12]。中国の台頭や新興国の台頭により国際レベルにおける力の分散が起こり、アメリカの影響力から乖離した地域機構やグループは、地域において相対的な影響力を確保できるようになった。そのため、それら国家群が、現状変更勢力の勢力圏を拡大する可能性を秘めた集合体へと変化してきたのである。

　現在進行中のウクライナ戦争やイスラエル・ハマス紛争は、アメリカの戦略的焦点を中国との大国間競争から逸らすことにつながり、一極体制による安定は限界を露呈している。このような国際戦略環境の変化の流れについて、アメリカ自身も 2010 年前後より気がつきはじめており、オバマ政権時では米ロ関係の「リセット」や米中関係の再定義、さらにはアメリカ同盟国やパートナー国との関係強化を行い、自らが構築してきた国際ルールや規範を基盤とする「国際秩序の維持」という言説を用いて、力の衰退を管理しようとしてきていた[13]。しかし、トランプ政権、バイデン政権がその後一貫した戦略を展開してきたとは言い難く、大国間のパワーシフトの前に国際戦略環境の

不確実性が高まっている。

II　日本の戦略転換

　日本の国家戦略の中核は、冷戦期より「日米同盟」にある。冷戦終結直後は、ソ連の脅威が喪失したためその大きな存在意義を失うことになったが、1996年、「日米安全保障共同宣言」により同盟の再定義を行った[14]。同盟関係の目的を冷戦期のように「共通の脅威」の対処ではなく、北朝鮮や中国の潜在的脅威といった戦略的リスクへの予防・対応に求め、継続を決めたのであった[15]。同時に、アメリカは自らの優位性を脅かす地域覇権国家の出現を防ぐため、同盟をとおして日米両国は冷戦後の地域秩序の在り方についても協議していくことになった。二国間の緊密な協力の結果、日米両国はアジア地域において経済力・軍事力の面で他を圧倒し、地域に一定の安定をもたらした。

　この間、日本の国際的役割も大きく変化した。1990年の湾岸戦争において日本の軍事的貢献が欠如していたことを理由に、アメリカは日本に対して国際安全保障における、特に軍事的な負担分担をより一層求めるようになった。これに呼応して、日本は、軽武装・経済重視の「吉田ドクトリン」という戦後の国家戦略から、「国際貢献」という名の下に、軍事的にも国際的な活動に積極的に関われるよう、国家戦略を徐々に変化させていくことになったのである。

　また、日本は勢力均衡のみに依拠しない、日米同盟以外の新たな国際・地域機構を基盤とする安全保障メカニズムの構築も目指した。国際面では、経済大国として国際連合の安全保障機能の強化へ貢献した。特に湾岸戦争後に日本は、1992年のいわゆる「国際平和協力法」を制定し、条件付きながらも国連の委任下において自衛隊を平和維持活動に参加できるようにしたのである。これによって自衛隊は国家間紛争以外で国際安全保障活動を行うことが可能になり、国際ルールや規範の維持・強化に貢献することとなった。

　地域制度に関しては、日本はアジア太平洋経済協力（APEC）フォーラムをオーストラリアと協力して設立するとともに、ASEAN地域フォーラム

（ARF）、ASEAN+3、東アジアサミット（EAS）といった東南アジア諸国連合（ASEAN）の多国間制度構築を積極的に支援した。これは、多様な脅威が存在するアジア太平洋地域において「安全保障」の概念が異なる地域諸国が互いの脅威認識を理解するため、信頼醸成措置（CBM）が求められていたためであった[16]。ただ、アメリカ、日本、中国、ロシアといった地域大国の間で一定の政治・外交的緊張がすでに存在していたため、中立な立場をとりやすいASEAN が牽引役として、多くの地域フォーラムを構築することになった[17]。そしてその後、日本が継続的に支援した ASEAN は、アジア太平洋地域における多国間主義の核として存在感を示すようになっていったのである。

　これら冷戦後の日本外交は、グローバルな、そして東アジア地域の安全保障の安定に寄与すると同時に、同盟国であるアメリカ主導の国際秩序の強化にも貢献することになった。具体的には、日米同盟を中心とするアメリカの二国間同盟網で北朝鮮、中国、ロシアを抑止し戦略的安定を図り、ASEAN 主導の地域メカニズムを通して対話、情報共有、国際ルールや規範の伝達や醸成を行う地域システムの構築を目指したのである。

　当然ながら、日米間においても国際ルール・規範の衝突は生じる。例えば、1997 年のアジア経済危機の際、アメリカは日本がその構築に大きく貢献したアジア型の資本主義を「モラル・ハザード」として救済せず、韓国、インドネシア、タイといったアジア諸国の経済に構造改革を迫ることを選択した[18]。結果として、地域経済の安定メカニズムを日本を含むアジア諸国のみで構築する機運が高まり、初めてアメリカを含まない多国間枠組み、ASEAN+3 が設立されることにもなった。しかしながら、この枠組みは自由貿易や市場経済主義を基礎としており、アメリカが牽引する国際経済秩序の原則と矛盾するものではなかった。

　中国の台頭は、これら冷戦後の日本の国家戦略に大きな変化をもたらした。前述したとおり、中国の地域への相対的影響力が高まっていったためである。まず中国は、1997 年のアジア経済危機でアメリカに対する不信感が募っていた東南アジア諸国に対して関係強化を目指し、経済力を武器に ASEAN との自由貿易協定を 2000 年に提案し、2004 年に合意するに至った。2003 年に

は「東南アジア友好協力条約」(TAC) を域外国として初めて署名し、2005 年
の EAS の構築の際には、マレーシアとともにアメリカを除いたメンバーシッ
プを構想するなど、地域への影響力の拡大を狙っていった[19]。さらに、2013
年には「一帯一路」構想をとおして東南アジア、中央アジアを中心としたア
ジア全域への経済開発支援を中心とした協力関係の強化を進めた。中国は、
開発援助委員会 (DAC) のメンバーとして参加していないため、DAC の開発
支援基準に縛られず、非民主主義発展途上諸国は、中国のその様な開発支援
イニシアティブを歓迎するようになっていったのである。

　また、日米両国の総合的な軍事力はその優位性を維持してはいるものの、
中国は軍事的・非軍事的手段の両者を用いてアジア地域の海洋におけるプレ
ゼンスを相対的に高めていった。例えば、中国は東シナ海において日本との
領海線が確定していない段階で一方的な資源開発を進め、また 2000 年中盤
以降は、南西諸島での潜水艦活動等、西太平洋へ艦艇部隊を活発的に展開さ
せていった[20]。

　これらを背景に、2010 年に尖閣諸島周辺で起こった中国漁船と日本の海
上保安庁巡視船との衝突事件、そして 2012 年の日本尖閣諸島「国有化」を契
機に、中国は東シナ海で強硬姿勢を示すようになった。事実、中国は多くの
巡視船や漁船を周辺海域に送り出し、海洋プレゼンス強化の既成事実化を
図って、現状変更行動を示してきた[21]。また、中国は軍事的衝突には至らな
いように非軍事的手段を用いて海洋のコントロールを高めていくという、「グ
レーゾーン」戦術を使い、軍事協力を基盤とする日米同盟による対処を困難
にした。このことにより、日本は戦略転換を迫られたのである[22]。

　日本の戦略転換は、三つの側面を持っていた。一つめは、軍事的な制約を
緩め、包括的な防衛能力の拡充・活用を図ったことである。もちろん、その
ような制約の緩和は 2010 年以前より徐々に始まっており、特に 1990 年の湾
岸戦争、2001 年のアメリカ同時多発テロといった国際危機を契機に、自衛
隊に課せられた政治的制約が緩和され、海外任務が急速に増えていった。平
和維持活動、対国際テロ活動、対海賊協力といった国境を越える安全保障問
題に対して自衛隊が担う役割が増えていくにつれ、2007 年には国際任務が「本

来任務」に格上げされることにもなった。しかし、それらの緩和方針に戦略的意図が明確に示されたのは、2010 年の防衛大綱からであった。日本はこの時点でアメリカの影響力の変化や、中国の海洋のプレゼンスの高まりを認識しており、日本独自の防衛能力についての議論を活性化させていた[23]。結果、自らが力の空白になり地域の不安定化を招かない程度の、必要最小限の防衛能力の保持を謳う「基盤的防衛力」構想から脱却し、抑止・防衛を含め自らの国防能力を高めるために「動的防衛力」「統合機動防衛力」「多次元統合防衛力」といった新しい概念を打ち出すようになっていったのである。

　その一環として、グレーゾーン戦術にも対応するため、海上保安庁の拡充を行い、海上自衛隊との連携も模索するようになった。また、制度面では 2013 年に国家安全保障局を設立、特定秘密保護法の制定、2014 年に「集団的自衛権」の行使を一定の条件で可能にする憲法再解釈の閣議決定、防衛装備移転三原則の確立、さらには 2015 年に安全保障関連法を通し、政治的・憲法上の制約を徐々に緩和させ、日本の国防能力強化に向けた整備を行った。近年では、「反撃能力」を可能とさせる「トマホーク」巡行ミサイルの取得、日英伊間での次世代戦闘機の開発等も進めており、自国の防衛能力の拡充を行ってきている。

　二つめは、アメリカの同盟国やパートナー国といった「同志国」との連携強化を図っていくことである。2000 年代、日本はアメリカの同盟国やパートナー国との連携を、人道支援・災害救援(HADR)や対テロ政策といった非伝統的安全保障協力の名の下に進めていった。例えば、2004 年 12 月に起こった「インド洋沖地震」の際、日米豪印の四か国で HADR の協力のため「コア・グループ」を結成した。2006 年には安全保障協力に関する日豪共同宣言、2008 年に安全保障協力に関する日印共同宣言にそれぞれ署名し、非伝統的安全保障協力の強化を進めた。当然、これらの安全保障協力に地政学的な考慮が完全になかったとは言えないが、主として非伝統的安全保障上の懸念に対処するための措置が中心であった[24]。実際、第一次安倍政権下で進められた日米豪印戦略対話 (QSD) は、対中戦略としての地政学的な目的が垣間見れたため、インドやオーストラリアが対中関係の悪化を懸念し、わずか 1 年足

らずで頓挫することになった。

　しかし、中国の台頭から生じる戦略的不確実性は継続していたため、日本は中国を潜在的脅威として認識し、地域主要国との防衛関係強化を目指した。まず、オーストラリアとは、2010年に「物品役務相互提供協定」（ACSA）、2012年に「情報保護協定」（ISA）、2022年には「円滑化協定」（RAA）に署名しており、インドとは2015年にISA、2016年に「防衛装備品・技術移転協定」、2021年にはACSAに署名している。

　また、インド太平洋地域にプレゼンスを持つイギリスやフランスとの間でも、安全保障協力を強化してきている。イギリスとは2012年に「防衛装備品及び技術移転協定」と「情報保護協定」、2017年にACSA、2023年にRAA、フランスとは2016年に「防衛装備品及び技術移転協定」、2018年にACSAと、それぞれ署名している。いずれの国とも大臣級戦略対話や防衛・外務大臣会合「2＋2」といったハイレベルの安全保障対話を開催しており、二国間関係も「戦略的パートナーシップ」以上の関係と位置づけている。

　さらに、2017年には日米豪印四か国の脅威認識が収斂してきていたこともあり、「QUAD」が復活することになった。2020年よりQUADはインフラ開発、気候変動、重要な新興技術等のアジェンダを設定し、インド太平洋地域における地域公共財の提供という役割を担っている。また、インドが主導する米印海軍軍事演習「マラバール」でも2014年から日本を、2020年からオーストラリアをそれぞれ組み入れ、四か国の軍事協力を強化している。

　アメリカ以外の同志国との連携は、アメリカの相対的衰退が背景にある。しかしそれは、アメリカとの同盟関係を相対化するというよりもむしろ、両者を補完するものとして構築してきている。いくら日本がアメリカ以外の国々と戦略的連携を強化していても、日本にとってアメリカはいまだ唯一の軍事同盟国であるという事実に変わりはなく、日米同盟が引き続き日本外交・安全保障政策の中核を担っているためである。実際、2010年以降は、日米拡大抑止協議（EDD）、新日米ガイドライン、共同計画策定メカニズム（BPM）、同盟調整メカニズム（ACM）の設立・制定等、同盟の制度化が進んでおり、どの国よりも関係が深化している。

　三つめは、日本の戦略的視座を、東アジア地域から「インド太平洋」とい
う地域概念へと拡大させたことである。中国の台頭による経済的・外交的な
影響力は、北東アジア・東南アジアにとどまらず、南太平洋、中央アジア、
南アジア、中東、東ヨーロッパまで拡大していった。第一次安倍政権時、麻
生太郎外相は東南アジア、中央アジア、東ヨーロッパを含めた地域において
「民主化」を推し進める「自由と繁栄の弧」という外交ビジョンを掲げたこと
もあった[25]。しかしこの構想の地理的範囲が中国を囲い込むということから、
たびたび対中包囲網として捉えられたことや、安倍政権・麻生政権が短命に
終わったこともあり、そのビジョンは消滅した。しかし、インド洋と太平洋
を跨ぎ、民主主義ネットワークを構築とするという戦略構想の基本は、2012
年の第二次安倍政権に引き継がれていった[26]。

　特に 2013 年に習近平が「一帯一路」構想を提唱すると、日本はより一層、
対中警戒心を高めていくことになった。同構想は、アジア全域をとおした陸
路・海路を通して中国と繋がる連結性構築を強調しており、中国の影響力の
更なる拡大が懸念されたためである。連結性にはソフト面・ハード面でのイ
ンフラ構築が極めて重要になるが、中国はその経済力と、DAC 基準に囚わ
れない支援を行うことによって、多くの非民主主義国家との連携を強化する
機会を得ることになった。他方、それまでにアジアの開発支援で影響力を維
持してきた日本は、その地位に陰りが見え始めた。特に、日中間で受注競争
を繰り広げたインドネシアのジャカルタ・バンドン間の高速鉄道計画におい
ては、2015 年、最終的に中国が受注することとなり、新幹線の輸出を目指
した日本は敗北を喫した。さらに、一帯一路構想では重要なシーレーンが存
在するインド洋・南シナ海が含まれており、加えて 2016 年に国際法で定め
られた南シナ海仲裁裁判所の裁定を「不当」として中国が拒絶したという事
実は、東シナ海における中国の強硬姿勢と相まって、日本の安全保障に関わ
る極めて深刻な懸念と認識されるに至った。これらを背景に、2016 年、安
倍首相は「自由で開かれたインド太平洋戦略」(のちに「自由で開かれたインド太
平洋」(FOIP) に変更) を発表したのであった[27]。

　FOIP は当初、アフリカおよびアジアの潜在的な経済発展の可能性を最大

限引き出すため、インド洋・太平洋間での民主化・市場経済を促し、シーレーンを安定させることを主眼としていた[28]。しかしその内容は「戦略」というには曖昧で「構想」に近いものであり、具体的な政策は地域諸国との対話を通して決定していくという柔軟な姿勢をとっていた。その中でも 2017 年にアメリカのトランプ政権が FOIP を積極的に自らの戦略構想に取り込んだことは、「FOIP」や「インド太平洋」という外交言説を国際的に広げていくきっかけにもなった。ただ、アメリカが FOIP を対中戦略に位置づける一方、日本は非民主主義国家が多いインド太平洋諸国、特に東南アジア諸国を引き付けるために非軍事的・非国内政治的な側面を強調するようになっていった[29]。その結果、日本は①「法の支配、航行の自由、自由貿易等の普及・定着」、②「経済的繁栄の追求」（連結性、EPA/FTA や投資協定を含む経済連携の強化）、③「平和と安定の確保」（海上法執行能力の構築、人道支援・災害救援等）といった軍事や国内政治システムに対する政策については控え目な立場を取るようになっていったのである。

　この姿勢は岸田政権下において、一時変化する。2021 年に就任したアメリカのバイデン政権が積極的に民主主義や人権問題を取り上げ、中国との差別化を図るために価値外交を強調する方針を採ったことがその主な要因の一つである。これは、岸田首相によって 2021 年に国際人権問題担当の内閣総理大臣補佐官が設置されたことにも表れている。しかし、非民主主義国家からの支持が得られにくいことや、バイデン政権において価値外交の影が薄くなってきていることを背景に、日本も価値外交を前面に出す政策は徐々に弱まっていくことになった[30]。特に、2022 年からのウクライナ戦争、2023 年に勃発したイスラエル・ハマス紛争において、発展途上国・新興国の外交スタンスが必ずしも欧米諸国のそれと一致しないということから、岸田政権では「グローバル・サウス」の存在をより意識するようになり、インド太平洋を中心とする国際秩序形成について包含的に思考を巡らせるようになっていったのである[31]。

Ⅲ　今後の戦略オプションと最適解の模索

　アジア地域の環境変化に適応するため、日本は以上の三つの戦略転換を行った。しかし、米中対立の激化に加え、ウクライナや中東地域における紛争の勃発や国家間緊張の高まりが見られる中、現戦略がどれほど持続可能かは不透明である。多極化する世界において、勢力均衡はより複雑化し、いかなる政策を採っても戦略的リスクはつきまとう[32]。そのような環境下では、「戦略的パートナーシップ」等のリスクが比較的低い、柔軟で多様な国家間連携が生まれるが、他方でそのコミットメントは低く、各国の行動が予測しにくくなっている。

　この上で、今後、日本が取りうる三つの戦略オプションについて考えてみる。まず一つめは、最も蓋然性の高い、現状維持戦略である。日米同盟を中心として同志国との連携の拡充を行い、勢力均衡の維持に努めると同時に、民主主義や人権保護等の「普遍的な価値」を国際秩序に浸透させていくものである。この場合、欧米諸国との連携が軸となり、中国やロシアといった現状変更勢力に対抗する力を形成することが目標となる。短期的には、国際社会におけるアメリカの優位性を保つことができ、欧米諸国中心の国際秩序も主要地域においては維持可能と考えられる。また、既存の戦略は、埋没費用等の観点からも採りやすい。

　しかしながら、長期リスクは存在する。まず、日本を含める欧米諸国の外交・経済的影響力が相対的に弱まっていく中、今後どの程度、地域の勢力均衡や既存の国際秩序を維持していくことができるかという疑問が生じる。中国の台頭によって、発展途上国・新興国は経済開発支援等の分野で欧米諸国に過度に依存しない選択肢を手に入れた。その結果、いわゆる「グローバル・サウス」と呼ばれる諸国において、中国と欧米諸国の競争は激化している。しかし、欧米諸国の民主化等の価値基準を経済支援等に引き続き絡めていけば、利益相反の論理から非民主主義国は中国との連携を強めていく傾向にある。現在の戦略を原則論のみで捉えるならば、このようなリスクが待ち受けていることを認識する必要がある。

　二つめは、アジア中心の国家戦略を「ヘッジ戦略」として再構築していくことである。現在の環境変化のトレンドを考えた場合、アメリカやその他のパートナー国の同盟や連携に対するコミットメントは絶対的なものではない。特に、欧州、中東といった地域において大規模な紛争が発生すれば、アメリカは短期・中期的に戦略的焦点を他地域へ移さざるを得ない。その場合、インド太平洋地域において力の空白が生まれ、小中規模の危機が起こる可能性もある。また、コミットメントの問題には戦略的焦点以外の要素も存在する。例えば、台湾有事が起こった際、アメリカの軍事的コミットメントが確実視できない理由として、台湾とアメリカは軍事同盟の関係にはないことや、「戦略資源は確保できるのか」「いかに紛争が起こったか」「軍事的優位性がどこまで保てるか」「紛争の期間はどの程度になるか」「地域の同盟国からはいかなる支援が受けられるか」といった諸条件が重層的に存在していることが挙げられる。他の戦略的パートナーとの関係においてもこのような問題は常に存在しており、同盟や連携において「見捨てられ」「巻き込まれ」といったジレンマが生じている。

　これらのリスクを回避するためには、新しい地域安全保障メカニズムを再構築していくことがカギとなる。焦点は、インド太平洋地域の中で日本にとって最も重要である北東アジア・東南アジア地域を中心とする「東アジア」地域に置く。これは、抑止や競争を軸とする同盟・戦略的パートナーシップをアメリカや韓国と強化していくことに加え、ASEANといった多国間フォーラムを支援し、それらの制度的役割分担を明確化させ、中国への関与政策を継続させていくことを目標とする[33]。大国を含める地域諸国の関与を継続させることが可能なメカニズムを目指し、情報交換、新たな規範・ルールの設定、危機管理の認識共有などを行うことを視野に入れる。

　弱点は、現状維持勢力と現状変更勢力、そして発展途上国・新興国の間におこる戦略的利益の相反であり、関与政策を基調に置く信頼醸成措置に現時点でも限界が生じていることが挙げられる[34]。また、①同志国間でも情報共有が正確にできていない場合はその意図に対して疑義が生じてしまうこと、②新たな「協力」メカニズムは、例えば「南シナ海の行動規範」交渉のような

既存メカニズムの交渉プロセスに後れを生じさせ、現状変更行動の既成事実化を許してしまうこと、そして③結果が伴わない場合はメンバー国が協力枠組みから離脱してしまうこと、などのリスクを孕んでおり、リスクヘッジとして代替案を用意しておく必要がある。

　三つめは、米中両国を除いた協力枠組みをインド太平洋地域に構築し、大国による国際政治の独占を避け、中小国同士が国際政治を管理できる空間を生み出していくことである。中小国は、米中両国といった大国との力の差異が歴然としているため、個々でその影響力に対抗することは難しい。当然、中小国が一定程度まとまったとしても、大国の影響力から完全に解放されるということもない。例えば、「非同盟連合」(NAM) の存在が一例として挙げられるが、これは参加している中小国と大国との関係性は多種多様であり、外交的な一貫性を保つことが困難となっている。さらに現在では、「グローバル・サウス」といった新興国・発展途上国の国家群があたかもまとまりを見せているかのように捉えられることがあるが、このグループは今のところ実態が伴っておらず、大国政治に対するアンチテーゼを表す言説として使用されるに留まっている。

　ただし、そのような緩やかな集合体が地域ごとのまとまりへと進化する可能性はある。例えば、ASEAN、西アフリカ経済共同体(ECOWAS)、アフリカ連合(AU) のように、地域の自律性と安定に貢献する機構にもなりうる[35]。つまり、できるだけ利益共有可能なミニラテラル、マルチラテラルの枠組みを構築していくことによって、大国に過度に依存しない関係を地域ごとに築き、その中にはより有用な制度へと発展させていくことを目指すものである。北岡が提唱した「西太平洋連合」(WPU) といった構想や、「アジアゼロエミッション共同体」(AZEC) といった構想がこの部類に入るだろう[36]。

　しかしこのような緩やかな協力であっても、共通の戦略的利益がなければ長期的に持続させることは難しい。さらにメンバー国が多ければ多いほど、利益の衝突も起こり、共同行動が取れないといった「集団行動の問題」に直面する可能性もある。ASEAN、ECOWAS、AU といった地域制度は、いずれも植民地支配の、あるいは植民地化を迫られた経験に基づいた国家群であり、

歴史的な認識を共有しているため、政治的にまとまる動機がある。しかし、日本が主導する枠組みとなると、「アメリカの同盟国」というイメージもあり、非同盟国からは警戒される可能性が高い。さらに、NAM で見られるように、機能的協力がなければ、制度は存続してもその結束は弱いままであり、大国のくさび戦略にも脆弱になるだろう。そうなれば、制度は漂流状態に陥るか、最終的に崩壊する可能性もあり、制度設計に関しては細心の注意を払わなければならない。

　これら三つの戦略オプションはそれぞれコストを伴うため、どれ一つとして単独で最適解とはならない。しかし、これらの戦略オプションは必ずしも相互排他的ではなく、同時並行的に進めることもできる[37]。現在、①米中対立は完全な米ソ冷戦状態に陥っておらず、②アメリカの同盟国やパートナー国も一枚岩でなく、③多くの発展途上国・新興国が大国間関係から距離を置くことを望んでいるという状況にあり、様々な戦略オプションを選択することができるのも事実である。日本ができることは、その状況を最大限に活かし、戦略オプションを組み合わせ、大国間衝突を可能な限り軽減させることであろう。

　そのためにはまず、アジア地域における「ヘッジ戦略」の追求と、インド太平洋における非大国間同志の枠組み構築を進め、米中両国のコミュニケーションチャネルを確保するとともに、中小国間の意思伝達をできる枠組み構築を優先することが必要であろう。これらは大国間競争の問題を根本的に解決するというよりも、競争を管理するシステムを作ることを目的とする。しかし、中小国に統一性が一切見いだせず、その意思も見せないこと、米中両国が中小国の見解受け入れを一切拒否すること、米中紛争の可能性が極めて高まること等の状況に陥った場合には、アジア地域、特に北東アジアに焦点を絞り、その地域の安定を維持するために日本は勢力均衡を主とした戦略へ移行する必要がある。当然、その際には日米同盟が中心になり、現状変更勢力への抑止を基軸に紛争を予防していくことになる。

おわりに

　米中対立が激化するにつれ、日本の選択肢は狭まってきている。中国、ロシアといった現状変更勢力の台頭、ウクライナ戦争の長期化、イスラエル・ハマス紛争の勃発、中東地域への紛争の飛び火の可能性にみられる国際環境の不安定化は、日本と欧米諸国との結束をより一層強めている。しかしこれらの動きは発展途上国・新興国側の視点から見れば、世界を分断しているとも捉えられており、それらの国々に対する日本の影響力に影を落とす。今後、現状況が続くとすれば、日本は勢力均衡を基調としたバランシング戦略をとるか、発展途上国・新興国を巻き込んで国際秩序形成に焦点を当てるか、といった難しい選択を迫られるだろう。

　また、現状ではバランシング戦略に傾きがあるが、そのような戦略を取ったとしても、欧米諸国との連携は盤石であるとは言い難い。2024 年のアメリカ大統領選挙において第二次トランプ政権が誕生すれば、同盟関係の見直しや、インド太平洋に対するコミットメントについても大きな変化が生じる可能性がある。また、地政学的観点から見れば、欧州諸国のインド太平洋に対するコミットメントは戦略的優先順位の上位に常に位置づけられているわけではない。現在、多くの民主主義国が直面している国内政治の不安定化や、ヨーロッパ地域での紛争、特にウクライナ戦争によって、その戦略的優先順位が揺さぶられているからである。

　しかし、このような不安定な国際環境にも関わらず、各国の根源的な戦略目標、すなわち「核心的な国益」は変わらない。それは、まず国土・国民の安全の確保、国家主権の維持から始まり、その先に周辺地域の安定、地域や世界経済成長の促進、国際秩序の形成がある。中小国は力の限界に直面しやすく、簡単に国際秩序形成といった目標設定はできない。ただ、外交・経済・軍事政策を創造的に組み合わせることによって戦略を構築すれば、自らの国際的影響力をより高めることができる。

　米中対立は緊張状態が今後も高まる傾向にあるが、物理的な紛争にはまだ陥っておらず、短期的には東アジア地域の安定は保たれている。このような

現在の戦略環境の中、日本が目指すべきは米中対立の緩和メカニズムの構築であり、今後の地域の安定と地域秩序形成に積極的に関与していくことであろう。限られた資源で日本ができることは、勢力均衡のバランスを取りつつも、新旧の地域枠組みの整備を進め、地域の安定基盤を再構築していくことである。

注

1　Stephen G. Brooks and William C. Wohlforth, "The Myth of Multipolarity: American Power's Staying Power," *Foreign Affairs*, Vol.102, No.3 (May/June 2023); Joshua Shifrinson, "The End of the American Era," *Foreign Affairs* (October 17, 2023); Bilahari Kausikan, "Polarity is What States Make of It," *Foreign Affairs* (October 17, 2023); Hal Brands and Michael Beckley, *Danger Zone: The Coming Conflict with China* (New York: W.W. Norton & Company, 2022); Hugo Dixon, "Peak China may pose peak danger," *Reuters* (October 2, 2023); "Is Chinese power about to peak?" *The Economist* (May 13, 2023); Bernard Aw, "Are we witnessing 'peak China'?" *The Straits Times* (January 4, 2024).

2　国際秩序論で「リベラル国際主義」を主張するアイケンベリーも、地域の重要性を暗示的に認めるようになってきている。John Ikenberry, "Three Worlds: the West, East and South and the competition to shape global order," *International Affairs* Vol.100, Iss.1 (January 2024), pp. 121-138.

3　The White House, "National Security Strategy of the United States of America," (December 2017), https://trumpwhitehouse.archives.gov/wp-content/uploads/2017/12/NSS-Final-12-18-2017-0905.pdf.

4　Stockholm International Peace Research Institute (SIPRI), "SIPRI Military Expenditure Database," (2023), https://doi.org/10.55163/CQGC9685; The World Bank, "World Bank Open Data," (2024), https://data.worldbank.org/.

5　Bruce Russett and John O'Neal, *Triangulating Peace: Democracy, Interdependence, and International Organizations* (W.W. Norton & Company, 2001).

6　例えば、佐橋亮『米中対立―アメリカの戦略転換と分断される世界―』(中公新書、2021年)。

7　Kei Koga, *Managing Great Power Politics: ASEAN, Institutional Strategy, and the South China Sea* (Singapore: Palgrave Macmillan, 2022), pp. 43-160.

8　例えば、Michael Beckley, *Unrivaled: Why America will Remain the World's Sole Superpower* (Ithaca: Cornell University Press, 2018).

9　SIPRI, "SIPRI Military Expenditure Database"; The World Bank, "The World Bank Database."

10　例えば ISEAS のサーベイを見よ。Sharon Seah, Joanne Lin, Melinda Martinus, Sithanonxay Suvannaphakdy, and Pham Thi Phuong Thao, *The State of Southeast Asia: 2023 Survey Report* (Singapore: ISEAS-Yusof Ishak Institute, 2023).

11　Cheng-Chwee Kuik, "How Do Weaker States Hedge? Unpaking ASEAN states' alignment behavior toward China," *Journal of Contemporary China*, Vol.25, Iss.100 (2016), pp. 500-514; Kei Koga, "The Concept of 'Hedging' Revisited: The Case of Japan's Foreign Policy Strategy in East Asia's Power Shift," *International Studies Review*, Vol.20, Iss.4 (December 2018), pp. 633-660.

12　既存の国際秩序における米中対立また競争については、山﨑周「インド太平洋におけるパックス・アングロ・サクソニカ体制と米中対立：現代中国と戦前日本による対米挑戦の類似性及び国際秩序の展望」（本書第 10 章）を参照。

13　The White House, "National Security Strategy," (May 2010), https://obamawhitehouse.archives.gov/sites/default/files/rss_viewer/national_security_strategy.pdf.

14　外務省「日米安全保障共同宣言：21 世紀に向けての同盟（仮訳）」1996 年 4 月 17 日 https://www.mofa.go.jp/mofaj/area/usa/hosho/sengen.html.

15　同盟機能の変化については下記を参照。Helga Haftendorn, Robert Keohane, and Celeste Wallender, *Imperfect Unions: Security Institutions Over Time and Space* (Oxford University Press, 1999).

16　古賀慶「ASEAN アーキテクチャにおける『信頼醸成』」『国際安全保障』第 50 巻第 3 号（2022 年）。

17　Rizal Sukma, "The accidental driver: ASEAN in the ASENA Regional Forum," in Jurgen Haacke and Noel Morada, eds., *Cooperative Security in the Asia Pacific* (London: Routledge, 2009).

18　International Monetary Fund, "The Asian Crisis: Causes and Cures," *Finance & Development*, Vol.35, No.2 (June 1998); 片田さおり『日本の地経学戦略：アジア太平洋の新たな政治経済力学』（日本経済新聞出版、2022 年）。

19　Kei Koga, "Wedge strategies, Japan-ASEAN cooperation, and the making of EAS: implications for Indo-Pacific institutionalization," in John Ciorciari and Kiyo Tsutsui eds., *The Courteous Power: Japan and Southeast Asia in the Indo-Pacific Era* (Ann Arbor: University of Michigan Press, 2021), pp. 73-96.

20　茅原郁生「中国の国防近代化をめぐる転換点：海軍戦略と空母保有」『国際問題』第 568 号（2008 年）45 〜 57 頁；小谷哲男「中国の『九つの門』とインド太平洋地域の海洋安全保障：日本の課題」『国際問題』第 687 号（2019 年）17 〜 24 頁。

21　この傾向は継続されており、日本の接続水域内における中国海警局関連の船

舶数は 2018 年以前には 20-140 隻と振れ幅があったが、2019 年以降は 100 隻前後と増加してきている。海上保安庁「尖閣諸島周辺における中国海警局に所属する船舶等の動向」（2023 年 12 月）https://www.kaiho.mlit.go.jp/mission/image01.jpg。

22　Kei Koga, "The rise of China and Japan's balancing strategy: critical junctures and policy shifts in the 2010s," *Journal of Contemporary China*, Vol.25, Iss.101 (2016), pp. 777-791.

23　首相官邸「平成 2 3 年度以降に係る防衛計画の大綱について」（2010 年 12 月 17 日）https://www.kantei.go.jp/jp/kakugikettei/2010/1217boueitaikou.pdf。

24　例えば、外務省「安全保障協力に関する日豪共同宣言（仮訳）」（2007 年 3 月 13 日）https://www.mofa.go.jp/mofaj/area/australia/visit/0703_ks.html。

25　外務省「我が国の重点外交政策：『自由と繁栄の弧』」（2007 年 7 月）https://www.mofa.go.jp/mofaj/gaiko/free_pros/index.html。

26　Shinzo Abe, "Asia's Democratic Security Diamond," Project Syndicate, December 27, 2012, https://www.project-syndicate.org/magazine/a-strategic-alliance-for-japan-and-india-by-shinzo-abe?barrier=accesspaylog.

27　外務省「自由で開かれたインド太平洋（Free and Open Indo-Pacific）」（2024 年 4 月 24 日）https://www.mofa.go.jp/mofaj/files/000430631.pdf。

28　外務省「TICAD VI 開会に当たって・安倍晋三日本国総理大臣基調演説」（2016 年 8 月 27 日）https://www.mofa.go.jp/mofaj/afr/af2/page4_002268.html。

29　「インド太平洋、消えた『戦略』政府が『構想』に修正」『日本経済新聞』（2018 年 11 月 13 日）https://www.nikkei.com/article/DGXMZO37648990S8A111C1PP8000/。

30　Kei Koga, "Regional Order-Building in the Indo-Pacific: Japan as a Geopolitical Alternative," in Lai-Ha Chan and Pak Lee, eds., *China-US Great Power Rivalry: The Competitive Dynamics of Order-Building in the Indo-Pacific* (Oxon and New York, 2024).

31　外務省「インド太平洋の未来：『自由で開かれたインド太平洋』のための日本の新たなプラン」（2023 年 3 月 20 日）https://www.mofa.go.jp/mofaj/files/100477774.pdf。

32　例えば、Kenneth Walz, "The Stability of a Bipolar World," *Daedalus*, Vol.93, No.3 (Summer 1964), pp. 881-909. ただし、「二極よりも多極の方が安定する」「『極』の数ではなく攻撃・防衛のバランスの要因の方がシステムの安定・不安定を左右する」など、多くの議論がなされている。ここでは、二極という選択肢の少なさが、連携の構図を単純化させているという意味で使用している。議論については下記を参照。Manus Midlarsky and Ted Hopf, "Polarity and International Stabiltiy," *American Political Science Review*, Vol.87, No.1 (March 1993), pp. 173-180.

33　例えば、Kei Koga, "Getting ASEAN Right in US Indo-Pacific Strategy," *The Washington Quarterly*, Vol.45, Iss.4 (2022), pp. 157-177; Kei Koga, "Institutional Dilemma: Quad and ASEAN in the Indo-Pacific," *Asian Perspective*, Vol.47, No.1 (Winter 2023), pp. 27-48.

34　古賀「ASEAN アーキテクチャにおける『信頼醸成』」。

35　例えば、Kei Koga, *Reinventing Regional Security Institutions in Asia and Africa; Power shifts, ideas, and institutional change* (Oxon and New York: Routledge 2017).

36　北岡伸一編『西太平洋連合のすすめ：新しい地政学』(東京：東洋経済新報社 2021 年)；Economic Research Institute for ASEAN and East Asia (ERIA), "Asia Zero Emission Community," (2023) https://asiazeroemission.com/about-azec.

37　例えば、森聡・佐橋亮・伊藤庄一・小谷哲男・矢崎敬人『日本の国家安全保障戦略：パワーシフトとグローバル化、リソース制約の時代に生きる』(笹川平和財団、2011 年)；佐竹知彦「大国間競争と日本」増田雅之編『大国間競争の新常態』(インターブックス、2023 年)。

終 章

米中対立と国際秩序の行方

——世界は分断の道を歩むのか？——

五十嵐　隆幸

大澤　傑

I　中国の台頭と国際秩序

　歴史を振り返ると、新興国の台頭によって国際秩序が不安定化し、パワー・バランスが崩れるときに大きな戦争が勃発するケースが多く見られる。オーガンスキー（A. F. K. Organski）が唱えたパワー・トランジッション論では、産業化によって急速に力を増大した国家が、現状の国際秩序に不満を抱く挑戦国（challenger）となり、新たな秩序の構築を目指す場合、戦争が起こる危険が大きくなるが、最も規模が大きい支配的大国（dominant power）が挑戦国に対して現状の秩序を受け入れられるように調整した場合、戦争になる確率が低下すると説明されている[1]。カー（Edward H. Carr）は、戦間期を振り返った『危機の二十年』において、新興国の台頭によって国際秩序が変化を迫られたとき、実力行使と宥和の間で揺れ動く現状維持国が平和的変革を成すことができれば危機を回避することができると説く[2]。細谷雄一は、諸国家が「共通の利益」と「共通の価値」を持っていれば国際秩序は安定するとしたうえで、新しい時代状況が生まれることにより、既存の国際秩序は挑戦にさらされ、その挑戦に応えることで、国際秩序自体が変化を示すようになり、新しい国際秩序へと姿を変えることになると説明する[3]。国際秩序とは、固定的で不変なものではないのである。

　では、中国の台頭と国際秩序の関係は、どのように見ることができるのか。1949年に成立した中華人民共和国が、正式に国際社会のメンバーシップを得たのは1970年代になってからであった。ジョンストン（Alastair I. Johnston）らは、2000年頃までの中国は、東アジアの地域規範を受け入れ、現状維持国に転じたと論ずる[4]。だが、21世紀に入ると、ミアシャイマー（John J. Mearsheimer）らが、中国の台頭が世界システムを不安定化させる可能性があると警鐘を鳴らし始めた[5]。しかし、リーマン・ショックで世界中が金融危機に襲われるなかでも中国が経済成長を続け、「中国脅威論」が活発に議論されるようになっても、アイケンベリー（G. John Ikenberry）らは、中国は自由主義国際秩序の基本的ルールや原則を変更しようとしておらず、仮に米国が衰退したとしても自由主義的な国際秩序が続くと論じた[6]。他にも、中国の平和

的台頭は可能であるといった議論は数多くあるが[7]、その根底には、戦後世界システムの恩恵を享受して経済成長を遂げた中国は、持続的な経済成長を求めて既存の国際秩序に従っていくだろうという期待感があった。

　こうした楽観的な主張に対して大矢根聡は、新興国が国際秩序の現状変更ではなく現状維持を志向すれば、それで国際秩序の協調的維持が実現するわけではないと指摘する[8]。つまり中国は、シュウェラー（Randall L. Schweller）らが説明するように、挑戦国としてまず覇権国の秩序を部分的または一時的に受け入れ、その秩序の中で一定の抵抗を行うことで、徐々に現状の秩序の正統性を切り崩し、自らが望む秩序へと変更していく行動を取っていると見ることができる[9]。ミアシャイマーが、いずれの新興国も最初は地域覇権（regional hegemony）を求める国家であったと論じているように[10]、中国が東アジアの地域規範を受け入れたと論じたジョンストンらも、領土問題などでは現状変更的な行動を取っていると指摘する[11]。

　たしかに、現状維持勢力（status quo power）側は、中国が既存の国際秩序を受け入れたことで経済成長を遂げたと見る向きが強い。習近平も、2015年10月の国連設立70周年に際して訪米した時、バラク・オバマ（Barack Obama）大統領との会談で「中国は現在の国際システムの参加者、建設者、貢献者であり、受益者でもある」と説明していた[12]。しかし中国は、唯一の超大国として米国が主導してきた国際秩序を受け入れたという認識は持っていない。習近平が「現在の国際秩序は完全ではないが、転覆させて新たに作り直す必要はなく、維持していくことを前提に改革と改善を図っていくことが必要である」と述べているように[13]、中国では、大国となった中国がほころびを見せている欧米主導の国際秩序を国連中心の国際秩序に再構築することで、国際社会に貢献するべきという考えが広がっている。

　現状変更勢力（revisionist power）と見なされることが多い中国が、既存の秩序に対する挑戦者としての側面を強く持っていることは否定できない。かといって中国は、現状のすべてを否定しているわけではない。川島真は、中国は米国を中心とする既存の「世界秩序」に疑義を呈し、国連とその関連機関、あるいは国際法については支持を表明しながら、発展途上国の利益を反映し

たような「国際秩序」への修正を訴えていると説明したうえで、中国側の意図や行動の分析のみならず、世界各国が中国をいかに捉えているのか双方向で考察する必要があると指摘する[14]。高木誠一郎もまた、将来の国際秩序は中国の動向のみによって決定されるものではなく、それに対する関係国の様々な対応との相互作用の結果として形成されるはずであると指摘する[15]。

　中国の台頭により東アジアのパワー・バランスは大きく変化し、秩序移行の可能性が指摘されているが[16]、他の地域では中国が主導して新たな秩序が形成されていくのであろうか。中小国や地域と中国との関係について考察を試みた既存の研究は、中国を挑戦国と見なす「西側」の視点で論じられる傾向が多分にあり、中国の台頭を支持し、期待する中小国や地域の考えを汲み取っているとは言い難い。そこで本書では、かつて東西冷戦の時代にどちらの陣営にも属さなかったが、米ソの代理戦争が繰り広げられた「グローバル・サウス」に焦点を当て、地域によって米中対立に対する見方が異なることを明らかにしてきた。そのうえで、あらためて東アジアの国や地域、欧州諸国の視点で米中関係の現状を分析し、今日の国際社会における米中対立の構図について新たな視座と複合的理解を提供するとともに、国際秩序の行方を検討してきた。次節では、各章を振り返り、各国・地域の視点から描いた米中対立の様相を整理していく。

II　狭間の国々──ミシン目としての米中対立──

　各章の執筆者によって、米中側から地域を見るのか、地域から米中対立を見るのかに若干の違いは見られたものの、米中対立への各国（地域）の態度は、概ね二つにクラスターに分類された。

　第一に、明白に米中いずれにつくかを表明している地域である。ここには、ロシア（第6章）、北朝鮮（第7章）、台湾（第8章）、そして日本（第11章）が分類される。米国との同盟を基軸として戦後復興と安全保障戦略を構築してきた日本は米国との蜜月がある種の正統性の源泉となっている。一方、北朝鮮と台湾は、冷戦構造の固定化によって、現在に至るまで相手国（北朝鮮は韓国、

台湾は中国)の否定が自国のレゾンデートル (存在意義) である。ゆえに、そこに紐づけられた国際関係によって米中いずれかを選択しているともいえる。ただし、北朝鮮の事例から明らかなように、あたかも二国間の角逐かのように表現される米中対立には、ロシアという無視できない軸が存在する点にも留意が必要である。中国につくことを選択する国家には、必然的に中国とロシアの関係をも管理する必要が生じているのである。このことは、ロシアにとっても中国が必ずしも信頼できるパートナーとは呼べない側面がある点からも垣間見られる。

　以上の事例からは、米中いずれかを選択するかは歴史に織り込まれた国家としての正統性の文脈から説明できる側面があることが浮き彫りになる。さらに、(仮にそれが不十分であったとしても) 国際秩序を構築してきた米国とは異なり、中国の行動が読みにくいこと、中ロが一枚岩ではないことから、今次の対立において中国につくことを選択する国家は、強い不信感と中ロ関係の狭間で自国の生き残りを図っていかなければならないことが示唆される。

　第二のクラスターは、米中対立に対して曖昧な姿勢を示している地域である。ここには、東南アジア (第1章)、南アジア (第2章)、中東 (第3章)、アフリカ (第4章)、ラテンアメリカ (特にアルゼンチン) (第5章)、欧州 (第9章) が分類される。無論、これらの分析結果は、分析対象が地域 (複数) なのか、特定の国家 (単一) なのかも影響していると推察されるが、経済や安全保障といった領域によって異なるものの、本書で扱った多くの事例で米中のいずれにつくかについて明白な態度を取っていない、もしくは取りたがっていない様子が見られた点は特筆に値しよう。これらの事例からわかることは、「グローバル・サウス」と呼ばれる多くの国が米中対立を国際秩序に対する「危機」ととらえて行動しているというよりも、むしろそれを「好機」として利用するかのように、米中両大国から実利を得ていこうとする強かな姿勢が見られる点である。他方で、欧州の事例からは、価値規範の面では米国を支持しつつも、米国と一丸となって中国に対峙することが難しいジレンマが垣間見られる。当該事例は、国家の正統性の文脈から米中のいずれかを選択するかが迫られる点において、第一のクラスターと同様の特性を持つ。それでも米

国に寄り添いきれないのはなぜか、すなわち欧州と日本や北朝鮮、台湾を分かつ変数が何か(脅威の度合いなのか否か)などについては新たな関心が深まる点である。

　このように地域に目を向けてみると、あたかも米中対立の従属変数かのように語られる地域が、逆に独立変数として機能している側面が顕在化する。朝鮮半島、南アジア、中東などで見られたように、隣国との反目や地域秩序を巡る対立は、米中対立という、より広い国際秩序に影響を与えているのである。さらには、国内における動向も国際関係に対する行動を規定している。

　すなわち、イメージ図の通り、国際、地域、国家というレイヤーが相互に作用することによって、米中対立は世界を形づくり、世界は米中対立を形づくっているのである。本書のテーマに立ち戻ると、米中対立は地域秩序に影響を与えつつも、地域秩序からの影響を受けている。さらに、それ自体も国家と相互に影響しあうため、領域によって米中対立と地域秩序における影響力のベクトルの強さや向きが異なってくるのである。

　また、こうしてみてみると日本の特殊性と、「グローバル・サウス」という概念の用法に対する疑問が浮かび上がる。本書では詳細に論じられていないが、北朝鮮と対峙する韓国は、これまで米中対立において明白に米国を支持するというスタンスをとってこなかった。これは政権の特性もあるが、ある意味で第二のクラスターに属する国々と韓国が同様の傾向を持ち合わせて

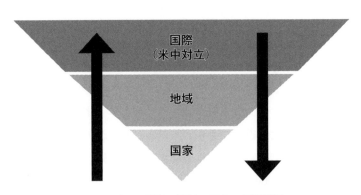

イメージ図　国際、地域、国家の相互関係

いるからである。他方、日本は一貫して米国以外の選択をしてこなかった。経済分野などにおいては中国との協調を推進してきたが、安全保障における米国の重要性が揺らぐことはなかったのである。憲法による制約がある以上、日本は安全保障政策を検討するうえで「元より特殊である」ともいえるが、第二のクラスターに属する国々の米中対立への態度を見ると、現代国際政治における日本の特殊性があらわになる。

　また、昨今、米中対立から距離を置く新興国をまとめて「グローバル・サウス」と呼ぶ傾向にあるが、各章の分析から彼らの行動の自律性と多様性が確認できた。ただし、中ロの反目や、欧州のアンビバレンスな態度を考慮すると、「グローバル・サウス」とそれ以外の国際秩序に対する態度の違いは鮮明ではない。とすれば、「グローバル・サウス」という概念を用いて、あたかもそこに何らかの共通性があるように語ることの妥当性は問い直される必要性があろう。

　第二のクラスターの多様性からは、まるで陣営間の対立のように語られる米中対立が、現状では昨今懸念されるほどの国際社会の分断には至っていないことが窺える。この点は米中対立を体制間競争と呼ぶことに警鐘を鳴らす議論（序章）を支持するものでもある。また、このような状況はしばしば米中関係を「対立」と表現するか、「競争」と表現するかが論者によって異なる点にも関係しているといえよう。

　とはいえ、米中という大国が並び立つ様相は、今後の世界の分断を促進させる可能性を示唆する。各国が近視眼的な国益に基づいていずれかの国家にすり寄ったとしても、そこから生じるバランスの変化によって、米中が陣営化され、分断が深まる可能性があるからである。米中対立は世界の分断の「結果」ではなく「原因」となる可能性を秘めているのである。現在の中国を戦前の日本になぞらえる指摘もあり（第10章）、国際秩序の行方が混沌としていることに変わりはない。

　このような世界の分断は、米中両国が主体的に行動しなくても高まる可能性がある。実際、米中対立は新型コロナウイルスの拡大やロシアのウクライナ侵攻などの米中以外の間接的要因によって促進されたといえる。いわば、

現代米中対立は、世界の分断そのものを表しているのではなく、いずれかに力が結集すれば再結合が困難となるミシン目のような様相を呈しているのである。

Ⅲ　分断していく世界？

　2018年10月にマイク・ペンス (Mike Pence) 米副大統領がハドソン研究所で行った対中政策に関する演説は[17]、1946年にイギリスのウィンストン・チャーチル (Winston Churchill) がソ連東欧圏を非難した「鉄のカーテン」演説になぞらえ、「米中新冷戦」の開始を予感させるものという評価がなされた[18]。当時、米国における対中警戒感は既に党派を超えていたが、この演説でペンスは、ニクソン政権以来の対中「関与」政策を「競争」へと転換することを示唆した。

　米国が1970年代から続けた「関与」を主軸とする対中政策を転換した背景には、2017年10月の中国共産党第19回全国代表大会の政治報告で、習近平が建国100周年を迎える20世紀中葉には中国を「トップレベルの総合力と国際的影響力を誇る国家」にする目標を明確に掲げたこと[19]、いわば中国が米国と肩を並べ、米国を超す強国になる宣言をしたことが挙げられる。また、2018年6月に4年ぶりに開催された中国共産党中央外事工作会議において、習近平が「グローバル・ガバナンス・システムの改革に積極的にかかわり、リードしていく」という方針を示したことも大きい[20]。中国は、領土保全や内政不干渉を規定した国連憲章を「戦後国際秩序」の原則という立場を採り、それが米国などによって脅かされているとの認識を示しているが[21]、「国際秩序」というルールのなかで、国際社会で起こる様々な問題の解決に主体的にかかわるスタンスを打ち出したことが、米国にとって「挑戦」と映ったのである。

　だが、中国が世界第2位の経済大国へと躍進した2010年頃、中国では既に米国に代わって国際社会をリードすることが「中国の夢」であるとの声が上がっていた[22]。2014年頃には、米国でも「中国が控えめながらもアジアや他の地域で既存の国際秩序の代替を提案するキャンペーンを始めており、中

国が他国に対して既存の秩序か新しい秩序かの選択を求めるようになれば、アジアに『新たな種類の冷戦』をもたらす条件を作りだすかもしれない」と警鐘を鳴らす論説も見られるようになっていた[23]。そして2018年の演説でペンスは、「これまでの政権が中国にかけてきた期待は実現しなかった」とし、安全保障や宗教の自由、外交政策に至る幅広い分野で中国を厳しく批判した。このペンス演説を香港・嶺南大学の張泊匯教授がニューヨーク・タイムズ紙で「『新冷戦』宣言のように見えた」と評すると[24]、貿易摩擦に起因する米中の対立を「新冷戦」と称する向きが広まっていった。

　そして米国大統領選挙が迫る2020年7月には、マイク・ポンペオ(Mike Pompeo)国務長官がニクソン大統領図書館において、従来の対中「関与」政策が誤った古いパラダイムであると述べ、ペンス演説よりも踏み込んで中国を非難した。ポンペオは、中国共産党政権がマルクス・レーニン主義政権であることを心に留めておかなければならないと警鐘を鳴らしたうえで、習近平を破綻した全体主義イデオロギーの信奉者であり、このイデオロギーが世界覇権を求める習近平の願望の根底にあると指摘し、もはや米中両国間の政治、イデオロギー上の根本的な違いを無視することはできないと述べた。さらにポンペオは、米国経済、そして我々の生活様式を守る戦略が必要であり、自由世界は新たな専制政治に勝利しなければならないと訴えた[25]。かつて、イデオロギーの対立から始まった米ソの冷戦は、間もなく「二つの生活様式の争い」となり、1961年夏の段階で事実上決着がついていたと佐々木卓也が指摘している[26]。歴史を紐解けば、既に1950年代後半から共産主義陣営内では対立が始まり、その結束は、堅固なものとは言えなかった。また、日本を含む西側諸国が台湾の中華民国政府と断交し、東側の中華人民共和国を承認しているように、イデオロギーの対立から始まった国際的な「冷戦」の構造は、形を変えながら半世紀近く続いてきたのである。

　今日、米中対立を「新冷戦」と表現することに否定的な意見は少なくない。ドナルド・トランプ(Donald Trump)大統領も一度たりと「米中新冷戦」という言葉を使っていないばかりか、習近平も2021年4月20日の博鰲アジアフォーラムのビデオ演説で「いかなる形の新冷戦にも、イデオロギーの対立にも反

対する」と述べている[27]。ジョー・バイデン (Joe Biden) 大統領も、同年9月
21日に国連総会で就任後初の一般討論演説に臨んだ際、「新たな冷戦や、世
界が硬直したブロックに分断されることを求めていない」と主張している[28]。
だが、米中以外の国や地域、とりわけ小国は、既にスーパー・パワーから「米
国か、中国か」の選択を迫られている。また、ハルパー (Stefan Halper) が、中
国の指導者は「第三世界」から脱皮しつつある国々にとって魅力的に映る米
国的な理念を恐れていると論じている[29] しかし、それらの国々に限らず「西
側」諸国であっても米国の魅力が失われれば、米国が主導して築いてきた国
際秩序にも揺らぎが生じ、反対に中国が魅力的に映れば、既存の国際秩序も
変動しかねないのである。いや、既に「一帯一路」に乗って「中国式の生活様
式」が世界各国に広まり、根付き始め、「二つの生活様式の争い」が始まって
いるのではなかろうか。

　既存の国際秩序を築いてきた側の視点から見れば、中国はその秩序の変更
を試みる挑戦国と映るであろう。しかし、世界には、中国の台頭を歓迎し、
期待している国や地域がある現実を我々は正視しなければならない。そして、
将来、中国に「関与」し、中国が経済発展することで民主化を導くという「米
国の夢」の挫折が、「競争」という言葉を借りた「米中新冷戦」の始まりだった
と歴史に記される日が来るかもしれない。

注

1　A. F. K. Organski, World Politics, (New York: Alfred Knopf, 1958), pp. 333-335.

2　E・H・カー著、原彬久訳『危機の二十年』(岩波文庫、2011年) 393 〜 420頁。

3　細谷雄一『国際秩序―18世紀ヨーロッパから21世紀アジアへ―』(中公新書、2012年) 3 〜 31頁。

4　Alastair I. Johnston, "Is China a Status Quo Power?," *International Security*, Vol. 27, No. 4 (Spring 2003), pp. 5-56; Evan S. Medeiros and M. Taylor Fravel, "China's New Diplomacy," *Foreign Affairs*, Vol. 82, No. 6 (November/December 2003), pp. 22-35; Alastair I. Johnston, *Social States: China in International Institutions, 1980-2000*, (Princeton : Princeton University Press, 2008).

5　John J. Mearsheimer, *The Tragedy of Great Power Politics*, (New York: W. W. Norton, 2001); Jed Babbin and Edward Timperlake, *Showdown: Why China Wants War with the United States,*

(Washington D.C.: Regnery, 2006).

6　G. John Ikenberry, "The Future of the Liberal World Order: Internationalism After America", *Foreign Affairs*, Vol. 90, No. 3 (May/June, 2011), pp. 56-68.

7　Joseph S. Nye, Jr., *The Future of Power*, (New York: Public Affairs, 2011); Henry Kissinger, *On China*, (New York: The Penguin Press, 2011).

8　大矢根聡「新興国の馴化―1970 年代末の日本のサミット外交―」『国際政治』第 183 号（2016 年 3 月）98 頁。

9　Randall Schweller and Xiaoyu Pu, "After Unipolarity: China's Vision of International Order in an Era of U.S. Decline," *International Security*, Vol. 36, No. 1, (Summer 2011), pp. 41-72.

10　John J. Mearsheimer, "China's Unpeaceful Rise," *Current History*, Vol. 105, No. 690, (April 2006), p. 161.

11　Alastair I. Johnston, "China in a World of Qrders: Rethinking Compliance and Challenge in Beijing's International Relations," *International Security*, Vol. 44, No. 2, (Fall 2019), pp. 9-60.

12　「為推動建立国際新秩序積極注入 "中国力量"」（中華人民共和国国務院新聞弁公室、2015 年 11 月 13 日）、http://www.scio.gov.cn/zhzc/10/Document/1455386/1455386. htm。

13　「習近平会見出席 "2019 従都国際論壇" 外方嘉賓」（新華網、2019 年 12 月 3 日）、http://www.xinhuanet.com/politics/leaders/2019-12/03/c_1125304297.htm。

14　川島真「中国の世界展開―対外進出のねらいと現地からの視線―」川島真・遠藤貢・高原明生・松田康博編『中国の外交戦略と世界秩序―理念・政策・現地の視線―』（昭和堂、2020 年）1 ～ 12 頁。

15　高木誠一郎「序文：中国の台頭と地域ミドルパワー」『国際安全保障』第 39 巻第 2 号（2011 年 9 月）1 ～ 2 頁。

16　佐橋亮編『冷戦後の東アジア秩序―秩序形成をめぐる各国の構想―』（勁草書房、2020 年）。

17　"Vice President Mike Pence's Remarks on the Administration's Policy Towards China," Hudson Institute (October 4, 2018).

18　Walter Russel Mead, "Mike Pence Announces Cold War II," *Wall Street Journal* (October 8, 2018).

19　『人民日報』2017 年 10 月 28 日。

20　『人民日報』2018 年 6 月 25 日。

21　『人民日報』2015 年 4 月 15 日。

22　劉明福『中国夢：後美国時代的大国思維與戦略定位』（北京：中国友誼出版社、2010 年 1 月）。

292

23 Fareed Zakania, "China's Growing Clout," *The Washington Post* (November 13, 2014).

24 Jane Perlez, "Pence's China Speech Seen as Portent of 'New Cold War'," *The New York Times* (October 5, 2018).

25 Michael R. Pompeo, "Communist China and the Free World's Future," U.S. Department of State (July 23, 2020).

26 佐々木卓也『冷戦―アメリカの民主主義的生活様式を守る戦い―』有斐閣、2011 年、199 頁。

27 『人民日報』2021 年 4 月 21 日。

28 "Remarks by President Biden Before the 76th Session of the United Nations General Assembly," White House (September 21, 2021).

29 ステファン・ハルパー著、園田茂人・加茂具樹訳『北京コンセンサス―中国流が世界を動かす？―』(岩波書店、2011 年) 240 〜 242 頁。

あとがき

　米中の対立は世界の分断を招き、新たな国際秩序が形成されていくのであろうか？

　国際社会で激しさを増す米中の対立について、かつて世界を二分した米ソ両大国間の対立になぞらえて「新冷戦」と呼ぶ向きがある。だが、経済交流が限定された米ソの冷戦とは異なり、米中両国は経済的に深く結び付いている。果たして米中両国が、経済的な相互依存関係を断ってまで世界を二分するような陣営を築き、直接戦火を交えない「冷たい戦争」を展開する時代が再び到来するのであろうか。米中関係は、経済関係が緊密であるがゆえに問題化する領域は全面化することなく、米国の政権交代など時間軸の中で変容する要素もあり、米中対立に関わる国や地域などの主体によっても見え方や重要度が変わってくる。世界各国は、米中対立をどのように理解し、自らを適応もしくは変容させているのか。そして、どのような秩序観に基づき、対米・対中政策を形成しているのであろうか。

　本書では、各地域の視点から国際政治を研究する 20 名の専門家が集い、答えのない大きな課題に取り組んできた。約 200 の国や地域のうち一部しか取り上げることができなかったが、他の国や地域、その専門家による異なる視点からこの課題に取り組むこともできるであろう。本書を手に取った方々が物足りなさを感じたならば、それは編者の責任に帰するものである。今日、米中関係の行く末は、日本のみならず国際社会において高い関心を集めるイシューとなっており、類似書も少なくないが、専門的な研究者のみならず、学生や実務家の皆さまが本書の内容を参考に、それぞれの観点で国際秩序の行方について思考を巡らせて頂けたら編者として望外の幸せである。

　なお、本書の出発点は、2021 年 3 月に防衛大学校グローバルセキュリティーセンターが主催した第 30 回コロキアム「米中対立時代の国際秩序と地域秩序の相互関係」にある。本書の共編者である五十嵐が企画した同コロキアム

では、同じく共編者である大澤の呼び掛けで、第3章の執筆者である溝渕正季氏、第5章の大場樹精氏、第10章の山﨑周氏に報告していただいた。同コロキアム後、その成果を発展させる形で、第1章の庄司智孝氏とコラム①〜③の執筆者である小林周氏に加わっていただき、『防衛学研究』第68号（2023年3月）で特集「米中対立時代の国際秩序と地域秩序の相互関係」として発表している。その後、本書の刊行に繋がるプロジェクトが動き出したのだが、対象地域を広げるにあたり、溝渕正季氏から大きなお力添えをいただいた。共編者と溝渕氏の呼び掛けに応じ、新たに12名の専門家に参加していただき、一冊の書籍として世に送り出されることとなった。日本のみならず、ケニア、ウガンダ、シンガポール、台湾、米国の研究者が執筆者として名を連ねているのは、本書の特徴の一つであろう。また、本書の企画にあたっては、東信堂の下田勝司氏と下田勝一郎氏に多大なご助言をいただいた。両氏をはじめとする東信堂の方々の繊細な編集作業のおかげで、本書が日の目を見ることができた。心から感謝申し上げたい。国際情勢が混沌とするなか、本書が将来の「国際秩序の安定」に少しでも寄与することができれば、執筆者一同にとって無上の喜びである。

　人類の歴史を振り返れば、これまでも「米中新冷戦」のように様々な言説が作られてきた。その言説が、時に戦争の惨禍をもたらしてきたことを忘れてはならない。マーク・トウェインは、「歴史は繰り返さないが、韻を踏む」と述べた。今、我々に必要なのは、過去と現在の違いを冷静に捉え、飛び交う言説やバズワードに翻弄されることなく、そこにある現実を丁寧に読み解くことではなかろうか。

2024年4月

執筆者を代表して

五十嵐 隆幸、大澤 傑

事項索引

人名索引

執筆者紹介 (執筆順)

五十嵐隆幸 (いがらしたかゆき) 〔はじめに、コラム⑥翻訳、第 8 章、終章〕
　防衛研究所地域研究部中国研究室専門研究員。防衛大学校総合安全保障研究科後
期課程修了、博士 (安全保障学)。防衛大学校防衛学教育学群統率・戦史教育室准
教授を経て現職。専門は東アジア国際政治史。主著に『大陸反攻と台湾―中華民国
による統一の構想と挫折―』(名古屋大学出版会、2021 年) ＝第 38 回「大平正芳記
念賞」受賞、第 12 回「地域研究コンソーシアム賞」受賞、第 8 回「猪木正道賞 (正賞)」
受賞、第 34 回「佐伯喜一賞」受賞＝、「中共武装力量的人力資源問題：面臨少子化
及高齢化時代的中共解放軍」『中共解放軍研究學術論文集』(2021 年 12 月) など。

大澤傑 (おおさわすぐる) 〔序章、終章〕
　愛知学院大学文学部英語英米文化学科准教授。防衛大学校総合安全保障研究科後
期課程修了、博士 (安全保障学)。防衛大学校総合安全保障研究科特別研究員、駿
河台大学法学部助教を経て現職。専門は政治体制論。主著に『「個人化」する権威主
義体制―侵攻決断と体制変動の条件―』(明石書店、2023 年)、「ニカラグアにおけ
る個人化への過程―内政・国際関係／短期・長期的要因分析―」『国際政治』第 207
号 (2022 年 3 月) ＝第 15 回「日本国際政治学会奨励賞」受賞＝、『独裁が揺らぐとき
―個人支配体制の比較政治―』(ミネルヴァ書房、2020 年) ＝ 2021 年度「ラテン・
アメリカ政経学会研究奨励賞」受賞＝など。

庄司智孝 (しょうじともたか) 〔第 1 章〕
　防衛研究所地域研究部長。東京大学大学院総合文化研究科博士課程修了、博士 (学
術)。専門は東南アジア (特にベトナム) の安全保障と国際関係。主著に『南シナ海
問題の構図―中越紛争から多国間対立へ―』(名古屋大学出版会、2022 年) ＝第 39
回「大平正芳記念賞」受賞＝、「『南シナ海の領有権問題』再訪―米中対立の中の東南
アジア―」『安全保障戦略研究』第 4 巻第 2 号 (2024 年 3 月)、「ASEAN の安全保障
―中立性から中心性へ―」『安全保障戦略研究』第 3 巻第 2 号 (2023 年 3 月)、「ASEAN
の地域秩序と米中対立―揺らぐ包括性と中心性―」『防衛学研究』第 68 号 (2023 年 3
月) など。

小林周 (こばやしあまね) 〔コラム①②③〕
　日本エネルギー経済研究所中東研究センター主任研究員。慶應義塾大学大学院政
策・メディア研究科後期博士課程修了、博士 (政策・メディア)。慶應義塾大学研究員、
米国・戦略国際問題研究所 (CSIS)、日本国際問題研究所などを経て現職。2021 ～
2023 年に在リビア日本大使館勤務。専門はリビアを中心とした中東・北アフリカ
現代政治、国際関係論、エネルギー地政学。編著に『アジアからみるコロナと世界』
(毎日新聞出版、2022 年)、共著『紛争が変える国家』(岩波書店、2020 年)、『アフ
リカ安全保障論入門』(晃洋書房、2019 年) など。

笠井亮平（かさいりょうへい）〔第 2 章〕
　岐阜女子大学南アジア研究センター特別客員准教授。青山学院大学大学院国際政治経済学研究科一貫制博士課程単位取得満期退学、修士（国際政治）。在中国、在インド、在パキスタン日本大使館で専門調査員として勤務。専門は南アジアの国際関係、日印関係史、インド・パキスタンの政治。主著に『第三の大国 インドの思考』（文春新書、2023 年）、『インパールの戦い』（文春新書、2021 年）、『「RRR」で知るインド近現代史』（文春新書、2024 年）、『インドの食卓』（ハヤカワ新書、2023 年）、『インド独立の志士「朝子」』（白水社、2016 年）、訳書に S・ジャイシャンカル著『インド外交の流儀』（白水社、2022 年）など。

溝渕正季（みぞぶちまさき）〔第 3 章〕
　明治学院大学法学部政治学科准教授。上智大学グローバル・スタディーズ研究科博士後期課程修了、博士（地域研究）。ハーバード大学ジョン・F・ケネディ公共政策大学院ベルファー科学・国際関係研究センター研究員、名古屋商科大学ビジネススクール教授、広島大学大学院人間社会科学研究科准教授などを経て現職。専門は中東地域の政治・経済・軍事・安全保障問題、中東をめぐる国際関係、イスラーム政治など。主著に「レバノン・ヒズブッラーと『抵抗の枢軸』」『中東研究』第 550 号（2024 年 5 月）、「なぜ米国はイラクに侵攻したのか？開戦事由をめぐる論争とその再評価」『国際政治』第 213 号（2024 年 3 月）など。

ムバンギジ・オドマロ　〔第 4 章〕
　ケニア・プロポーズド・ヘキマ大学副学長兼教務部長。米国・ボストンカレッジで Ph. D（社会倫理学）取得。2022 年から 2023 年まで上智大学客員教授。専門はアフリカの政治経済、地政学、哲学、社会倫理など。主著に *Ethical Leadership in Africa: Beyond the Covid-19 Global Health Crisis*（共著、2024 年）、"Philosophy and Theology in Africa" in Elias Kiffon Bongmba (Ed.) *The Routledge Handbook of African Theology* (2022) など。

サリ・ヴィック・ルクワゴ　〔第 4 章〕
　愛知学院大学文学部英語英米文化学科外国人教師。同志社大学グローバル・スタディーズ研究科博士後期課程修了、博士（グローバル社会研究）。日本アフラシア学会の創立会長。専門は、母国ウガンダの政治と社会、および英語圏文化教育。主著に *Power back to the People: The Relevance of Ethnic Federalism in Uganda* (2023) など。

相原正明（あいはらまさあき）〔第 4 章・翻訳〕
　防衛大学校総合安全保障研究科後期課程在学中。防衛大学校安全保障研究科前期課程修了、修士（安全保障学）。専門は日米同盟。主著に「普天間基地移設計画における米海兵隊の意図と影響」『防衛学研究』第 59 号（2018 年 9 月）。

川上桃子(かわかみももこ)〔**コラム④**〕
　神奈川大学経済学部教授。東京大学大学院経済学研究科修了、博士(経済学)。ア
ジア経済研究所地域研究センター長、同上席主任調査研究員を経て現職。専門は
台湾を中心とする東アジアの経済、産業発展。主著に『圧縮された産業発展』(名
古屋大学出版会、2012 年)＝第 29 回「大平正芳記念賞」受賞＝、"Competition and
Collaboration among East Asian Firms in the Smartphone Supply Chains," in Etel Solingen
(Ed.) *Geopolitics, Supply Chains and International Relations in East Asia* (2021) など。共編・監訳
書に『中国ファクターの政治社会学―台湾への影響力の浸透―』(白水社、2021 年)。

大場樹精(おおばこだま)〔**第 5 章**〕
　獨協大学国際教養学部言語文化学科専任講師。上智大学グローバル・スタディー
ズ研究科博士後期課程修了、博士(国際関係論)。上智大学イベロアメリカ研究所
特別研究員、外務省国際情報統括官組織専門分析員、明治大学・慶應義塾大学等
での非常勤講師を経て現職。専門はラテンアメリカ地域研究、移民史、国際政治。
主著に「ラテンアメリカにおける移出民の増加の背景と影響：アルゼンチンを事例
として」(ギボ・ルシーラ／谷洋之編『ラテンアメリカにおける人の移動―移動の理
由、特性、影響の探求―』上智大学イベロアメリカ研究所、2024 年)など。

小泉悠(こいずみゆう)〔**第 6 章**〕
　東京大学先端科学技術研究センター准教授。早稲田大学大学院政治学研究科修
了、修士(政治学)。外務省国際情報統括官組織専門分析員、ロシア科学アカデミー
世界経済国際関係研究所客員研究員などを経て現職。専門はロシアの軍事安全保
障。主著に『「帝国」ロシアの地政学―「勢力圏」で読むユーラシア―』(東京堂出版、
2019 年)＝2019 年「サントリー学芸賞」受賞＝、『現代ロシアの軍事戦略』(筑摩書房、
2021 年)＝第 8 回「猪木正道賞(特別賞)」受賞＝、『プーチンの国家戦略―岐路に立
つ「強国」ロシア―』(東京堂出版、2016 年)、『軍事大国ロシア―新たな世界戦略と
行動原理』(作品社、2016 年)など。

岡田美保(おかだみほ)〔**コラム⑤**〕
　防衛大学校総合教育学群教授。防衛大学校総合安全保障研究科後期課程修了、博
士(安全保障学)。日本国際問題研究所研究員などを経て現職。専門はロシアの外交・
安全保障政策。主著に「ロシアにおけるデジタル権威主義―なぜ反戦は反プーチン
にならないのか―」『防衛学研究』第 70 号(2024 年 3 月)。「ロシアとヨーロッパ―
利益でつなぎ留められた関係の崩壊―」(広瀬佳一・小久保康之編『現代ヨーロッパ
の国際政治―冷戦後の軌跡と新たな挑戦―』法律文化社、2023 年)、「日ロ関係」(油
本真理・溝口修平編『現代ロシア政治』法律文化社、2023 年)。

堀田幸裕（ほったゆきひろ）〔第 7 章〕

霞山会主任研究員。愛知大学国際問題研究所上席客員研究員、上智大学総合グローバル学部非常勤講師を兼任。愛知大学中国研究科修士課程修了、修士（中国研究）。筑波大学大学院人文社会科学研究科博士課程中退。専門は中朝関係、北朝鮮問題。主著に「同床異夢の中朝関係―北朝鮮の核開発問題をめぐる齟齬―」（松本はる香編『〈米中新冷戦〉と中国外交―北東アジアのパワーポリティクス―』白水社、2020 年）、「「政温経冷」の中国と北朝鮮―「同盟」延長で経済支援再開も焦点に―」（伊集院敦・日本経済研究センター編『朝鮮半島の地経学「新冷戦」下の模索』文眞堂、2022 年）など。

荊元宙（けいげんちゅう）〔コラム⑥〕

台湾・国防大学政治作戦学院中共軍事務研究所副教授兼所長。国立台湾師範大学政治学研究所博士課程修了、政治学博士。陸軍司令部情報処長を経て現職。専門は中国軍事、安全保障、武装衝突法。主要な業績として、「中国が目指す非接触型「情報化戦争」―物理領域・サイバー領域・認知領域を横断した「戦わずして勝つ」戦い―」『安全保障戦略研究』第 4 巻第 1 号（2023 年 12 月）、「近期美中於臺海南海軍事活動之戦略意涵分析」『戦略安全研析』第 163 期（2020 年 8 月）、Yuan-Chou Jing, "The Study of China's Military Strategy and Satellite Development: Moving Toward," *The Korean Journal of Defense Analysis*, Vol.31, No.1, March, 2019 など。

小林正英（こばやしまさひで）〔第 9 章〕

尚美学園大学総合政策学部教授。筑波大学第三学群国際関係学類卒、慶應義塾大学大学院法学研究科修了、博士（法学）。在ベルギー日本国大使館欧州安全保障問題担当専門調査員を経て現職。共著に『NATO を知るための 71 章』（明石書店、2023 年）、『現代ヨーロッパの国際政治』（法律文化社、2023 年）、『EU の世界戦略と「リベラル国際秩序」の行方』（明石書店、2023 年）、『EU の規範政治』（ナカニシヤ出版、2015 年）、『国際機構』（岩波書店、2021 年）など。ほかにも「EU の外交・安全保障政策と対中認識：Cinderella Honeymoon」『東亜』（2019 年 4 月）など。

デレク・ソレン〔コラム⑦〕

米空軍中国航空宇宙研究所上級研究員。立命館アジア太平洋大学卒、ノリッチ大学史学研究科軍事史学修士課程修了、修士（軍事史学）。陸軍情報特技官（対テロ任務）、陸軍太平洋司令部中国専門官を経て現職。主著に "PLA Air Force Increases Flexibility of Combat Support Units," *China Brief*, Vol.23, Iss.23, December, 2023, "PLA Blows Hot and Cold over U.S. Air Force's Multirole Heavy Aircraft," *China Brief*, Vol.22, Iss.23, December, 2022, "Chinese Views of All-Domain Operations," China Aerospace Studies Institute, Air University, USAF, August, 2020 など。

山﨑周（やまざきあまね）〔第10章〕

東洋大学国際学部国際地域学科准教授。青山学院大学大学院国際政治経済学研究科博士後期課程修了、博士（国際政治学）。主著に「冷戦後の中国の周辺外交におけるタイ：米タイ関係への楔打ち」（川名晋史編『共振する国際政治学と地域研究―基地・紛争・秩序―』勁草書房、2019年）、「同盟理論における結束戦略から見た中朝関係と米国要因―米中対立の将来的展望への示唆―」『防衛学研究』第68号（2023年3月）、「自由で開かれたインド太平洋（FOIP）構想下の日本の対フィリピン防衛協力―日比関係の新章としての準同盟の萌芽―」『安全保障戦略研究』第4号第2巻（2024年3月）など。

相田守輝（あいたもりき）〔コラム⑧〕

防衛研究所地域研究部米欧ロシア研究室所員。筑波大学人文社会科学研究科国際公共政策博士前期課程修了、修士（公共政策）。筑波大学人文社会科学研究科国際公共政策博士後期課程（在学中）。航空自衛隊第302飛行隊長、航空研究センター研究員を経て現職。主著に「中国空軍をめぐるデジタルトランスフォーメーション―新しい整備管理システム導入からみえる取り組み―」『安全保障戦略研究』第3巻第2号（2023年3月）、"Concerning the Possibility that the Chinese TB-001 Unmanned Aerial Vehicle was Involved in Ballistic Missile Impacts," China Aerospace Studies Institute, Air University, USAF, January, 2023など。

古賀慶（こがけい）〔第11章〕

シンガポール・南洋理工大学（NTU）社会科学部准教授。米国タフツ大学フレッチャースクール修了、博士（国際関係学）。全米アジア研究所（NBR）非常駐フェローおよび日本の平和・安全保障研究所（RIPS）研究委員会メンバーを兼任。米国・ウィルソンセンター日本フェロー、米国・戦略国際問題研究所（CSIS）客員フェロー、ハーバード・ケネディスクール・ベルファーセンター・フェローなどを歴任。専門は、国際関係論、国際安全保障論、国際・地域機関、東アジア・インド太平洋の安全保障。主著に、*Managing Great Power Politics: ASEAN, Institutional Strategy, and the South China Sea* (Palgrave, 2022)、"Tactical hedging as coalition-building signal: The evolution of Quad and AUKUS in the Indo-Pacific," *The British Journal of Politics and International Relations*, 2023など。

編著者

　五十嵐　隆幸

　大澤　傑

米中対立と国際秩序の行方──交叉する世界と地域──

2024年7月30日　　初　版第1刷発行　　　　　　　　　　　　　〔検印省略〕
　　　　　　　　　　　　　　　　　　　　　　　　　　　定価はカバーに表示してあります。

編著者ⓒ五十嵐隆幸・大澤傑／発行者 下田勝司　　　　　　　　印刷・製本／中央精版印刷

　東京都文京区向丘 1-20-6　　郵便振替 00110-6-37828　　　　　　　　　　　　　発 行 所
　〒 113-0023　TEL (03) 3818-5521　FAX (03) 3818-5514　　　　　株式
会社 東信堂
　　　　　　　　Published by TOSHINDO PUBLISHING CO., LTD.
　　　　　1-20-6, Mukougaoka, Bunkyo-ku, Tokyo, 113-0023, Japan
　　　　　E-mail : tk203444@fsinet.or.jp http://www.toshindo-pub.com

ISBN978-4-7989-1912-6 C3031　　ⓒ Takayuki Igarashi, Suguru Osawa

東信堂

米中対立と国際秩序の行方
―交叉する世界と地域　五十嵐隆幸 編著／大澤傑　二七〇〇円

蔑まれし者たちの時代
―現代国際関係の病理　ベルトランド・バディ著／福富満久訳　二四〇〇円

サステナビリティ変革への加速　国際基督教大学社会科学研究所編／上智大学グローバル・コンサーン研究所編　二七〇〇円

緊迫化する台湾海峡情勢
―台湾の動向二〇一九～二〇二一年　門間理良　三六〇〇円

ウクライナ戦争の教訓と日本の安全保障　神余隆博／松村五郎 著　一八〇〇円

「ソ連社会主義」からロシア資本主義へ
―ロシア社会と経済の一〇〇年　岡田進　三六〇〇円

パンデミック対応の国際比較　川上高司／石井貫太郎 編著　二〇〇〇円

リーダーシップの政治学　石井貫太郎　一六〇〇円

2008年アメリカ大統領選挙
―オバマの当選は何を意味するのか　吉野孝／前嶋和弘 編著　二〇〇〇円

オバマ政権はアメリカをどのように変えたのか
―支持連合・政策成果・中間選挙　吉野孝／前嶋和弘 編著　二六〇〇円

オバマ政権と過渡期のアメリカ社会
―選挙、政党、制度、メディア、対外援助　吉野孝／前嶋和弘 編著　二四〇〇円

オバマ後のアメリカ政治
―二〇一二年大統領選挙と分断された政治の行方　吉野孝／前嶋和弘 編著　二五〇〇円

危機のアメリカ「選挙デモクラシー」
―社会経済変化からトランプ現象へ　吉野孝 編著　二七〇〇円

ホワイトハウスの広報戦略
―大統領のメッセージを国民に伝えるために　M・J・クマー著／吉牟田剛訳　二八〇〇円

「帝国」の国際政治学―冷戦後の国際システムとアメリカ　山本吉宣　四七〇〇円

国際関係入門―共生の観点から　黒澤満編　一八〇〇円

国際共生とは何か―平和で公正な社会へ　黒澤満編　二〇〇〇円

国際共生と広義の安全保障　黒澤満編　二〇〇〇円

現代アメリカのガン・ポリティクス　鵜浦裕　二〇〇〇円

暴走するアメリカ大学スポーツの経済学　宮田由紀夫　二六〇〇円

グローバル化と地域金融　内田真人／福光寛 編著　三二〇〇円

※定価：表示価格（本体）＋税　　〒113-0023　東京都文京区向丘1-20-6　TEL 03-3818-5521　FAX03-3818-5514
Email tk203444@fsinet.or.jp　URL:http://www.toshindo-pub.com/

東信堂

国際取引法［上巻］	井原宏	四五〇〇円
国際取引法［下巻］	井原宏	四五〇〇円
国際技術ライセンス契約——そのリスクとリーガルプランニング	井原宏	三二〇〇円
国際ジョイントベンチャー契約——国際ジョイントベンチャーのリスクとリーガルプランニング	井原宏	五八〇〇円
グローバル企業法	井原宏	三八〇〇円
判例 ウィーン売買条約	井原宏編著	四二〇〇円
グローバル化と法の諸課題——グローバル法学のすすめ	中村嘉治宏編著	一一〇〇円
グローバル保健ガバナンス	阿部克則編著山谷佐和子	
講義 国際経済法	城山英明編著	三二〇〇円
国連安保理改革を考える——正統性、実効性、代表性からの新たな視座	柳赫秀編著	四六〇〇円
国連の金融制裁——法と実務	神余隆博編著竹内俊隆	三五〇〇円
新版 国際商取引法	吉村祥子編著	三二〇〇円
国際民事訴訟法・国際私法論集	高桑昭	三六〇〇円
国際刑事裁判所〔第二版〕	高桑昭	六五〇〇円
武力紛争の国際法	洪恵子編	四二〇〇円
国連安保理の機能変化	真山全編	二八〇〇円
海洋境界確定の国際法	村瀬信也編	二七〇〇円
自衛権の現代的展開	村瀬信也	二八〇〇円
国連安全保障理事会——その限界と可能性	江藤淳一編村瀬信也	二八〇〇円
集団安全保障の本質	松浦博司	三二〇〇円
憲法と自衛隊——法の支配と平和的生存権	柘山堯司編	四六〇〇円
イギリス憲法I 憲政	幡新大実	二八〇〇円
イギリス債権法	幡新大実	四二〇〇円
イギリス債権法	幡新大実	三八〇〇円
人道研究ジャーナル5～13号〔続刊〕 日本赤十字国際人道研究センター編		各二三〇〇円 12号二五〇〇円
戦争と国際人道法——その歴史とあゆみ	井上忠男	二四〇〇円
第二版 世界と日本の赤十字——世界最大の人道支援機関の活動	森　正尚 樹居	二五〇〇円

※定価：表示価格（本体）＋税

〒113-0023　東京都文京区向丘1-20-6　TEL 03-3818-5521　FAX03-3818-5514
Email tk203444@fsinet.or.jp　URL:http://www.toshindo-pub.com/

※定価：表示価格（本体）＋税　　〒113-0023　東京都文京区向丘1-20-6　TEL 03-3818-5521　FAX03-3818-5514
Email tk203444@fsinet.or.jp　URL:http://www.toshindo-pub.com/

東信堂

書名	著者・訳者	価格
国家権力と倫理	小笠原道雄監訳	二四〇〇円
テオドール・リット：人と作品—時代と格闘する哲学者・教育者	小笠原道雄	二四〇〇円
原子力と倫理—原子力時代の自己理解	Th・リット／小笠原道雄編	一八〇〇円
科学の公的責任—科学者と私たちに問われていること	Th・リット／小笠原・野平編訳	一八〇〇円
歴史と責任—科学者は歴史にどう責任をとるか	Th・リット／小笠原・野平編訳	一八〇〇円
責任という原理—科学技術文明のための倫理学の試み（新装版）	H・ヨナス／加藤尚武監訳	四八〇〇円
主観性の復権—心身問題から『責任という原理』へ	H・ヨナス／宇佐美・滝口訳	二〇〇〇円
ハンス・ヨナス「回想記」	H・ヨナス／盛永・木下・馬渕・山本訳	四八〇〇円
生命の神聖性説批判	H・クーゼ／飯田・石川・小野谷片桐・水野訳	四六〇〇円
生命科学とバイオセキュリティ—デュアルユース・ジレンマとその対応	四ノ宮成祥・河原直人編著	二四〇〇円
医学の歴史	今井道夫・石渡隆司監訳	四六〇〇円
安楽死法：ベネルクス3国の比較と資料	盛永審一郎監修	二七〇〇円
死の質—エンド・オブ・ライフケア世界ランキング	加奈恵・飯田亘之訳／丸祐一・小野谷・坂井昭宏	一二〇〇円
バイオエシックスの展望	松浦悦子編著	一二〇〇円
死生学入門—小さな死・性・ユマニチュード	大林雅之	三三〇〇円
生命の問い—生命倫理学と死生学の間で	大林雅之	二〇〇〇円
生命の淵—バイオシックスの歴史・哲学・課題	大林雅之	二〇〇〇円
今問い直す脳死と臓器移植【第2版】	澤田愛子	二〇〇〇円
キリスト教から見た生命と死の医療倫理	浜口吉隆	二三八一円
テクノシステム時代の人間の責任と良心	H・レンク／山本・盛永訳	三五〇〇円
〔ジョルダーノ・ブルーノ著作集〕より		
カンデライオ	加藤守通訳	三三〇〇円
聖灰日の晩餐	加藤守通訳	三三〇〇円
原因・原理・一者について	加藤守通訳	三三〇〇円
傲れる野獣の追放	加藤守通訳	四八〇〇円
英雄的狂気	加藤守通訳	三六〇〇円

※定価：表示価格（本体）＋税　〒113-0023　東京都文京区向丘1-20-6　TEL 03-3818-5521　FAX03-3818-5514
Email tk203444@fsinet.or.jp　URL:http://www.toshindo-pub.com/